PRA MIM CHEGA

PRA MIM CHEGA

Torquato Neto

TORDSILHAS

Rio de Janeiro, 2024

Pra mim chega

Copyright © 2024 Tordesilhas

Tordesilhas é um selo da Alaúde Editora Ltda, empresa do Grupo Editorial Alta Books (Starlin Alta Editora e Consultoria LTDA).

Copyright © 2024 Toninho Vaz.

ISBN: 978-65-5568-183-3

Impresso no Brasil – 1ª Edição, 2024 – Edição revisada conforme o Acordo Ortográfico da Língua Portuguesa de 2009.

Dados Internacionais de Catalogação na Publicação (CIP) de acordo com ISBD

V393p	Vaz, Toninho
	Pra mim chega: a biografia de Torquato Neto / Toninho Vaz. - Rio de Janeiro : Tordesilhas, 2024.
	320 p.; 15,7cm x 23cm.
	Inclui bibliografia e índice.
	ISBN: 978-65-5568-183-3
	1. Biografia. 2. Torquato Neto. 3. Música popular. I. Título.
2023-2536	CDD 920
	CDU 929

Elaborado por Odilio Hilario Moreira Junior - CRB-8/9949

Índice para catálogo sistemático:
1. Biografia 920
2. Biografia 929

Todos os direitos estão reservados e protegidos por Lei. Nenhuma parte deste livro, sem autorização prévia por escrito da editora, poderá ser reproduzida ou transmitida. A violação dos Direitos Autorais é crime estabelecido na Lei nº 9.610/98 e com punição de acordo com o artigo 184 do Código Penal.

O conteúdo desta obra fora formulado exclusivamente pelo(s) autor(es).

Marcas Registradas: Todos os termos mencionados e reconhecidos como Marca Registrada e/ou Comercial são de responsabilidade de seus proprietários. A editora informa não estar associada a nenhum produto e/ou fornecedor apresentado no livro.

Material de apoio e erratas: Se parte integrante da obra e/ou por real necessidade, no site da editora o leitor encontrará os materiais de apoio (download), errata e/ou quaisquer outros conteúdos aplicáveis à obra. Acesse o site www.altabooks.com.br e procure pelo título do livro desejado para ter acesso ao conteúdo.

Suporte Técnico: A obra é comercializada na forma em que está, sem direito a suporte técnico ou orientação pessoal/exclusiva ao leitor.

A editora não se responsabiliza pela manutenção, atualização e idioma dos sites, programas, materiais complementares ou similares referidos pelos autores nesta obra.

Produção Editorial: Grupo Editorial Alta Books
Diretor Editorial: Anderson Vieira
Editor da Obra: Rodrigo de Faria e Silva
Vendas Governamentais: Cristiane Mutüs
Gerência Comercial: Claudio Lima
Gerência Marketing: Andréa Guatiello

Produtora editorial: Caroline David
Revisão: Maria Carolina Rodrigues e Renan Amorim
Capa e projeto gráfico: Marcelli Ferreira
Diagramação: Rita Motta

Rua Viúva Cláudio, 291 – Bairro Industrial do Jacaré
CEP: 20.970-031 – Rio de Janeiro (RJ)
Tels.: (21) 3278-8069 / 3278-8419
www.altabooks.com.br — altabooks@altabooks.com.br
Ouvidoria: ouvidoria@altabooks.com.br

Editora afiliada à:

Para minha mãe Ondina
— que foi só amor —,
minha filha Carolina
e todos que fazem da poesia algo
além de charmosa ocupação.

PREFÁCIO

O poeta desfolha a bandeira
Roberto Muggiati

De Teresinha para o mundo.
De Teresina para a morte.

Esta é a breve história de Torquato Pereira de Araújo, neto, o menino que saiu do Piauí e foi para Salvador, Rio, São Paulo, Londres, Paris e Rio, última escala de uma trajetória transitória — já que aqui me deixo contagiar pela (*apud* Leminski) "grande arte de Torquato, poeta das elipses desconcertantes, dos inesperados curtos-circuitos, mestre da sintaxe descontínua". Um homem da palavra, que gostava de citar *O lutador*, de Drummond: "Lutar com palavras é a luta mais vã, no entanto lutamos mal rompe a manhã".

Sua odisseia abrange um arco perfeito em um século de crises. Nasce em 1944, no final da Segunda Guerra Mundial; cresce à sombra da Guerra Fria, nos acanhados anos 1950 de um Brasil vira-lata entre as nações; e explode na década que mudou tudo, em meio aos anos de chumbo e à catarse multimídia da Tropicália.

Nada mais atual do que o relançamento desta biografia — *Toninho Conta Torquato* daria um bom show do Arena — neste inverno do nosso descontentamento quando os jovens dão de novo o ar de sua (des)graça nas ruas do país. Alma de contestador, Torquato escapou por pouco do incêndio na sede da UNE (costumava dormir lá), durante o golpe de 1964; participou ao lado de Gil na Passeata dos Cem Mil, em 1968, no centro do Rio; foi um dos ideólogos da Tropicália e do movimento "udigrudi" do cinema Super-8; e saiu da vida para a história — com direito à carta-testamento — quando achou que a coisa por aqui estava chata demais. O designer da Tropicália, Rogério Duarte, faz questão lembrar: "...ignora-se a militância de quem foi o primeiro a contestar e incomoda até hoje. Ele teve a coragem de brigar com as esquerdas, com o pessoal do Cinema Novo. Não era homem de rebanho, ele só era fiel à revolução."

Parafraseando um poema famoso de Drummond, Torquato se definia em *Let's play that*: "Quando eu nasci/ um anjo louco, muito louco/ veio ler a minha mão/ não era um anjo barroco/ era um anjo muito louco, torto/ com asas de avião/ eis que esse anjo me disse/ apartando a minha mão/ com um sorriso entre dentes/ vai bicho/ desafinar/ o coro dos contentes".

Toninho Vaz, curitibano, 75 anos — 49 de Rio de Janeiro —, jornalista desde cedo, desenvolveu uma sensibilidade especial para pesquisar temas da contracultura. Além de *A biografia de Torquato Neto*, publicou a biografia de Paulo Leminski (*O bandido que sabia latim*, Tordesilhas, 2022) e contou a história do *Solar da fossa* (Casa da Palavra, 2011), uma república de artistas do Rio, onde viveram, entre outros, Caetano Veloso, Gal Costa, Paulo Coelho, Tim Maia e Paulinho da Viola. Publicou também *Meu nome é ébano, a vida e a obra de Luiz Melodia* (Tordesilhas, 2020).

Exímio navegante dos mares tormentosos da revolução, Toninho mapeia minuciosamente os sismos políticos e culturais daquela época. Descreve o surgimento da nova MPB: "Os festivais funcionaram como um rastilho de pólvora na explosão dos talentos de Chico Buarque, Gil e Caetano, para citar apenas a santíssima trindade desse evangelho. Era como se o elástico do estilingue estivesse esticado ao máximo, trazendo no bojo da catapulta o recheio ideológico de um novo Brasil, projeto sobre medida para um povo que ansiava se assumir como nação."

Toninho traça ainda a cartografia do desejo, com foco na intensidade emocional de Torquato. Em seus escritos, o poeta desenha aos poucos o seu projeto de morte. Em uma espécie de bilhete intimista para si mesmo, em São Paulo, 3 de abril de 1968, escreve: "Vou escutando e vou guardando para a frente, não sei em que vou dar, mas posso dizer que não quero saber, mas não sei, em verdade estou em um pânico medonho, estou guardando demais, onde fica a saída."

A saída ficava na poesia. Ezra Pound, um dos ídolos de Torquato (andou meses a fio com um exemplar de *Os cantos* debaixo do braço), dizia que "os poetas são a antena da raça". E Torquato o é, plenamente, na letra-manifesto da Tropicália, *Geleia geral*: "O poeta desfolha a bandeira — e a manhã tropical se inicia/ resplandente cadente fagueira/ num calor girassol com alegria/na geleia geral brasileira/ que o Jornal do Brasil anuncia".

Amparado pela força da palavra, o menino tímido do Piauí se torna cada vez mais ousado. Adere ao lema do artista conceitual Hélio Oiticica, com quem viajou para Londres em um navio de carga: "Seja marginal, seja herói." Do seu verbo transbordam imagens apocalípticas: "Quando eu escrevo ou quando eu cito uma palavra, um mundo poluído explode comigo, e logo os estilhaços deste corpo, retalhado em lascas de morte e fogo, como napalm, espalham imprevisíveis significados ao redor de mim."

O filho de tristeresina (Triste Sina) — título de um ensaio fotográfico — alertava, um ano antes de morrer, em sua coluna no Última Hora: "Escute, meu chapa: um poeta não se faz com versos. É o risco, é o estar sempre a perigo, sem medo, é inventar o perigo e estar sempre recriando dificuldades pelo menos maiores, é destruir a linguagem e explodir com ela. (...) Quem não se arrisca não pode berrar."

Caetano vê no risco um desafio: "Tudo é perigoso — tudo é divino maravilhoso — atenção para o refrão:/ É preciso estar atento e forte/ não temos tempo de temer a morte".

Já Torquato parece resignado, uma ovelha a caminho do abatedouro. Como pinça muito bem Toninho Vaz, de início [em Marginália II], Torquato assinava a declaração de culpa do cidadão comum submetido à pressão social e psicológica daqueles dias: "eu brasileiro confesso/ minha culpa/ meu pecado/ meu sonho desesperado/ meu bem guardado segredo/ minha aflição". A letra segue descortinando um inventário de desesperanças que se tornariam dados biográficos, em se tratando de Torquato Neto: "aqui, meu pânico e gloria/ aqui meu laço e cadeia — conheço bem a história/ começa na lua cheia e termina antes do fim".

O fim veio na madrugada seguinte ao dia dos seus 28 anos, com o gás do banheiro, meticulosamente vedado com panos e jornais, método que — revela Toninho — Torquato elegera como o ideal, ainda na adolescência, em confabulações com amigos de Teresina. Dez dias antes — um presságio — morria em Veneza o ídolo do poeta, Ezra Pound. O bilhete de suicídio de Torquato escrito em um caderno espiral foi relativamente longo — segundo Gil, "ele tinha pressa, abriu o gás". A frase final é clara e contundente — "Pra mim chega" — seguida de um P.S. preocupado com o filho bebê: "Vocês aí, peço o favor de não sacudirem demais o Thiago. Ele pode acordar."

Dos seus relatos de Engenho de Dentro, o asilo de loucos onde se internou voluntariamente, fica uma reflexão sobre o ato: "Um recorte no meu bolso, escrito ontem cedo, ainda em casa: quando uma pessoa se decide a morrer, decide, necessariamente, assumir a responsabilidade de ser cruel, menos consigo mesmo, é claro."

Profeticamente, James Dean (que morreu aos 24) dizia: "Viva velozmente, morra jovem e deixe um belo cadáver." Paulo Leminski, outro poeta trágico assinalou: "Torquato encarna um dos mitos mais caros da nossa gente: o mito do poeta morto jovem." Por poucas horas, Torquato deixou de entrar para o Clube dos 27 — a macabra confraria dos gênios mortos àquela idade: Brian Jones (dos Stones), Jimi Hendrix, Janis Joplin, Jim Morrison, Kurt Cobain, Amy Winehouse. (Torquato conheceu Hendrix em Londres e disse que viu a morte no olho do guitarrista.)

Um epitáfio, talvez, ou dois... O mais óbvio seria a sua letra mais famosa, *Pra dizer adeus*, musicada por Edu Lobo: "Adeus/ vou pra não voltar/ e onde quer que eu vá/ sei que vou sozinho/ tão sozinho amor/ que nem é bom pensar/ que eu não volto mais/ deste meu caminho". Prefiro os versos de *Cogito*: "eu sei como eu sou/ pronome/ pessoal e intransferível/ do homem que iniciei/ na medida do impossível/ (...) eu sou como eu sou/ vidente/ e vivo tranquilamente/ todas as horas do fim".

SUMÁRIO

	Prefácio	vii
1	Sem limites	2
2	O menino impossível	6
3	Poesia seca faz chover no nordeste	29
4	Nas águas da Guanabara	44
5	Agora, o nunca	72
6	Com a boca no trombone	99
7	A explosão tropical	136
8	Dando um rolê	167
9	Nas malhas do engenho	207
10	O dia D	260
11	Marcas no asfalto	280
	Posfácio	295
	Agradecimentos	300
	Bibliografia	301

Não seria exagero dizer que esta biografia teve uma trajetória tão acidentada quanto a do poeta Torquato Neto. Os originais da primeira edição, que sofreram censura familiar, perambularam por algumas editoras (2004) antes de ganhar o selo da extinta Casa Amarela, de São Paulo, em 2005. A segunda edição, livre da censura, pelo filho-herdeiro Thiago, veio em 2013, com a assinatura da editora Nossa Cultura, de Curitiba, que encerrou suas atividades em 2022. Esta terceira edição, que o leitor agora tem em mãos, com a marca da Tordesilhas, foi revisada e atualizada. Nela se pode encontrar, de corpo inteiro, com todas as cores, o poeta do tropicalismo e dos versos rascantes, aquele Torquato piauiense que resumia seu lema em uma frase curta e grossa: "Cada louco é um exército."

Toninho Vaz, agosto de 2023

CAPÍTULO 1

SEM LIMITES

(três histórias de 1972)

Antes, os dois haviam conversado, ou melhor, filosofado durante quase uma hora de copo na mão. Eles estavam em um botequim de quinta categoria nos arredores de Teresina. Torquato se irritava com o amigo Edmar, que apresentara planos de seguir carreira como médico sanitarista, fazendo o modelo "comissário do povo para assuntos de saúde pública":

— Merda! — disse Torquato com voz firme. — Quando vocês vão perceber que o mundo dentro da nossa cabeça é muito maior? O homem precisa conhecer a si mesmo para permitir que valas negras e misérias deixem de existir.

Seu discurso era contra as ideias preconcebidas e o medo paralisador, o verdadeiro inimigo da evolução política do brasileiro naqueles anos de ditadura. Cobrava iniciativas e sintonias de pensamento. (Ele tinha um jeito peculiar de se sentar à mesa do botequim, cruzando os braços abaixo do queixo, de modo a poder segurar os ombros com as mãos invertidas; as pernas, ele as cruzava até conseguir dar a segunda volta, como só fazem mulheres elegantes e homens de pernas compridas.) Em seguida, depois de um breve silêncio, Torquato indicou com o queixo o sujeito grandalhão e invocado que bebia cachaça na outra extremidade do balcão, perguntando com certo olhar anestesiado:

— Quer ver como as aparências enganam?

Edmar ainda implorou "Pelo amor de Deus", mas não adiantou. Foi tudo muito rápido. Sem esperar resposta, ele se encaminhou até o alvo e, surpreendentemente, dispensando prolegômenos, torceu o nariz do brutamontes, que se viu despido de qualquer reação diante do rapaz franzino, quase esquelético:

— Tá maluco? Que é isso?!

Torquato explicou qualquer coisa, algo sem sentido, ofereceu o copo para um brinde e voltou a se sentar em frente ao atônito Edmar. Ele tinha torcido o nariz do sujeito como se fosse uma torneira. O homem continuou resmungando:

— Cada louco que me aparece...!

Ficou provado, para efeito de alguma causa desconhecida, que o homem era manso, apesar do tamanho, e tolerante, apesar das aparências. O que se sabe ao certo é que, a partir desse episódio e dessas conversas, Edmar de Oliveira, o amigo oito anos mais jovem, mudou de opinião. Hoje, ele atende como diretor, médico psiquiatra do Instituto Nise da Silveira, um condomínio de loucuras onde Torquato esteve internado e escreveu, em 1971, o Diário d'Engenho de Dentro.

Outra vez, Torquato exercitou sua porção SEM LIMITES, tendo como *sparring* o cartunista Jaguar, então vivendo dias de glória com o semanário O Pasquim. Eles caminhavam em sentidos opostos em uma calçada, em Copacabana, cada um com sua mulher, Torquato com Ana e Jaguar com Olga Savary. Torquato desviou do caminho, tomando uma reta tangencial até se posicionar em frente a Jaguar, de quem foi logo tirando os óculos. Ele disse:

— Você já é cego, não precisa disso!

Com as duas mãos, torceu a armação várias vezes, antes de jogá-la no chão e pisoteá-la, esmagando as lentes. Fez isso e seguiu caminhando de mãos dadas com Ana, como se nada tivesse acontecido. Ele estava se vingando daquilo que considerava uma "postura machista e covarde desse pessoal d'O Pasquim contra a Tropicália". Nas páginas do tabloide, Jaguar o chamava de "a falsa baiana".

Por fim, Torquato estava recebendo em casa, no Rio, um amigo músico, o guitarrista Renato Piau, que chegara de Teresina meses antes e agora se curvava diante da solidão na cidade grande:

— Torquato, fui me meter nisso e hoje eu sou uma pessoa cheia de dúvidas.

Ele retrucou:

— E eu de dívidas.

CAPÍTULO 2

O MENINO IMPOSSÍVEL

(para entender as origens)

Uma das primeiras letras de música escritas por Torquato Neto — *A rua*, de 1967 — pode ser entendida como um mapa da infância do poeta em sua cidade natal, Teresina. Criada no período pré-tropicalista, a música faz referências às cirandas que animavam as festas regionais, ao bairro do Barrocão, à rua São João (onde ele morava, antiga Pacatuba) e ao rio Parnaíba, então de águas claras e não poluídas. Incorporando as virtudes de um texto de autorreferência (já comum em Oswald de Andrade e, mais tarde, no Tropicalismo), Torquato valorizava personagens como Macapreto e Zé Velhinho ou as moças Das Dores e Luzia, que trabalhavam em sua casa ajudando nas tarefas domésticas:

A rua

toda rua tem seu curso
tem seu leito de água clara
por onde passa a memória
lembrando histórias de um tempo
que não acaba

de uma rua, de uma rua
eu lembro agora

que o tempo ninguém mais
ninguém mais canta
muito embora de cirandas
(oi de cirandas)
e de meninos correndo
atrás de bandas
atrás de bandas que passavam
como o rio parnaíba
rio manso
passava no fim da rua
e molhava seus lajedos
onde a noite refletia
o brilho manso
o tempo claro da lua

ê são joão, ê pacatuba
ê rua do barrocão
ê parnaíba passando
separando a minha rua
das outras, do maranhão

de longe pensando nela
meu coração de menino
bate forte como um sino
que anuncia procissão

ê minha rua, meu povo
ê gente que mal nasceu
das dores que morreu cedo
luzia que se perdeu*
macapreto zé velhinho

---

* Certo dia, quando foi revelado que a menina Luzia tinha perdido a virgindade, todos diziam: "Luzia se perdeu." Torquato, do alto de sua ingenuidade, chegou a perguntar: "Então, por que ninguém sai de casa para procurá-la?"

>   esse menino crescido
>   que tem o peito ferido
>   anda vivo, não morreu
>
>   ê pacatuba
>   meu tempo de brincar
>   já foi-se embora
>   ê parnaíba
>   passando pela rua
>   até agora
>   agora por aqui estou
>   com vontade
>   e eu volto pra matar
>   essa saudade
>
>   ê são joão ê pacatuba
>   ê rua do barrocão

Torquato Pereira de Araújo, neto, (assim mesmo, com vírgula e letra minúscula) tem suas origens em duas famílias portuguesas. Seu pai, Heli, era descendente dos Pereira Nunes que, no século XIX, viviam em Oeiras, a capital da província de São José do Piauhy. Sua avó paterna, Rosa, coincidentemente, tinha como nome de solteira Pereira, o que, a rigor, emprestaria ao novo ramo familiar o sobrenome Pereira Pereira. Uma posterior homologação em cartório definiu a forma final, por opção: Heli da Rocha Nunes, adotando o sobrenome do pai Aurino da Rocha Nunes (nascido em Teresina e criado em Picos, sul do estado, onde trabalhava como comerciante de gado). Heli tinha sete irmãos.

A mãe de Torquato, Maria Salomé da Cunha Araújo, mais conhecida como Dona Saló, professora primária em escola pública, era filha de Torquato Pereira de Araújo, coronel da PM e chefe da Casa Militar, durante o mandato do interventor Leônidas de Castro Melo. A avó materna do poeta, Maria

Cunha Araújo, a Sazinha, era uma doce figura, algo folclórico, que nutria uma estranha atração por pessoas, digamos, excepcionais, como cegos, surdos, mudos e gagos. Apesar de ter em casa doze filhos, Dona Sazinha se fazia cercar dessa gente. Chegou a adotar um anão, o João, que passou a fazer parte da família. Manoel "Avião", o Maluco, chegava em sua casa ronronando, abrindo os braços como um monomotor da Segunda Guerra Mundial em voos rasantes: "Rrrroarrrr, uuuuuu aaaauuu, rrrooooammmm"... Eram os agregados, que às vezes colocavam oito, nove pessoas à mesa na hora do almoço. Havia algo de excêntrico no comportamento natural de vó Sazinha, e, talvez por isso, ou até mesmo por outras, Torquato demonstraria um especial afeto por ela durante toda a vida.

Como elemento perturbador desse vértice familiar dos Pereira Nunes, vale lembrar que Heli Nunes, ou simplesmente Dr. Heli, pertencia a uma família espírita (kardecista e estudioso no assunto, era também membro da maçonaria local) e Salomé, católica fervorosa, podia ser identificada como uma beata típica do norte do Brasil. Desde menina e até a fase adulta, depois de casada, ela frequentava a Igreja de Nossa Senhora das Dores, na praça Saraiva, próximo à casa de dona Sazinha, sua mãe. Surgia nesse momento, antes mesmo do nascimento, a primeira ambiguidade (contradição) na vida do pequeno Torquato, localizada especificamente no âmbito da religiosidade e da fé.

Heli e Salomé se casaram em 1941, ele de terno escuro, ela de vestido branco, clássico, com véu e grinalda. As bodas aconteceram após um longo período de negociações, marcadas por exaustivas sabatinas impostas pelo pai da moça que não abria mão de exigir do genro, no mínimo, "um emprego efetivo". Melhor seria, ainda, a independência financeira consumada. Heli, na época trabalhando como Inspetor de Educação, não teve outra alternativa a não ser correr atrás do tempo perdido, debruçar-se nos livros e batalhar por uma vaga na Faculdade de Direito para, em seguida, participar do disputado concurso para Promotor Público. Era o dote que se exigia para que a união fosse consumada. Mas, apesar do esforço do rapaz, o casamento foi marcado antes mesmo que a promessa fosse cumprida — o que só aconteceria quinze anos depois, em 1956, quando Heli seria nomeado Promotor no município de Batalha.

Percebia-se claramente, por parte da família de Salomé, uma certa resistência e intolerância aos hábitos boêmios do jovem, apreciador de uma cervejinha noturna com os amigos — quase sempre em ambientes escuros e suspeitos. Afinal, estamos em Teresina*, onde o calor é um elemento notável e deve ser entendido como resultado de um fenômeno geográfico: a cidade fica apenas 70 metros acima do nível do mar, no interior do Brasil.

Dona Salomé tinha onze irmãos, entre eles Ernani, advogado e diretor dos Correios, casado com uma moça de nome Maria Vitória, irmã do poeta Mário Faustino, que acabaria exercendo grande influência em Torquato. Quando Heli e Salomé conseguiram superar os obstáculos, casar e pensar em filhos, o Brasil de Getúlio Vargas acompanhava apreensivo os acontecimentos sombrios da Segunda Guerra Mundial. O mundo, estarrecido, assistia ao desabrochar do nazismo e do forte sentimento antissemita pregado por Adolf Hitler. A Europa estava em ebulição. O mundo estava em ebulição.

(para entender o personagem)

Torquato Neto nasceu às 16 horas e 48 minutos do dia 9 de novembro de 1944, no setor de Maternidade do recém-inaugurado Hospital Getúlio Vargas, no centro de Teresina. Era uma quinta-feira, e ninguém podia imaginar que o parto

---

* O nome é uma homenagem à Imperatriz Thereza Cristina, mulher de D. Pedro II.

pudesse ser tão difícil e sofrido. Os exames preventivos, recomendados pelo obstetra Antonio Maria Corrêa, haviam revelado que Salomé tinha a bacia estreita — e que, possivelmente, surgiriam problemas na hora no parto. Mas o que aconteceu foi demais. Não se falava em cesariana nessa época — e o bebê foi retirado a fórceps de dentro da mãe, durante uma batalha sangrenta que durou mais de uma hora, quando a bolsa rasgou e a sala de operações se transformou em um mar de sangue. Um movimento acidental acabou provocando um ferimento na cabeça do bebê que, afinal, veio ao mundo ferido e traumatizado. O Dr. Heli estava na sala de operações e foi testemunha ocular dos acontecimentos. Marinheiro de primeira viagem, ele ficaria impressionado com essas cenas. Em suma, o menino sobreviveu e seria batizado com o nome do avô paterno. Signo Escorpião — ascendente em Touro e lua em Virgem. Principais características, segundo especialistas em astrologia: muito sensível, cauteloso e tímido. Capaz de amar muito, mas raramente consegue se expressar de forma aberta e livre. Macaco no horóscopo chinês.

(Dona Salomé levou mais de um ano em tratamento para se livrar das consequências desse parto. Foi um longo período de peregrinações por hospitais e consultórios médicos, incluindo uma última cirurgia em uma clínica especializada, no Rio de Janeiro, onde tudo se resolveu. Ou quase. Pouco tempo depois, de volta a Teresina, um descuido do casal provocou uma nova gravidez. E novos problemas apareceram. Em seu depoimento, o Dr. Heli lembra das consequências:

— Nasceu uma menina, aos 6 meses, que viveu pouco tempo antes de partir. Mas o nome já tinha sido escolhido, seria Rosa Maria, como minha mãe.)

Torquato Neto estava mesmo predestinado a ser filho único. E esse fato parece ter sido marcante na sua formação.

Nessa época, surgem as primeiras divergências quanto à educação do garoto. O Dr. Heli defendia a tese — na qual acreditava cegamente — que uma boa palmada na bunda o ajudaria a distinguir, com rapidez — e pelo método tradicional —, a diferença entre o certo e o errado. Dona Saló considerou o discurso prenhe de filosofia, tudo muito certo, tudo muito bom, mas, assim que resolveu se manifestar, o fez de forma taxativa:

— Você pode bater em mim, me dar tapas, mas não coloque as mãos no meu filho. Bater nele, jamais!

E assim foi feito. Ainda hoje, o Dr. Heli balança a cabeça e arregala os olhos diante da questão, murmurando para si mesmo: quem sabe não teria sido diferente?

Mais tarde, em 1968, Torquato criaria a letra da música *Mamãe, coragem*, negando qualquer referência freudiana na composição que diz: "ser mãe é desdobrar fibra por fibra o coração dos filhos".

O menino, enquanto vigor físico, se revelou franzino desde o início, preferindo as leituras aos esportes. E mais: tinha, além de um grande nariz e a pele muito branca, enormes orelhas de abano, contrastando com a cabeça longa e magra, inequívoca herança paterna. Esse detalhe anatômico lhe conferia, na escola, o papel de alvo favorito das cassuletas, uma das armas mais eficazes na guerrilha colegial, resultando quase sempre em orelha quente e raiva incontrolável. Seus cabelos eram claros, quase louros. Como que para equilibrar essas peculiaridades, era inteligente e demonstrava grande vivacidade, percebida desde cedo pelos professores das escolas por onde passou. Para desespero de Dona Saló — que chegou a amarrar talas e saquinhos em uma de suas mãos, para forçar o uso da outra —, era canhoto. Fez o jardim de infância no Colégio das Irmãs, em 1948, e o curso primário no Colégio Batista, administrado por uma missão religiosa norte-americana. A escola tinha fama de ser rigorosa apenas nos horários — e quase nada no ensino. Para os meninos que chegavam muito cedo, carregando suas malas de couro abarrotadas de livros e cadernos, havia ainda uma novidade pairando no ar, trazida diretamente da terra de Tio Sam: o cheiro de bacon.

Seu melhor amigo era o colega de escola Wellington Moreira Franco, filho do seu dentista, que tinha a mesma idade e preferências lúdicas: descobrir Teresina e o mundo. Andavam pelas ruas fazendo travessuras, apertando as campainhas das casas para sair correndo até a esquina, em uma demonstração de "técnica" e agilidade. Certa vez, foram vistos em praça pública, junto com a uma multidão, conferindo o cadáver de Zezé Arêa Leão, um grande arruaceiro, filho de classe média alta que a brigada acabara de justiçar. Era o fim de um longo duelo que terminara com uma chuva de balas e, agora, a exposição em praça pública. O corpo de Arêa Leão — um destemido, respeitado até mesmo por Lampião, que jamais invadiu o território do Piauí — estava pronto para virar cantiga de cordel, já amarelado, com os orifícios roxos, envolvido em barras de gelo para facilitar a conservação. O quadro representava o Estado vitorioso na quebra de braço com o insolente marginal, que durante meses desafiara a polícia. Os meninos Torquato e Wellington estavam entre os adultos que contemplavam a cena de brutalidade.

Durante a semana, logo cedo, eles seguiam juntos na lotação da escola, onde cumpriam um horário rigidamente inglês, com almoço ao meio-dia e aulas até às 16 horas. Wellington, que no futuro seria Governador do Estado do Rio, lembra que os critérios educacionais nessa época reconheciam nas chamadas "aulas particulares" uma forma eficaz de alfabetização, desde que mantivessem o rigor dos melhores colégios e fossem oficialmente aprovadas pelo Ministério da Educação:

— O Torquato sempre frequentou as escolas, mas eu estudei muito com professoras particulares, que davam aulas em casa. Eu lembro que ele estudou pelo menos um ano com a professora Vilma. Posso testemunhar que éramos muito sérios para a nossa idade. Começamos a ler muito cedo.

Neste ponto, talvez seja oportuno recordar, valendo-se de uma memória não muito distante, de um Brasil predominantemente católico, enraizado em sua tradição apostólica e romana. Uma predominância capaz de gerar um preconceito religioso em certas camadas da sociedade, atingindo quase sempre adeptos de outros credos. Cidadãos ou famílias identificadas como "espíritas", por exemplo, costumavam ser molestadas e constrangidas, na maioria das vezes psicologicamente. Não havia uma convivência fácil ou tranquila nesse sincretismo. O mínimo que se dizia era que o Dr. Heli colocava fogo pelos cabelos e que mantinha diálogos com o além. Em seu depoimento, Wellington revela que suas fantasias de criança podiam, na verdade, revelar uma tendência em outra escala:

— Mesmo sendo considerado "de casa" pelos pais do Torquato, eu sempre olhava intrigado, com o rabo do olho, para conferir se os cabelos do Dr. Heli estavam mesmo se incendiando.

O pequeno Torquato, como consequência dessa situação — diga-se, bastante atenuada pela devoção e prática católica de Dona Saló —, nunca teve muitos amigos na infância e raramente era visto na casa de alguém. Assim, ele adquiriu o hábito de frequentar as casas das tias, com quem entabulava conversas animadas e ouvia clássicos da música popular:

> Barracão de zinco
> sem telhado, sem pintura
> lá no morro, barracão é bangalô
> Lá não existe felicidade de arranha-céu
> pois quem mora lá no morro
> já vive pertinho do céu...*
> (...)

---

* Dalva de Oliveira cantando *Ave Maria no morro*, de Herivelto Martins.

Na memória de Wellington, eles tinham 6 ou 7 anos quando, a caminho da escola, costumavam fazer uma escala no bar Carnaúba, ao lado do Theatro 4 de Setembro, local conhecido como rádio-calçada, onde amigos se reuniam para discutir política, futebol e sociedade. Era o tempo exato para uma conversa com o boêmio João Mendes, um homem de grande espiritualidade e vasto conhecimento. Havia algo de magnético naquelas conversas rápidas com os adultos, lembra Wellington:

— Nós sempre aprendíamos alguma coisa, pois, naquele tempo, as pessoas estudavam. O Torquato sempre tinha perguntas a fazer. Mais tarde, quando eu já estava morando no Rio, nosso guru, Mendes, cujo pai era senador da República, seria eleito prefeito de Teresina.

Torquato tinha 9 anos quando fez a primeira comunhão, na Igreja Nossa Senhora das Dores, e escreveu o primeiro poema, com temática voltada para o universo familiar:

> O meu nome é Torquato
> O de meu pai é Heli
> O da minha mãe Salomé
> O resto ainda vem por aí

Sua nota final no exame de admissão ao ginásio, conferida pela professora Vilma de Castro Lopes, em novembro de 1955, foi 8.56, com os melhores aproveitamentos em Geografia, História do Brasil e, surpreendentemente, Matemática.

Nesse mesmo ano, exatamente no segundo domingo de maio, no dia dela, ele ofereceu para a mãe um poema com direito à métrica e rimas, concebido na sala de aula:

O meu presente à mamãe

No segundo domingo de maio
Se celebra com fervor
O dia de nossas mães
A que nos criou
E por este belo motivo
Eu estou muito contente
Pois vou dar à mamãezinha
Este singelo presente
Não é geladeira
Não é máquina nem fogão
é um paupérrimo presente
Dado de todo o coração

Muito mais ela merece
Mas eu não pude comprar
Tenho certeza no entanto
Que este muito vai lhe agradar

Mas, Torquato teria divergências de ordem religiosa na escola, desde que se pronunciou em alto e bom som no gabinete de Miss Sharlene, a diretora:

— Sou católico, apostólico romano, e não gosto que mexam com a minha religião.

Ele, insuflado por Dona Saló, já havia questionado a escola por manter uma professora não formada em seus quadros, viu chegar a hora de se transferir para o Ginásio Leão XIII, o Ateneu, para terminar o ensino fundamental. (Seu amigo Wellington decidiu ir para o Rio fazer o exame de admissão no Colégio Pedro II — e a parceria que se prolongara por toda a infância, estava desfeita.) Embora as escolas públicas tivessem um bom conceito educacional, a preferência de Dona Salomé pelo Leão XIII, uma escola particular, administrada pelo leigo Moacir Madeira Campos, era ainda mais rigorosa. Torquato tinha 11 anos quando pediu de presente ao pai (pelo sucesso no exame de admissão) uma coleção das obras de Shakespeare, especialmente com a peça *Rei Lear*. Dona Saló, revelando alguma surpresa, sugeriu que ele escolhesse um autor "mais fácil", uma obra mais apropriada para a sua idade; foi quando ele argumentou, encerrando o assunto:

— Nada disso, minha mãe, basta ler com atenção que a gente entende tudo.

Em 1956, aos 12 anos, Torquato seria matriculado no 1º ginasial, indo se acomodar preferencialmente nas carteiras à esquerda da sala, próximo às janelas. Nos anos seguintes, ele ficaria sempre em 3º lugar na classificação geral. Algumas fotos da época mostram o menino vestido com rebuscada elegância, na maior pose (roupas claras, calças de linho e gravata borboleta), em frente ao Theatro 4 de Setembro, na praça Pedro II (antes chamada de Aquidabã) ou no cinema Rex. Estava na moda tomar *milk-shake* na Sorveteria Americana, cujas garçonetes vestiam uniformes engomados, em preto e branco, ostentando como detalhe de requinte uma pala branca na cabeça. Nesse mesmo ano, Mário Faustino publicava seu (único) livro de poemas, *O homem e sua hora*, e Elvis Presley entrava em estúdio para gravar a balada romântica *Love Me Tender*, primeiro lugar nas paradas americanas exatamente dois meses depois.

Nos estudos, Torquato logo se revelaria um "imbecil" em matemática (nunca conseguiria multiplicar por 3), mas bastante interessado em literatura e línguas de modo geral — incluindo aqui o português. Costumava dizer, quando adulto, que sua matéria preferida na escola era aquela que o obrigava a escrever. Adorava desenvolver o tema de uma redação, cadeira obrigatória naqueles tempos de um português quase genuíno. Seu talento seria reconhecido imediatamente por Raimundo Santana, professor de português do Leão XIII, que sempre tinha uma palavra de elogio aos seus textos. Seu colega de turma, Antonio Noronha, amigo mais que colega, lembra que Torquato era um menino muito "dengoso", cheio de vontades:

— Certa vez, ele foi expulso da sala de aula e se escondeu no alto da caixa d'água, criando um problema e um constrangimento maior para o diretor, pois não foi localizado em lugar algum. Era uma demonstração precoce de tenacidade e vocação para se indispor com autoridades.

Outro colega, Nacif Elias Hidd, sugestivamente apelidado de Carcamano, lembra que, longe da escola, tudo acontecia na casa de Torquato, onde os garotos tentavam construir um clube, ou algo assim, com finalidades claramente indefinidas. Era apenas um ponto de encontro para a rapaziada, uns dez, com base entre os colegas de turma. E a obra foi sendo erguida com tijolos surrupiados de uma construção vizinha, na calada da noite. Eles acordavam muito cedo, na escuridão, e se punham a trabalhar em silêncio, como formiguinhas, levando braçadas de quatro ou cinco tijolos por vez para não dar bandeira. Um belo dia, quando a obra acabou, o proprietário apresentou, sem mais nem menos, a conta para o Dr. Heli e para seu Alarico, pai de Nacif. Mesmo surpresos com a precisão dos cálculos, eles honraram prontamente a dívida dos filhos. Nessa época, como era costume, os garotos pediam a benção e beijavam as mãos dos mais velhos, com alguma cerimônia. Apesar das travessuras do grupo, havia um clima harmonioso e camarada nessas tardes calorentas: Dona Saló preparava lanches com doce de limão e refrescos de cajuína, e eles faziam a festa.

Na hora do lazer, quando não estavam enfronhados em leituras, eles frequentavam as populares coroas do Poti ou do Parnaíba, a praia que se formava quando as águas dos rios baixavam, descortinando os bancos de areia. Era a hora do refresco para um calor que facilmente podia chegar a 40°C. Eles levavam bebidas e comidas, fazendo um verdadeiro piquenique durante as tardes de verão. Atração turística e *point* de lazer, o encontro dos dois rios ainda hoje oferece um singelo espetáculo da natureza, a poucos quilômetros do centro da cidade.

O principal meio de transporte era a bicicleta. Cada um tinha a sua, bonita, colorida e equipada. Eles pedalavam por toda a cidade, parando sempre que algo ou alguém lhes chamassem a atenção. Teresina tinha pouco mais de 60 mil habitantes e era marcada pelas interrupções diárias de energia elétrica, anunciadas pelo apito da Usina, pontualmente às 21h. Era um trauma coletivo que se repetiria com regularidade durante anos, atingindo toda a cidade. Ao som do primeiro apito, as mocinhas de família se dirigiam para suas casas e as ruas ficavam desertas.* Havia uma corrente, logo depois da usina, usada para fechar a entrada da cidade, durante a noite, e manter afastados os forasteiros. Não por acaso, mais tarde, quando começou a brincar com palavras, Torquato criaria a expressão Tristeresina.

Em dado momento, durante uma tarde daquelas de calor intenso, depois de se despedir dos amigos que continuavam nadando na piscina do Jockey Club, Torquato chegou em casa, passou a mão no telefone e ligou para uma farmácia que havia em frente à casa de Haroldo Vasconcelos, um colega com quem estivera minutos antes. Com a voz embargada,

---

* Do cronista Chico Castro em *Teresina vista da coroa do Parnaíba*: "Da coroa do Parnaíba vejo Teresina se mexer, indiferente flor na ponta de um fuzil, com todas suas dores, seus apitos, vejo Teresina se mexer".

simulando nervosismo, pediu que avisassem à família do Haroldo que, infelizmente, e apesar de todos os esforços, ele tinha morrido afogado. A pobre mulher, que vivia atormentada pelos encantos traiçoeiros que as águas exerciam nas crianças, quase teve uma síncope. Foi um bororó dos diabos, um verdadeiro "angu de caroço". Haroldo queria partir para a briga, aumentando o mal-estar entre as famílias, que agora tentavam se entender, pois a brincadeira tinha ido longe demais. Torquato era, como se costumava dizer, "impossível".

O lado traquinas do garoto, portanto, era bastante notável. Seus constantes atrasos aos encontros e obrigações eram sempre acompanhados por uma singela justificativa: ele simplesmente não tinha relógio. Foi assim que Dona Saló providenciou um belo presente para o filho, que na primeira oportunidade, aniversário ou Natal, recebeu um vistoso e moderno equipamento. É sabido, através de relatos de seus amigos, que o relógio, em pouco tempo, desapareceu de suas mãos. As mesmas testemunhas garantem ter assistido a cena em que Torquato, apoiado no umbral da ponte, simplesmente abriu os dedos, depois de segundos de suspense, deixando cair a engenhoca nas águas profundas do Poti: ploffpp...!

A mesma ponte que ele atravessou correndo no dia da inauguração, antes mesmo de qualquer autoridade, como um marco histórico da sua ousadia. Foi tudo muito rápido: assim que a faixa vermelha foi aberta, o sujeito se esgueirou entre o prefeito e o padre, caminhando de braços abertos como quem comemora um gol. Depois dizia aos amigos:

— Fui o primeiro a atravessar a ponte. Antes de mim só o vento.

Outras vezes, quando não estavam nas coroas do Poti ou Parnaíba, eles viajavam em grupo para uma cidade próxima,

Monsenhor Gil, onde morava o pai de Antonio Noronha. Eles saíam de casa para desfrutar de um final de semana "diferente" e relaxado. O quarteto, dessa vez, era formado por Haroldo e Sebastião Rios de Moura, mais conhecido como Besouro, Sebastião Besouro. Foi quando aconteceu o imprevisto que, graças aos Céus, não teve maiores consequências: Noronha, todo "abestado", mostrava aos amigos um rifle Winchester, conhecido como "papo amarelo", quando a arma disparou. Ele chegou a apontar para o peito de cada um, mas, em um movimento rápido, quando a bala foi disparada, a arma estava virada para o alto, provocando uma chuva de cacos de telhas e estilhaços de madeira. Os quatro meninos, Torquato inclusive, foram jogados para trás sob o impacto da explosão, embolando-se em um canto do quarto.

Na escola, desde cedo, ele manifestava interesse pelos poetas que lhe foram apresentados através do currículo escolar: Castro Alves, Olavo Bilac, Fagundes Varela, Casemiro de Abreu e Gonçalves Dias. Luiz Vaz de Camões também fazia parte do elenco. Mas o romantismo próprio da adolescência poderia se manifestar de outras maneiras; como no dia em que ele foi delatado por um colega por estar pendurado no cano da calha, espiando o toalete das garotas. Ele quase foi expulso do colégio. O amigo Noronha lembra vivamente quando as coisas começaram a ficar sérias, ou melhor, "adultas":

— Um dia, durante uma aula, o Torca me passou um caderno onde estava a letra de uma música. Era a primeira vez que isso acontecia.

A música era *My Prayer*, cantada pelo grupo The Platters, que eles imitavam estalando os dedos, cheios de romantismo:

> When the twilight is gone
> And no sunbirds are singing
> When the twilight is gone
> You come in to my heart
> And here in my heart you'll stay while I pray
>
> My prayer is to linger with you
> At the end of the day
> in a dream that's divine
> (...)

A cena seguinte (se isso fosse um filme) já mostra os jovens circulando pela cidade com um disco de vinil embaixo do braço. Era a orquestra Românticos de Cuba, apresentando uma seleta de boleros e ritmos caribenhos. O caminho da boêmia estava traçado. Noronha lembra-se ainda do primeiro grande porre, quando, de copo na mão, eles viram girar a ciranda de uma festa junina, homenageando São Raimundo, em União, uma pequena cidade a 50 quilômetros de Teresina. O passo seguinte levava ao cabaré, logo abaixo da Rua Paissandu, onde as mulheres de batom vermelho e seios arfantes representavam o mistério que uma pré-adolescência insistia em desvendar. Eram todos menores e foram surpreendidos com a chegada inesperada da polícia, obrigando-os a se esconder debaixo das camas. Torquato se divertia e se esbaldava com essas estripulias.

Ao lado do menino branco e magricela, que não podia tomar sol e era super protegido pela mãe (ela mandava a empregada entregar a merenda na escola de bandeja, um horror!), havia um garoto com fisionomia alegre, seguro e determinado, de caráter precocemente talhado. Uma das marcas do seu comportamento era o carinho com que tratava e cativava as pessoas, demonstrando afetuosidade em gestos que se manifestavam por extinto, sem premeditação. Os depoimentos neste sentido se sucedem.

O jornalista José Lopes dos Santos, locutor da única rádio da cidade, a Difusora AM, inaugurada em 1948, recorda que Torquato, já adolescente, passava pela sua casa a caminho da escola e, frequentemente, parava para uma conversa:

— Ele gostava de se fazer de gente grande, demonstrando interesse por música e arte.

O ano é 1957. A família Nunes agora está vivendo na Rua Coelho de Resende, em uma casa de alvenaria, tipo bangalô, recuada, com um jardim na frente, duas salas e três quartos. O quarto principal, com janela para a rua, era palco de muitas serenatas de vitrola feitas para o casal. Havia ainda um campo de vôlei ao lado, construído com os tais tijolos roubados da construção vizinha. Ali se reuniam os craques do bairro, entre eles o negão Odilon, Nacif "Carcamano", Sebastião Besouro e o antigo parceiro Antonio Noronha. Os jogos não eram frequentes nem organizados, apenas uma forma divertida de se gastar energia.

Na 3ª série do ginásio, aos 14 anos, Torquato pediria de presente para o pai as obras completas de Machado de Assis, autor que pretendia estudar mais profundamente. Pediu e ganhou. Sua paixão pelos livros já era, então, um fato consumado. Nessa mesma época, ele tomaria a iniciativa de estudar inglês, em atividade extra, recebendo aulas particulares duas vezes por semana na sala de sua casa. O professor — o estudioso e boêmio José Raimundo —, autodidata, era uma autoridade no assunto e tinha um irmão mais novo, o caçula de 7 anos, chamado Renato, que, no futuro, seria um conhecido guitarrista, atuando no Rio de Janeiro com o apelido que o próprio Torquato lhe dedicou: Piau, Renato Piau.

O rumo natural para quem desejava estudar e viver à sério passava por uma cidade maior e mais desenvolvida, quase sempre Salvador, Recife ou Fortaleza. Havia, em Teresina, duas faculdades católicas (direito e odontologia), mas a Universidade Federal, trazendo os cursos de línguas, filosofia e história, seria criada apenas em 1971. Na tentativa de cair fora, Torquato chegou a se inscrever em concurso para a Marinha Mercante, mas, surpreendentemente, entregou a prova em branco. Na verdade, a iniciativa tinha sido de Dona Saló e, por isso, Torquato se recusou a fazer a prova, cruzando literalmente os braços. É bem verdade que ele estava mais preocupado com outras manobras, inclusive aquela que lhe permitisse entrar sorrateiramente no Cine Rex para assistir... *E Deus criou a mulher*, de Roger Vadin, com Brigitte Bardot no papel da mulher. Eles conseguiram burlar a vigilância dos porteiros, depois de falsificar as datas de nascimento nas carteirinhas do colégio, e garantiram lugar nas primeiras filas.

Outro motivo de euforia seria a chegada de Luiz Gonzaga, o rei do baião, para um único show em praça pública, contratado pela Rádio Difusora. Torquato e Nacif estavam na fila do gargarejo, tomando contato pela primeira vez com a música regional brasileira de exportação. Todos sacolejavam ao som da sanfona hipnótica do Lua, como era conhecido o artista na intimidade. Seu grande sucesso, de norte a sul do país, era a pungente *Asa branca*, o lamento nordestino expondo a alma brasileira por trás da caatinga. Sabe-se que essa noite foi marcante para Torquato que, admiravelmente, conseguiu o aval de Dona Saló para incorporar-se à equipe de Gonzaga (patrocinado pelos Laboratórios Moura Brasil e Alpargatas Roda), viajando com o grupo até a cidade vizinha. O Dr. Heli organizou tudo, cuidando para que não houvesse nenhum imprevisto. A partir desse dia, Torquato se mostraria um fã declarado desse gênero musical, vertente autêntica do mais puro regionalismo.

A atração pela música o aproximaria de Silvério Cardoso Filho, o Silizinho, violonista que tramava formar o trio Yucatan, com Walter Sampaio e Raimundo Moura, o Mundico. Nessa época, registrou-se o primeiro vestígio de namoro de Torquato com uma moça de nome Walmira, que tinha uma irmã chamada Waltina, namorada de Silizinho. Eles, então, em nome disso, gastavam as noites em passeios pela praça e serenatas ao luar, quando cantavam os grandes sucessos daquele período, como *Perfídia* ou *Olhos verdes*:

"Aqueles olhos verdes
translúcidos serenos
parecem dois a menos
pedaços do luar..."

Certa vez, quando estava fora da cidade, Torquato escreveria uma carta para Walmira que, vaidosa, mostraria a todos dizendo que havia lágrimas manchando o papel de seda. Para Silizinho, ele contaria a verdade:
— Eu tinha lavado as mãos e resolvi respigar algumas gotas na carta...

No terreno da literatura, suas preferências eram os clássicos da época, como Somerset Maughm e Edgar Allan Poe, cujos livros circulavam de mão em mão. Noronha lembra de determinado livro grosso, *E a Bíblia tinha razão...* (Werner Keller, Melhoramentos, 1959) — sobre pesquisas arqueológicas e verdades históricas nas obras sagradas —, que todos leram com anseio. A essa altura, eles começavam a renegar a poesia romântica, tratada com ironia em versos como "ora direis ouvir estrelas por certo perdeste o senso..." ou "minha terra tem palmeiras onde canta o sabiá, as aves etc..." e começavam a se dedicar aos simbolistas e modernistas. No colégio Leão XIII, eles representavam a turma que lia, diferentemente da que jogava futebol, por exemplo.

Finalmente, no segundo semestre de 1959, com o fim do ginásio, havia chegado para eles a hora de decidir qual caminho seguir, escolhendo entre os cursos clássico e científico, segundo as aptidões e a vocação de cada um. O amigo Noronha escolheu fazer o científico e a faculdade em Fortaleza, onde acabou se formando em medicina. Torquato também escolheu o científico, mas em Salvador. Era, em certo sentido, como seguir os passos de Mário Faustino e H. Dobal*, casos vivos de que alguma coisa — além de poesia — deveria ser feita. (Mário morava em Belém mas já tinha feito a coluna Poesia-Experiência, no Jornal do Brasil, quando a palavra de ordem era vanguarda.)

Para aproveitar as férias de fim de ano — e desfraldar a bandeira do "pé na estrada" — Torquato aceitou o convite para passar uma temporada no Rio, no apartamento de João Viana, o Jota, amigo de Duda Machado, que eventualmente ocupava um quarto na casa da família. Jota era desenhista e sonhava publicar charges e caricaturas em jornais e revistas de humor. Morava em Ipanema, onde era vizinho de um jovem músico chamado Jards Macalé, que nutria o saudável hábito de se alimentar do que havia de mais autêntico na cultura musical carioca — no caso, Pixinguinha, Ismael Silva, Nelson Cavaquinho, Moreira da Silva e — por que não? — a própria malandragem, o samba de breque. Macalé fazia parte de um grupo, o Seis no Balanço, formado por aspirantes a uma carreira musical. Eles se reuniam nos botequins do Bar 20 (território do Jardim de Alah, limite de Ipanema com Leblon), para tomar cervejas e tocar violão, homenageando

---

* Hindemburgo Dobal Teixeira (1927–2008), poeta piauiense que viveu em Londres, Berlim e Brasília.

seus ídolos. Para Torquato, que chegou a fazer uma música em parceria com Jota, foi uma temporada relâmpago, interrompida pela volta a Teresina e pela necessidade de planejar com minúcias o "projeto" Salvador. Entre ele e Macalé, porém, ficou a semente de uma amizade que se manteria sólida até o final.

Na operação da viagem a Salvador, o Dr. Heli se mostrou generoso e tolerante, ajudando em tudo e aceitando a decisão de Dona Saló de matricular o menino em uma escola católica, administrada pelos Irmãos Maristas, em regime de internato. Para festejar com otimismo a passagem de ano, o Dr. Heli mandou imprimir pequenos cartões personalizados com os dizeres "1959–1960 — Torquato Pereira de Araújo Neto deseja-lhe boas festas e feliz Ano Novo". Nos primeiros dias de janeiro, pai e filho viajaram juntos a Salvador. De avião. Era, como se diz em Teresina, um "adeus rosa".

CAPÍTULO 3

POESIA SECA FAZ
CHOVER NO NORDESTE

(para entender o cenário)

A cidade de Salvador, no início dos anos 1960, abrigava uma saudável e estimulante efervescência cultural, concentrando o esforço e o talento de um punhado de artistas e intelectuais em um movimento único e harmonioso. De Lina Bo Bardi ao reitor Edgar Santos, passando pelo maestro Joachim Koellreutter (que coordenava o Seminário Livre de Música) e Glauber Rocha, todos despontavam com uma arte agressiva e de vanguarda.* Ao som dos acordes nacionalistas das *Bachianas brasileiras nº 5*, de Villa-Lobos, o Brasil dava cumprimento ao seu destino modernista. Os futuros maestros Júlio Medaglia, Isaac Karabtchevsky e Tom Jobim eram bolsistas da Sinfônica, tendo como professores o suíço Ernst Widmer e o italiano Piero Bastianelli. Caetano Veloso, três anos mais velho que Torquato, estava entrando na Faculdade de Filosofia e escrevia, eventualmente, críticas de cinema nos suplementos culturais do Jornal da Bahia, que tinha João Ubaldo como diretor de redação. Nesse decorrer, nascia para tal geração o mito Rogério Duarte, artista gráfico que, na memória de Caetano, era "um sujeito com a mente mais rápida

---

* Sempre considerando o pioneirismo de Anísio Teixeira, o grande modernizador da cultura baiana, nos anos 1950.

e ideias mais desconcertantes do que eu teria sido capaz de imaginar"*. Seria Rogério quem, mais tarde, apresentaria Caetano a José Agrippino de Paula, o igualmente lendário autor de *Panamérica* (1967).

O gaúcho Luiz Carlos Maciel, que, no futuro, ganharia o status de guru de viajores e porras-loucas, publicando no semanário Pasquim a seção Underground, tinha apenas 21 anos quando chegou a Salvador pela primeira vez, para estudar na Escola de Teatro. Seu segundo melhor amigo na cidade seria Glauber Rocha, ainda alimentando o sonho de, quem sabe um dia, fazer cinema. (O primeiro amigo era Paulo Gil Soares, também cineasta, que o apresentou a Glauber.) Depois de um período de estágio nos EUA, Maciel estava de volta aos corredores da Universidade da Bahia. Ou seja, Maciel saiu do Brasil aluno e voltou professor para testemunhar o nascimento de uma nova geração de artistas. Eles conjugavam os prazeres intelectuais típicos da nova geração (os *happenings* de música, cinema, poesia e teatro) com uma admirável paixão pelo sol e praias, configurando o aspecto hedonista e sensual dos povos do Bonfim. Maria Bethânia (irmã de Caetano, cujo nome é uma homenagem à música cantada por Nelson Gonçalves) e Maria das Graças (mais tarde, Gal Costa) faziam parte desse grupo. Desde o início, Torquato estabeleceria uma boa relação de amizade com todos, mas, curiosamente, não conheceria naquela época o também poeta José Carlos Capinam, o que aconteceria anos depois no Rio de Janeiro.

O Colégio Nossa Senhora da Vitória, na Rua Araújo Pinho, bairro do Canela, era um prédio em forma de L, com seus varandões permitindo uma visão completa do pátio lateral, com dois pequenos campos de futebol e árvores centenárias. À primeira vista, o edifício, em estilo colonial, podia lembrar

---

* *Verdades tropicais*, Caetano Veloso. Companhia das Letras.

um convento, uma casa de fazenda ou algo assim. Quando foi matriculado na 1ª serie, turma A, turno da manhã, no curso científico, em fevereiro de 1960, Torquato Neto recebeu acomodações em um alojamento coletivo — um dormitório com 80 camas. Ele sempre se mostraria um aluno solícito e participativo, incorporando-se desde cedo ao grupo de teatro (quando encenaram uma peça que discutia a relação entre céu e inferno) ou escrevendo artigos na Apamema, a revista que dava voz a pais, mestres e alunos. Foi seu talento como redator que o conduziu ao posto de editorialista dos alunos na revista, encarregado de transformar em palavras as reivindicações oficiais do chamado corpo discente. Isso se prolongaria durante os dois anos de sua permanência na escola.

A contar do início — e até o último dia em Salvador —, Torquato receberia regularmente da mãe, junto com a mesada, um embrulho com sabonetes Alma de Flores, pastas de dente Phillips e lenços bordados com as iniciais T.N. Costumavam seguir junto meias, camisas e algumas fatias de carne de sol, muito bem acondicionados.

No ano seguinte, 1961, Glauber filmaria *Barravento*, um *cult*, enquanto a UNE tentava abrir um CPC (Centro Popular de Cultura) em cada capital brasileira. Torquato o conheceria nas rodas dos cineclubes — programações engendradas por Walter Silveira — e logo se incorporaria à equipe desse mesmo longa-metragem. Certa vez, durante uma entrevista a um jornal de Teresina, ele diria com orgulho que, efetivamente, chegou a atuar como diretor de cena na sequência dos tambores, "ajudando Glauber". Nascia, em Salvador, o primeiro grande filme brasileiro do Cinema Novo, movimento verde-amarelo com o qual, no futuro, Torquato criaria grandes animosidades.

Salvador e as escadarias do Bonfim era o cenário escolhido para as filmagens de *Pagador de promessas*, de Anselmo

Duarte, até então um galã consagrado pelas chanchadas da Atlântida. Assim que soube da novidade, Glauber — então casado com a atriz Helena Ignez — apareceu na condição de repórter de um jornal local. Ele escreveria:

> "Anselmo Duarte hoje está no cinema 'sério' e como diretor provou seu talento em *Absolutamente Certo*, filminho que lhe rendeu 8 milhões líquidos e respeito como cineasta."

O cenário dessa trama, em contexto nacional, eram os chamados anos Jânio Quadros, cuja renúncia, em 28 de agosto, deixaria o Brasil muito próximo de uma situação de caos político: em setembro, depois de uma crise institucional, o gaúcho João Goulart, o vice, tomava posse na Presidência da República. Entrava em cena o populismo de esquerda, cujo resultado, entre teorias e ações, era um indisfarçável flerte entre intelectuais e as causas camponesas e operárias.

Foi uma coincidência daquelas, envolvendo remotas ligações familiares, que levou o jovem Torquato ao bairro de Nazaré, no Campo da Pólvora. Ele tinha nas mãos uma encomenda, em forma de embrulho, que deveria ser entregue a um amigo da família, o senhor Luiz Machado, um teresinense das antigas, que migrara para Salvador. Deixar o menino responsável pelo pacote — e que ele tratasse de fazê-lo chegar com segurança ao destino — era uma forma de aproximá-lo de uma referência familiar, oferecendo-lhe um ponto de apoio na nova cidade. Ele estava muito longe de casa, e o melhor seria precaver-se com um mínimo de segurança.

Uma agradável surpresa foi saber que o filho de Seu Luiz, o jovem Duda, também tinha sido aluno do Colégio Marista até o ano anterior, quando concluiu o ginásio e mudou de escola. Eles trocaram ideias e impressões sobre os maristas. Torquato vibrou ao saber que Duda, franzino como ele e da mesma idade, também se interessava por poesia e cinema. E, até por isso, a amizade entre eles teria significação especial em tudo o que aconteceria dali para a frente. Duda refere-se ao efeito que Torquato lhe provocou, pela precocidade, ao descrever o universo que os cercava:

— Éramos inquietos. Tínhamos dificuldades semelhantes de adolescentes: conflitos com a família, rebeldias. Creio que isso ajudou nossa aproximação. Falávamos com entusiasmo sobre o candomblé como uma religião sem a noção do pecado, com sua sensualidade afirmativa.

Naquele primeiro dia, quando apareceu como um Carlos Bovari, na casa de Duda, Torquato ficaria para o almoço. Inicialmente, eles mantiveram um ritual especial para ouvir música, com preferência para João Gilberto, jazz e clássicos. A amizade durou para sempre, sendo que Duda Machado seria um dos poetas convidados para participar, no futuro, do último trabalho concebido por Torquato, a antológica Revista Navilouca — conhecida na intimidade como Stultiferae navis, em uma citação à embarcação que, na Idade Média, percorria aldeias à beira do rio Reno, recolhendo loucos, leprosos e rejeitados em geral, com o propósito de isolá-los da sociedade "sadia". (A doença como marca do pecado; aqueles por ela atingidos deveriam ser afastados até a purgação.)

Na escola, apesar de apresentar um comportamento irregular, com várias anotações de indisciplina no boletim, Torquato estudara o suficiente para terminar o ano com média 6.9, garantindo uma vaga na 2ª série do curso científico, turno da manhã. À época, acontecer-lhe-ia promover, em seus estudos literários, certa troca de referências, deixando para trás Castro Alves e Gonçalves Dias, os românticos, para privilegiar a leitura dos modernos Carlos Drummond de Andrade e João Cabral, que ele chamava de "a secura do engenho, a faca seca, o agreste". Com o passar do tempo, Torquato, que agora morava em uma pensão, no Corredor da Vitória, incorporava determinada porção de melancolia ao seu comportamento cotidiano, adotando uma postura de poeta cerebral, introspectivo.

Foi no centro literário dos alunos do colégio, espaço batizado de Academia Ruy Barbosa, que Torquato produziu um grande volume de textos*, alguns em forma de poemas, outros em prosa e outros ainda como crônicas apresentadas ao microfone da Rádio Excelsior, durante o programa da Congregação Mariana. No dia 6 de maio, ele colocaria no ar o tema As Missões, orientado pelos estudos religiosos dos maristas, no qual fazia uma convocação:

> "Os católicos que constituímos as ramagens da imensa e bela árvore da Igreja, há séculos plantada por Cristo, devemos, levados por uma imperiosa vontade de servir ao próximo, isto é, seguindo aos ditames das nossas consciências de bons professantes do cristianismo, cooperar para a maior expansão da rede missionária. Devemo-nos lembrar e tudo fazer para auxiliar os inúmeros sacerdotes que, submetendo-se aos perigos os mais inimagináveis, embrenhando-se senão em meio a selvas e desertos incógnitos, enfrentando povos semi-bárbaros, pelo menos. Arriscam-se como milhares deles o fazem atualmente, à terrível crueldade dos métodos comunistas, com o único objetivo de pregar e ensinar aos que desconhecem o nome e a santa doutrina do Cristo Rei."
> (...)
> Assinado: Torquato Pereira de Araújo, neto

Ainda em maio, seguindo a mesma linha de raciocínio cristão, ele escreveria e publicaria no boletim O Farol, editado

---

* Muitos desses textos continuam inéditos por decisão familiar, desde que Ana, sua mulher, criteriosamente os considera infantis e amadores, sem relevância para o "pensamento e a obra" de Torquato Neto.

pelo centro acadêmico, o editorial Egoismo e Altruismo, sem os acentos agudos nos ís:

"(...)
O mundo em que vivemos está, todos nós sabemos, cada vez mais a materializar-se, consequentemente, cada vez mais a afastar-se dos princípios altruísticos e cristãos. Vive-se em meio a egoístas. Há quem diga e acaloradamente defenda, que hoje em dia, é bom ser egoísta. E decretam: o altruísta jamais subirá na vida. Que terrível engano! Que tolice."

Entre esses estudos, mantidos durante décadas em uma caixa de papelão, junto a cartas e fotografias, estava um poema — muito rabiscado e decerto inconcluso, dedicado ao clássico *E agora, José?*, de Drummond, e este outro, na categoria "estudos", escrito em 2 de julho de 1961, com o título *Desejo*:

"Mas...
se eu pudesse um dia
com as mãos o sol pegar
a lua apertar entre os meus pés
e
trêmulo de prazer
em plena Via Láctea, todos os astros reter comigo
num gozo frenético e sem fim
apesar de tanta felicidade
eu chegaria a ter pena de mim mesmo
pois, indiscutivelmente,
eu estaria louco
demente!"

No dia 19 de agosto, durante uma sessão oficial da Academia Ruy Barbosa, ele anunciava em texto escrito de próprio punho seu afastamento dos quadros da diretoria e agradecia aos colegas que, meses antes, o haviam colocado à frente da biblioteca, em um cargo de muito prestígio. Afirmava que, para ele, havia sido um período de justificado orgulho:

> "Hoje, porém, motivos alheios à nossa vontade, obrigam-nos a abandoná-los e pesarosos, cumprimos agora o nosso dever. Nesta oportunidade, resta-nos, pois, agradecer a todos a confiança em nós depositada, desculpando-nos pelas falhas certamente cometidas e, com as mãos estendidas à palmatória da crítica sincera e construtiva, ceder este cargo, que sempre procuramos honrar, ao colega que, por direito, for escolhido para substituir-me."

Apesar do tom conciliador, acredita-se que os "problemas" aos quais o jovem Torquato se refere eram todos de natureza disciplinar.

Merece registro, ainda, entre o volume de textos produzidos em 1961, a lamentação de *Poema*, ao passo que Torquato chora a morte de sua babá, Maria das Dores, a fiel escudeira de Dona Salomé:

> "Maria das Dores,
> Por que morreste?
> Tu não sabias
> Que ainda tinhas
> Tantas histórias
> Pra me contar,
> Maria das Dores
> Por que morreste?
> (...)

Sentado, olhando
Teus olhos tristes
Calado, ouvindo
Os lindos casos
Que me embalavam
No meu escuro.
Maria das Dores
Por que morreste
Inda tão minha?"
(...)

Escrito no dia 18 de agosto de 1961, o poema *Dúvidas* se aprofundaria em densas questões existenciais, anunciando uma das características filosófica mais notáveis na poesia de Torquato: a procura constante pela fé. Tudo com absoluta sinceridade, corajosamente exibido em versos escritos por um garoto de 16 anos, como quem fala com Deus, o Pai:

(Obedecendo grafia e acentuações originais.)

Na minha solidão
eu nada vejo, além do nada.
Inconscientemente,
eu vou passando nesta vida
a perguntar-me sempre:
Afinal, que sou?

Que forças me arrastam
E me fazem assim viver — ou vegetar?
Por que não me explicam,
me dizem,
me mostram o significado disso tudo?
Eu quero ver quem nesta vida
me arrasta vida afora.
Pois apesar de estar quase certo

de que o nada
do nada me tirou,
no nada me plantou
e pro nada me arrasta,
eu quizera perguntar-lhe,
por tôdas, de uma vêz:
Afinal, meu caro, que faço aqui?

Seus colegas de escola o chamavam de Piauí. Ao mesmo tempo que escrevia com regularidade, Torquato decidiria voltar às aulas de inglês, frequentando as turmas da ACBEU, de orientação americana, onde desenvolveu — como arte da malandragem — uma técnica especial para roubar livros, exclusivamente aqueles que lhe interessavam MUITO. Deixava os livros escolhidos perto da janela, em posição que permitisse serem apanhados pelo lado de fora e, na saída, bastava esticar os braços para ter nas mãos as melhores obras clássicas ou pertinentes. Ele tinha enfiado na cabeça que seria diplomata.

É bem verdade que a ideia de prestar concurso para o Instituto Rio Branco (antes, ele tinha que fazer o vestibular) e ingressar no Itamaraty estava ficando cada dia mais remota. O que a sustentava agora era apenas a vontade de mudança. Ele tinha um tio, Jônathan, irmão de seu pai, que morava sozinho em um apartamento na praia de Botafogo — que estava disposto a hospedá-lo sem maiores restrições. Tinha também o tio João, jornalista da Rádio Nacional e militante do PC, casado com tia Dulce, irmã de Dona Salomé, que moravam no Leblon. Eles não podiam recebê-lo por falta de espaço — viviam com cinco filhos em um apartamento — mas seriam sempre uma referência próxima e segura.

No plano internacional, este seria o ano que Jorge Luis Borges ganharia a consagração definitiva ao dividir com Samuel Beckett o prestigioso Prêmio Formentor. Muitos críticos situam aí a semente do boom da literatura latino--americana que levaria ao sucesso internacional de Gabriel

García Márquez, com *Cem anos de solidão*. No plano doméstico, o capixaba Roberto Carlos, ainda um pouco longe de postular o título de Rei, lançava seu primeiro disco, o compacto simples *Louco por você*.

Seria Duda Machado quem apresentaria Torquato a outro jovem poeta: Caetano Veloso, fruto desse mesmo pomar cultivado nos jardins do Senhor do Bonfim. Ou, como diria Roberto Rossellini, a "Roma negra". Caetano, recém-chegado de Santo Amaro da Purificação, lembra-se de Torquato falando com entusiasmo de Carlos Drummond, empunhando um caderno escolar cheio de poesias — na sua opinião, "todas elegantes, sensíveis e sóbrias". Caetano tinha sido convidado por Alvinho Guimarães, um experimentador em teatro e cinema, para compor algumas músicas para a trilha sonora de *O boca de ouro*, de Nelson Rodrigues. Em seguida, eles fizeram *A exceção e a regra*, de Brecht. Era a primeira vez que Caetano trabalhava em música com pretensão profissional, no caso para o teatro, abrindo sua produção até então considerada inédita.

Junto a Caetano estava Roberto Sant'ana, um filho de Irará, estudante de teatro e filosofia, que fazia parte do "movimento". Tinha sido ele quem, meses antes, apresentara Caetano a Gilberto Gil, que se preparava para gravar seu primeiro compacto simples. Eles costumavam se reunir na casa da atriz Maria Muniz, onde começam a aparecer Tom Zé (também de Irará, primo de Roberto), Emanuel Araújo, Carlos Falk, o jornalista Orlando Senna e Perna Fróes, músico que estaria sempre junto deles, segurando o contrabaixo. Essas manifestações coletivas, moldadas por um forte sentimento de autoestima, em certa medida, representariam o embrião da Tropicália, insumos para uma nova arte brasileira.

A paixão de Torquato pelo cinema o aproximaria também do diretor Alvinho Guimarães, participando das filmagens de *Moleques de rua*, uma experiência precoce do cinema alternativo brasileiro. O filme, um curta-metragem em 16mm, tinha trilha sonora de Caetano e trazia, no elenco, Torquato e Duda Machado. Durante uma projeção do filme, em Salvador, Caetano e Tom Zé se conheceram, apresentados por Orlando Senna.

Foi nesse ambiente criativo que floresceu essa geração inquieta, determinada coletivamente a explorar, sem medo e sem reservas, seus talentos e capacidades. Nesse sentido, Torquato foi se integrando ao movimento, a ponto de ser confundido e identificado, por muitos anos ainda, como um poeta baiano. Ele se divertia com o equívoco, fazia graça com a situação, mas deixava claro que seu verdadeiro sonho era ser "carioca". Um sonho que estava muito próximo de ser tornar realidade.

Em Teresina, as notícias que chegavam aos pais eram pouco estimulantes. Por duas vezes, muito preocupado, o Dr. Heli teve que ir a Salvador amenizar as crises do filho, denunciadas pelos frequentes pedidos de remessa de dinheiro — agora cada vez mais recorrentes — e pelos conflitos gerados na escola. O Dr. Heli recorda-se desses momentos:

— Fui a Salvador pela primeira vez para saber como ele conseguiu tirar zero em matemática. Na segunda, alguns meses depois, ele estava diferente; já conhecia Caetano, Gil e a turma toda da Bahia. Estava envolvido com poesia e cinema. Nesse dia, ele chorou e pediu para viver no Rio de Janeiro.

Assim que saíram os boletins e os alunos entraram em férias no início de novembro, Torquato voltava para casa. Antes de viajar, porém, posaria para uma foto coletiva no pátio da escola, com os alunos usando uniformes de gala, uma farda cáqui com passadeiras nos ombros e botões militares. Segundo observações de Nacif Elias, Torquato chegou em Teresina cheio de ideias, inquieto, propondo discussões e estudos. Ofereceu aos amigos alguns livros que considerava importantes naquele momento: *Frutos da terra*, de André Gide, e *Cartas a um jovem poeta*, do tcheco Rainer Maria

Rilke. A essa altura, ele já considerava *Macunaíma*, de Mário de Andrade, a principal obra do movimento modernista (publicada em 1928), mas apontava *Menino de engenho*, de José Lins do Rego, assim como *Vidas secas* e *São Bernardo*, de Graciliano Ramos, como obras igualmente fundamentais.

Seus estudos em literatura o levariam a escrever o ensaio *Arte e cultura popular*, publicado em um jornal colegial, em Teresina, no qual propôs uma aliança com o pensamento de Gilberto Freyre no sentido de "tentar" reformar a cultura nacional — "capenga e importada em quase sua totalidade". O artigo, composto por cinco tópicos de texto, enumerados em algarismos romanos, revela que, em 1961, Torquato AINDA não aceitava a poesia concreta, que tratava com desprezo quando considera:

"Em São Paulo, Décio Pignatari lidera um movimento híbrido, horrível, de poesia concretista. E no Rio, finalmente, Ferreira Gullar, antes concretista, agora redimido, procura um caminho de salvação para a nossa poesia dentro da literatura popular de cordel nordestino."

No mesmo texto, finalmente, pode-se inferir a importância que ele dedica a Graciliano e José Lins, reforçando sua crença em um movimento nordestino para além do romance regionalista:

"A influência exercida por esses escritores no espírito intelectual das gerações que os seguiram foi enorme. Não se limitando somente ao romance expandiu-se enormemente rumo à poesia, ao teatro, ao cinema e até mesmo à música popular."*

---

* O texto integral do ensaio seria reeditado pela Revista Exu, na Bahia, em novembro de 1992.

Ao mesmo tempo, o grupo passaria a tomar aulas de judô com Vital Araújo, irmão mais novo de Dona Saló, que tinha concluído um curso de defesa pessoal em São Paulo, e agora estava de volta a Teresina. Torquato era muito magro e acreditava que poderia ganhar alguma envergadura, caso apurasse o preparo físico. Pelo que foi possível constatar, ele nunca ganhou uma grama de músculo sequer com esses exercícios que duraram apenas duas ou três semanas. Enquanto se exercitava no tatame, entre um golpe e outro, Torquato sonhava com o Rio de Janeiro, sua poesia e seus encantos boêmios.

As discussões familiares, neste sentido, evoluíram para satisfazer as vontades do rapaz. Apesar do sofrimento provocado em Dona Salomé, que chorava dia e noite, tudo vinha sendo acertado pelo telefone que, naquela época, no Rio de Janeiro, tinha seis algarismos: 56-1592; e, em Teresina, apenas quatro: 2873. Quando o Natal chegou, tudo já estava decidido: Torquato viajaria em janeiro e ficaria hospedado no apartamento de tio Jônathan, em Botafogo. E mais: aproveitando uma coincidência de ambições e oportunidades, desde que uma tia generosa lhe oferecesse um quarto provisório em Copacabana, Nacif Elias, o Carcamano, iria junto. E o Sebastião Besouro, que estava por perto, acabou embarcando nessa, fechando a trinca.

E foi com um frio na barriga, um certo *frisson* de aventura percorrendo a medula, que eles fizeram festa na passagem de ano. Eles sabiam, no íntimo, que estavam vivendo seus últimos dias em Teresina e que a aventura da vida, efetivamente, ainda estava por começar. A intenção declarada, no caso de Torquato, era terminar o curso científico, prestar vestibular e dar início à sonhada carreira diplomática. Pelo menos era isso que ele deixava a família acreditar.

CAPÍTULO 4

NAS ÁGUAS DA GUANABARA

(a epifania dos contrários)

O ano de 1962 entrará nesta história por seus méritos próprios: aos 32 anos, morria o poeta Mário Faustino em um acidente de avião no Peru; Glauber e o filme *Barravento* ganhavam um prêmio importante no Festival de Cinema de Karkovy Vary, na Tchecoslováquia; Marylin Monroe, a miss corações solitários, era encontrada morta em casa (provavelmente vítima de overdose), transformando-se no maior ícone da cultura pop de todos os tempos. Não bastasse isso, o Brasil seria bicampeão mundial de futebol, com o capitão Mauro erguendo a taça, e a Bossa Nova ganharia os palcos consagradores do Carnegie Hall através do balanço e da elegância de Tom Jobim e João Gilberto. Foi também o ano de criação do CPC — Centro Popular de Cultura — da UNE. Nas rádios, Nelson Gonçalves embalava os românticos com o bolero *Fica comigo esta noite*.

Quando Torquato, aos 17 anos, desembarcou no aeroporto Santos Dumont em uma tarde de janeiro, o verão carioca prometia ser "bacana", para usar uma gíria da época — a expressão aproximada, nos dias de hoje, seria "do caralho". Ele seguiu direto para a praia de Botafogo contemplando atentamente a paisagem que se descortinava na janela do carro: a praia do Flamengo, o morro do Pão de Açúcar, os veleiros no canto da enseada... Ainda pairava no ar certa atmosfera de Capital Federal, título que o Rio perdera dois anos antes com a inauguração de Brasília, a Novacap, em plena era JK. A praia de Copacabana, princesinha do mar, a preferida por dez entre dez estrelas da sociedade, ainda era o centro turístico mais charmoso da cidade. Eleito pelos fluminenses em 1960, Carlos Lacerda realizava um governo agitado e polêmico, quando seria chamado de "matador de mendigos" por seus adversários políticos. Nas bancas de jornais, as manchetes anunciavam em letras garrafais a morte do bandido Mineirinho (José Miranda Rosa), que carregava no bolso uma oração de Santo Antônio, agora manchada de sangue — e um recorte de jornal falando de seu último tiroteio com a polícia.

O tio Jônathan morava em um dos endereços de pior fama em todo o bairro, o famoso edifício Rajah. (Rivalizava em prestígio com um edifício chamado 200, na Rua Barata Ribeiro, em Copacabana.) O prédio era ocupado por putas, rufiões, agregados e, é claro, famílias normais e trabalhadores, como o tio Jônathan, que privilegiavam a garantia de um aluguel barato em detrimento do *pedigree* da vizinhança. Torquato se instalaria em um dos quartos do pequeno apartamento para começar a sua vida carioca. Dona Salomé seguiria mandando com regularidade a mesada e a caixa com sabonetes e pasta de dente.

Depois de instalado em Botafogo, o primeiro passo foi conseguir matrícula no 3º ano do científico, no Colégio Ruy Barbosa, no Largo do Machado. A escola era considerada uma "boate", frequentada por alunos que apenas tinham como objetivo colocar a mão no diploma, sem nenhuma preocupação com a qualidade do ensino. Apesar disso, entre os professores estava Geraldo França de Lima, um mineiro de Araguari, amigo de Guimarães Rosa, que, no futuro, ocuparia a cadeira número 31 da Academia Brasileira de Letras. Torquato continuaria tendo como colegas de turma Sebastião Besouro, agora se encaminhando para trabalhar com desenho industrial, e Nacif Elias, que se recorda de uma conversa profunda do grupo, entre goles de cachaça e Cinzano, em um banco de praça no Bairro Peixoto, no momento em que discutiram sobre "a melhor forma de suicídio":

— Depois de muita maluquice e bebedeira, chegamos à conclusão de que a melhor forma de suicídio era com gás.

(cai o pano)

Sua rotina, no primeiro ano de Guanabara, era acordar cedo e seguir de transporte público até o colégio, distante poucos quarteirões da praia. (A cidade estava se despedindo de bondes e ônibus elétricos, fazendo a transição para os ônibus.) Uma rotina que somente seria quebrada pela greve geral dos estudantes, que se uniam a João Goulart na luta pela reforma educacional. Torquato era estudante secundarista mas visitava de modo constante a sede da UNE, onde se concentravam os universitários. Foram alguns dias sem aulas e muitas passeatas pelas ruas do centro, estratégia considerada indispensável para paralisar o trânsito e chamar atenção para as faixas que gritavam: ENSINO GRATUITO, DEMOCRACIA UNIVERSITÁRIA.

Nos intervalos, entre uma batalha e outra com a PM, Torquato aparecia na casa de tia Dulce, no Leblon, para pegar o gargurau — expressão piauiense para comida, boia, rango. Principalmente aos domingos, quando havia cerveja e refrigerante Crush à mesa — e a família estava toda reunida. É verdade que ele agora parecia mais envolvido com as coisas da rua, cinema, política estudantil, bares, porém é verdade também que sempre encontrava tempo para cuidar dos afetos e da sobrevivência. No dia 17 de junho, um domingo, Torquato, Sebastião Besouro e Nacif tomaram um grande pileque no apartamento de tio Jônathan, para festejar a conquista da Copa do Mundo, no Chile. Eles praticamente "destruíram" 1 litro de uísque da marca Queen Anne, durante a transmissão radiofônica. Torceram e se esbaldaram. Antes mesmo de o juiz soar o apito final, e o capitão Mauro levantar a taça, eles já estavam em estado lamentável. Nessa época, como resultado próprio da adolescência, Torquato estava ganhando espinhas no rosto, acnes que lhe crivavam as bochechas em pequenas e sucessivas erupções.

Apesar das algazarras e festas em grupo, ele continuava lendo muito: livros, revistas, obras políticas, clássicos indispensáveis, todas as coisas. Ele devorou *História da riqueza do homem*, de Leo Huberman, uma espécie de *vade mecum* dos revolucionários brasileiros (lançado pela Zahar Editora, em 1962, o livro já vendeu mais de 300 mil exemplares). Sua paixão pelo cinema o tornaria um privilegiado observador da cena, durante um ano particularmente favorável às produções nacionais.

Depois de muita articulação, chegava às telas o filme *Cinco vezes favela*, uma produção do CPC, com cinco episódios curtos fornecendo uma visão de conjunto das diretrizes do Cinema Novo: uma câmara na mão e uma ideia na cabeça. Os diretores contemplados eram todos principiantes e engajados politicamente: Carlos Diegues, Leon Hirszman, Joaquim Pedro de Andrade (que apresentou o episódio "Couro de Gato"), Miguel Borges e Marcos Farias. Nesse mesmo ano, 1962, com produção independente, Ruy Guerra realizava *Os cafajestes*, enquanto *Pagador de promessa*, de Anselmo Duarte, ganhava a Palma de Ouro, em Cannes. Foi o chamado boom do cinema brasileiro.

No final do ano, aprovado com mérito pelo boletim da escola, Torquato, em vez de ratificar sua caminhada rumo ao Instituto Rio Branco, como se esperava, decidiu prestar vestibular para o curso de Jornalismo, na Universidade do Brasil. Argumentava com a família que a sua real vocação era escrever e que o Rio de Janeiro oferecia um bom campo de trabalho para jornalistas — e ponto final. Além do mais, tio João (Souza Lima), jornalista da Rádio Nacional, continuava com alguma influência no mercado e podia ser uma boa fonte de recomendações. O curso de Jornalismo fazia parte da Faculdade Nacional de Filosofia, que funcionava em um prédio no centro da cidade. Ele não teve dificuldade alguma com o vestibular. Logo na virada do ano, estava portando uma carteira de identidade estudantil com um grande carimbo vermelho: 1963. Assim, o antigo grupo de Teresina se dissolvia, pelo menos na condição de colegas de turma: Nacif Elias fora convocado para o serviço militar e Sebastião Besouro mudara-se para Brasília onde, mais tarde, entraria na luta armada e na clandestinidade. Quanto a Torquato, ele apenas alterou sua rotina diária que agora incorporava outros espaços físicos da cidade.

Viver no Rio e poder caminhar todos os dias por suas ruas e avenidas era a realização de um antigo sonho para ele. Encontrar a cada passo uma referência histórica das boas, capaz de valer por uma visita ao sebo mais tradicional — esta era a vida que lhe interessava. Caetano lembra que Torquato adorava o Rio "à maneira dos imigrantes tradicionais, desejoso de afastar-se rapidamente de sua província de origem e integrar-se na vida carioca."* Torquato saboreava todos os detalhes do folclore cultural da cidade, sugestivamente apelidada de belacap: o edifício onde morava Drummond, o botequim

---

* *Verdades tropicais*, Caetano Veloso, Companhia das Letras.

que Vinícius frequentava, as caminhadas de Rubem Braga por Ipanema, as histórias fantásticas sobre Nelson Rodrigues... Ele costumava segui-los pelas ruas, à distância, parando sempre que necessário para olhar as vitrines, evitando ser notado. Quando entrava no táxi dizia para o motorista, mesmo que isso contrariasse qualquer lógica espacial:

— Siga pela praia.

Sem saber, Torquato estava criando o folclore que mais tarde alimentaria o seu próprio mito, ao comparecer sempre no Café Lamas, no TNC — Teatro Nacional de Comédias — e na sede da UNE, um prédio de quatro andares na praia do Flamengo, 132. E foi durante uma iniciativa do CPC da UNE, que realizava um encontro de poesia entre estudantes, que ele conheceria Hélio Silva, um secundarista igualmente interessado em versos e rimas.

Eles formavam um grupo do qual fazia parte também Adriano Augusto de Araújo Jorge Neto, com perspectiva de trabalhar na publicação de ensaios de literatura e críticas de cinema e teatro — mesmo que fosse necessário imprimi-las em mimeógrafo, uma das armas mais combativas e eficazes na guerrilha da informação. Escrito em janeiro de 1963, o poema *Via crucis*, ainda influenciado pela convivência com os maristas, revelava uma notável maturidade no tratamento das palavras e das emoções:

"abriu-se a porta e todo este meu ser entrou
  desajeitado e tonto
Verificados os lábios que sangravam
e as mãos que não se retorciam
meu eu assinou a ficha inicial e na parede marcou exa-
    tamente
o tempo.
Dormiam-se nas cavas do silêncio
  as quatro musas que nunca invocarei."

Muitos desses textos foram escritos em uma sala da UNE, onde eles passavam as tardes. Quer seja pela idade, ou mesmo pela inexperiência, a verdade é que eles tinham atuações periféricas na entidade, frequentando apenas a Federação Atlética, na parte de baixo do pequeno edifício, onde havia uma mesa de pingue-pongue e tabuleiros de dama e de xadrez. Pelo menos três grupos ocupavam essas dependências: a AMES (Associação Metropolitana de Estudantes Secundaristas), a UBES (União Brasileira) e a própria UNE. Diz a história — ou a lenda, nunca se sabe — que, decidido a ir habitualmente à entidade e se aproximar das questões estudantis, Torquato promoveu sua própria apresentação aos dirigentes do CPC, estendendo a mão:

— Estou chegando de Salvador, onde vivi os dois últimos anos, e quero trabalhar pela revolução — disse, para espanto dos universitários.

Duas correntes dominavam o CPC naquela ocasião: a dos radicais, liderados pelo dramaturgo Oduvaldo Vianna Filho, o Vianninha; e a dos moderados, ligados ao compositor Carlos Lira. A palavra-chave nesses dias era "articulação". Todos articulavam alguma coisa com alguém. O estudante de engenharia José Serra articulava para disputar as eleições da UNE, que articulava estratégias com a ABI (da Imprensa), que articulava com a OAB (dos advogados) e todos os sindicatos não patronais. A mobilização era contra a intervenção norte-americana na educação brasileira, estabelecida pelo acordo MEC/USAID, que anunciava mudanças drásticas no ensino. (Em resumo: os estudantes queriam reformas, mas não aquelas impostas pelo Tio Sam.) Esses problemas, somados às dificuldades estruturais do país (catalogado pelos órgãos internacionais como "subdesenvolvido"), deixavam a situação política em estado de alerta. O gargalo social estava se fechando e, aos melhores observadores — aqueles que acompanhavam as ações pelos dois lados — era claro que militares e setores conservadores da sociedade também articulavam. Estava para começar um dos períodos mais sombrios da história do Brasil.

Em fevereiro de 1963, Torquato produziria um texto solto, informal, de reflexões e estudos, provavelmente escrito na mesa do bar, onde dizia:

> "neste momento em que devem existir centenas de outros
>   bares
> espalhados onde outros tantos poetas também sentem
>   e exalam esta verdade sem que possam compreen-
>   dê-la e a aceitarem; neste momento em que os que
>   compreendem também têm que aprofundar-se no
>   raso de alguns copos
> e também sentem a necessidade de algum
> de muito jazz
> com o qual possam realizar o exorcismo que os acorde
> deste pesadelo insuspeitado
> e muito triste;
> Neste momento em que os homens e as mulheres conti-
>   nuam a se vender
> por qualquer outro momento
> e em que os homens e as mulheres quase têm certeza de
>   que continuam a vender as suas angústias
> em troco de malquebradas ilusões sem base ou cimo;
> Neste momento em que todos se abraçam em um só
>   desespero
> e procuram um ponto de apoio
> e encontram apenas um ponto de apoio;
> Neste momento é preciso amar este ponto de apoio;
> Neste momento é preciso louvar esta cabeleira branca
> esta força última

> estes olhos que brilham ainda lúcidos
> esta garganta que protesta e sempre
> esta velhice que é a juventude de um mundo que ainda
> consegue alimentar
> Esta vontade de ser a estufa da vida e o pasto dos homens
> Esta trágica vontade de ser mundo
> — e se mande dizer à cabeleira branca
> e à força última
> e aos olhos ainda lúcidos
> e à garganta que protesta de Lord Bertrand Russell
> que os poetas do mundo e que os homens do mundo o
> amam
> e o veneram
> e lhe precisam"

O novo amigo Hélio Silva — a quem ele chamava de Helinho — era baiano de Ilhéus, morava na Tijuca e tinha uma irmã chamada Ana — além de ser homônimo de ilustre historiador. Certo dia, tendo um encontro marcado com Torquato, Helinho chegou acompanhado da irmã. Até então, ele retardara o encontro dos dois por imaginar que Ana não simpatizaria com seu amigo, um sujeito no mínimo esquisito. Torquato apareceu no local combinado, uma esquina da Rua Santa Luzia, no centro, acompanhado de Duda Machado, que tinha deixado Salvador e agora tentava morar no Rio. Eles tinham programado assistir juntos ao show de Araci de Almeida, inaugurando o Teatro da UNE. Com alguma expectativa na voz, Hélio anunciou:

— Torquato, esta é minha irmã, Ana Maria.

Ana recorda que o rapaz lhe pareceu, à primeira vista, muito charmoso e sensível, com um casaco jogado nas costas e alguns livros nos braços. Ele se agitou levemente sem conseguir disfarçar a excitação, até porque Duda, que estava muito próximo da cena, demonstrava o mesmo encantamento pela moça. Houve certa disputa entre eles. A caminho do teatro,

Torquato fez charme dizendo que gostaria de se sentar na primeira fila da plateia para acabar com uma antiga questão:

— Dizem que a Araci de Almeida usa cuecas. Quero ver se é verdade!

A partir desse dia, o namoro com Ana se estabeleceria em passeios regulares por bares e livrarias da cidade. Eles iam a um botequim muito conceituado no Arpoador chamado Mau Cheiro. Eram vistos também no Vermelhinho, na Rua Araújo Porto Alegre, que desafiava a fama e o conceito do seu grande rival, o Amarelinho, na Cinelândia. Quando queriam ir ao cinema, escolhiam a programação do Cine Paissandu, dando preferência aos filmes europeus. Ana lembra que Torquato chegava estalando os dedos, cantando "o homem que diz dou não dá, por que quem dá mesmo não diz...", de Vinícius de Moraes, seu grande ídolo.

Ana tinha uma amiga, Maria Rita (no futuro elas seriam cunhadas), que passou a fazer parte da turma, andando com eles pela cidade. Rita recorda-se da primeira impressão ao conhecer Torquato:

— Ele cativava pela inteligência, pela conversa e pela ironia. Tinha também um elemento sedutor muito forte... Nessa época, ele gostava muito de cinema.

Embora pudesse contar, eventualmente, com um quartinho no apartamento de Macalé, em Ipanema, a casa de Torquato, de forma efetiva, passou a ser a UNE, onde costumava dormir no velho sofá do andar superior. Tinha entre seus pertences uma máquina de escrever portátil, tipo Remington, e uma pasta onde guardava os originais de um livro que vinha construindo desde a adolescência, chamado O fato e a coisa, tendo como base um punhado de poemas longos e furiosos, compondo cinco fragmentos: Parte I, Parte II, Parte III (formando um segmento), Poema do Aviso Final, Panorama Visto da Ponte, Bilhetinho Sem Maiores Consequências e Um Cidadão Comum. Eis uma amostra, com destaque para o inédito Poema do Aviso Final, encharcado de revolta pelo conturbado momento político:

Parte I

Impossível envergonhar-me de ser homem.
Tenho rins e eles me dizem que estou vivo.
Obedeço a meus pés
E a ordem é seguir e não olhar à frente.
Minúsculo vivente entre rinocerontes
me reconheço e falho
e insisto.
E insisto porque insistir é minha insígnia.
O meu brasão mostra dois pés escalavrados
e sobram-me algumas forças: sei-me fraco
    e choro.
E choro e nem assim me excedo na postura humana:
sofro o corpo inteiro, pendo e não procuro
a arma em minhas mãos.
Sei que caminho. É só.
Joelhos curvam-se, amaziam ao chão que queima
e me penetra e eu decido que não posso
Envergonhar-me de ser homem.
A criança antiga é dique barrando o meu escoo
e diz que não, não me envergonhe.
Não me envergonho.
Tenho rins, mãos, bocas, órgão genital e
glândulas de secreção interna:
impossível.
No entanto, sinto medo
e este é o meu pavor.
por isso a minha vida, como o meu poema,

não é canto, é pranto
e sobre ela me debruço
observando a corcunda precoce
e os olhos banzos.

Parte II

Também tenho uma noite em mim tão escura
que nela me confundo e paro
e em adágio *cantabile* pronuncio
as palavras da nênia ao meu defunto,
perdido nele, o ar sombrio.
(Me reconheço nele e me apavoro)
Me reconheço nele,
não os olhos cerrados, a boca falando cheia,
as mãos cruzadas em definitivo estado, se enxergando,
mas um calor de cegueira que se exala dele
e pronto: ele sou eu,
peixe-boi devolvido à praia, morto,
exposto à vigilância dos passantes.
Ali me enxergo, à força no caixão do mundo
sem arabescos e sem flores.
Tenho muito medo.
Mas acordo e a máquina me engole.
E sou apenas um homem caminhando
e não encontro em minha vestimenta
bolsos para esconder as mãos, armas, que, mesmo frágeis,
me ameaçam.
Como não ter medo?
Uma noite escura sai de mim e vem descer aqui
sobre esta noite maior e sem fantasmas,
como não morrer de medo se esta noite é fera
e dentro dela eu também sou fera e me confundo nela e
ainda insisto?
Não é viável.

Nem eu mesmo sou viável, e como não? Não sou.
O que é viável não existe, passou há muito tempo
e eram manhãs e tardes e manhãs com sol e chuva
e eu menino.
Eram manhãs e tardes e manhãs sem pernas
que escorriam em tardes e manhãs sem pernas
e eu sentado num tanque absurdamente posto no meio
    da rua,
menino sentado sem a preocupação da ida.
E era todo dia.
Havia sol
E eu o sabia
Sol: era de dia.
Havia uma alegria
do tamanho do mundo
e era dia do mundo.
Havia uma rua
(debaixo dum dia)
e um tanque.
Mas agora é noite até no sol.

Parte III

Vou à parede e examino o retrato,
irrresponsável-amarelo-acinzentado-testemunha.
Meus olhos não se abrem e mesmo assim o vejo.
E mesmo assim te vejo, ó menino, encostado à palmeira
    de tua
praça
e sem querer sair.
E mesmo assim te penso dique,
desolação de seca na caatinga, noite de insônia,
canção antiga ao pé do berço,
prata
fósforo queimando

poço interminável, seco.
Ouço teu sorriso e te obedeço.
Eu que desaprendi a preparação do sorriso
e não consigo mais.
Estou preso a ti, ainda agora,
apesar do cabelo escurecido,
as mãos maiores e mais magras
e um súbito medo de morrer, amor à vida, tolo.
Tenho pressa e a ti a palavra primeira
e o primeiro gosto de enxergar o espelho:
ouço-te, sou mais desgosto em mim, incompreensível.
À tua ordem decido não envergonhar-me de existir
nesta forma disforme e de osso
carne
algumas coisas químicas
e uma vontade de estar sempre longe,
visitando países absurdos.
Não posso envergonhar-me de ser homem.
Tenho um menino em mim que me observa
e ele tem nos olhos (qual a cor?)
todas as manhãs e tardes e manhãs com sol e chuva
e eu menino, que me alumiava.
Tenho um menino em mim e ele é que me tem:
por isso a corcunda precoce
e os olhos banzos: tenho o corpo voltado à sua procura
e meu olhar apenas toca, e leve,
a exata matriz da calça
molhada em festa vespertina da bexiga.

POEMA DO AVISO FINAL

É preciso que haja alguma coisa
alimentando o meu povo;
uma vontade
uma certeza

> uma qualquer esperança.
> É preciso que alguma coisa atraia
> a vida
> ou tudo será posto de lado
> e na procura da vida
> a morte virá na frente
> e abrirá caminhos.
> É preciso que haja algum respeito,
> ao menos um esboço
> ou a dignidade humana se afirmará
> a machadadas.

Algumas vezes, Torquato foi visto na UNE ressonando sobre a mesa de pingue-pongue, tendo ao lado, visivelmente arrumados, os sapatos e a escova de dente. Vem dessa época sua fama de rapaz "bem dotado", quer dizer, de sexo com dimensões avantajadas, já que algumas vezes fora flagrado em estado de ereção, enquanto dormia. Os colegas não perdoavam:

— O Torquato é pé-de-mesa, tem um verdadeiro tripé.

E, exagerados, faziam o gesto característico, espalmando as mãos em paralelas como quem estivesse medindo alguma coisa de meio metro.

Nesse mesmo ano, 1963, eles se mobilizariam para promover o lançamento no Rio do filme *Moleques de rua*, de Alvinho Guimarães, que chegara acompanhado de Caetano Veloso para "badalar" a estreia do curta-metragem. Com tais circunstâncias, Torquato reencontrava Caetano e Alvinho pela primeira vez desde que deixara Salvador — e tudo foi uma festa. Eles aproveitaram para colocar as conversas em dia e articular a produção de novos filmes, músicas e peças de teatro. Foi Torquato quem apresentou Macalé a Caetano e, por extensão, ao resto da turma. É verdade também que, durante esse período, Torquato considerava Alvinho "o grande gênio do grupo", o gatilho mais rápido do oeste. "O mais cabeça entre nós", teria dito certa vez ao amigo Hélio.

Eles praticavam uma "vagabundagem inspirada", algo que nascia na convicção de que seria possível crescer, amadurecer, mudar o país e, quem sabe, até encontrar um patamar de grandeza para ambos. Assim sendo, fervilhavam de novas ideias, direcionando suas ações para a pesquisa, descoberta e prática de uma nova linguagem. Na opinião de Duda, que "fingia estudar na Faculdade de Filosofia", tudo era feito com muita energia, com a importância que os jovens dão aos desafios:

— Hoje essa postura pode parecer um delírio ingênuo, mas, na época, ela sustentava a expectativa de uma geração. Em fórum íntimo, para compensar, podíamos contar com um dispositivo crítico, tão cultivado, ativo e fino como era o do Torquato. São dimensões que, de algum modo, estarão presentes mais tarde no tropicalismo.

Era Torquato quem apresentava as novidades literárias ou cinematográficas para Duda. Certa vez, ele apareceu em um bar da Cinelândia trazendo um livro nas mãos: era a tradução dos *Cantos*, de Ezra Pound, feita por Décio Pignatari, Augusto e Haroldo de Campos para uma edição do MEC. Ele agora sinalizava o trabalho dos "concretos" com outra visão, mais conciliadora. O mesmo acontecia com a poesia de Mário Faustino, que Duda conheceria através de Torquato. No cinema, suas preferências apontavam para Jerry Lewis, Nicholas Ray e — na esteira dos *Cahiers du cinema* — o cinema europeu de Visconti, Buñuel e Godard. As conversas entre eles, entretanto, sofreriam "solução de continuidade" — como diziam os acadêmicos — exatamente seis meses depois com a volta de Duda para Salvador. Ele decidira trancar a matrícula na faculdade e voltar para a casa dos pais. Com isso, Torquato estava perdendo um interlocutor dos bons para assuntos culturais.

Em meados do ano (para ser mais preciso, durante as férias de julho), Torquato aproveitaria uma viagem a Teresina para encetar uma manobra ardilosa, porém, necessária nesses dias de incertezas: conseguir um documento que lhe garantisse, diante do Ministério do Trabalho, o direito de exercer a profissão de jornalista. Não foi difícil colocar a mão em uma declaração, mesmo que forjada, da Rádio Pioneira, oferecendo-lhe um contrato de trabalho com salário mensal de Cr$ 9.000,00. O ofício, datado de 1º de julho de 1963, seria suficiente para que o Ministério do Trabalho, Indústria e Comércio do Piauí emitisse, em seu nome, uma carteira de trabalho, documento indispensável para qualquer iniciação profissional. Ele foi registrado com o número 73. Quando voltou ao Rio, Torquato estava bem disposto e equipado para enfrentar o mercado carioca. Ele iniciava, aos 19 anos, uma profissão que no futuro próximo lhe traria fama e prestígio — jamais dinheiro.

Mas como nem só de cultura vive o homem, um dia bateu à sua porta um velho conhecido dos tempos de Teresina. Velho, maneira de dizer, pois Aderbal tinha apenas 27 anos e, apesar da baixa estatura, era bonito e charmoso no seu estilo *baby face*, com cabelos encaracolados. Eles se conheciam desde a infância, e agora por força de sua agenda, Aderbal estava programado para ficar dois meses no Rio, cumprindo estágio no Instituto de Aposentadoria e Pensões dos Bancários — IAPB. Ele era técnico em administração pública e havia decidido fazer carreira na profissão. Estava morando com uma irmã em Botafogo e, assim que chegou, colocou à disposição de Torquato suas noites livres para conversas e farras. Os dois passaram a formar uma dupla muito conhecida nos corredores da UNE e bares das redondezas, adotando um comportamento que haveria de revelar, até mesmo aos olhares menos atentos, a existência de um sentimento mais profundo que a amizade. Na intimidade, Torquato chamava afetuosamente o amigo de Príncipe e era chamado de Totó.

Aderbal lembra como tudo começou:

— Depois de uma noitada no botequim Ópera, ao lado do edifício Rajah, subimos juntos para o apartamento onde ele morava com o tio. Torquato estava sozinho e eu aceitei o convite para ficar. Dormimos juntos em uma cama de casal. Foi a nossa primeira noite de amor.

É possível que essa não tenha sido a primeira experiência amorosa do poeta com alguém do mesmo sexo. Possivelmente não foi. O certo é que eles resolveram continuar mantendo vivo e discreto o relacionamento, mesmo depois da volta de Aderbal para Teresina. Foi uma questão discutida por ambos a partir do momento em que Torquato anunciava a decisão de continuar com Ana:

— Não vou abrir mão dela! — sentenciou.

Não houve brigas. Eles combinaram de se encontrar em breve, quando Torquato voltaria à casa dos pais para as festas de fim de ano. Mas o Natal ainda estava longe, e os prazeres do Rio de Janeiro, bastante próximos — muitas vezes, apenas a alguns quarteirões. Assim, à noite, Torquato era visto no Café Lamas, entabulando conversas profundas e filosóficas, entre fumaças e cervejas. Hélio, Adriano e Aderbal estavam sempre juntos, comemorando alguma coisa. Como no dia 21 de novembro, quando foi registrada no salão do Lamas uma estridente manifestação de regozijo pela morte do presidente John Kennedy, assassinado a tiros em uma rua de Dallas. (Para eles, estudantes brasileiros, Kennedy representava naquele momento o xerife que, além de proteger seu país, mostrava-se interessado em invadir o de outros. Mesmo que fosse uma invasão silenciosa, via Shell, Ford ou IT&T.)

Conhecido reduto boêmio e intelectual do Largo do Machado, o Café Lamas oferecia, além da fruteira na entrada e um concorrido salão de sinuca — com seis mesas profissionais de pano verde —, uma atmosfera de Quartier Latin, cafés e licores, Sartre e Simone, cigarros sem filtro, elementos próprios do existencialismo filosófico. Existencialismo que, aliado às correntes emergentes da psicanálise, compunha o cenário intelectual nos anos 1960, quando se priorizava a discussão sobre o papel do homem ao lado da nova mulher — e o papel de ambos na nova sociedade. Circulava pelas consciências um evidente abrandamento de espíritos, à medida que os exércitos urbanos escolhiam as armas humanísticas no combate às intolerâncias do pós-guerra, principalmente racial e sexual. Estava entrando em curso a brisa dos movimentos libertários que, tendo como trilha sonora as canções dos Beatles, dominariam as artes e os modismos no mundo ocidental nos próximos anos — até o sonho acabar.

No final do ano, Torquato voltaria a Teresina apenas para a passagem de ano. O Natal, ele passaria no Rio, ao passo que, na noite do dia 24, usando um papel timbrado da UNE, escreveria um longo texto que começava assim:

> "Vontade que tenho é de escrever qualquer coisa agora, porque hoje é Natal, e apesar de Natal, 'refletir' sobre a frescura desta festa, em que marca a data para ficar-se alegre, a despeito de ontem e de amanhã. Quero dizer alguma coisa a mim mesmo que não saiba ainda, adivinhar-me para o momento seguinte, esquecer imediatamente o último. Mas nada disso quer sair e vou ficando, já na sétima linha, sem dizer nadinha."
> (...)

Seus amigos de infância garantem que, a cada temporada, ele voltava diferente a Teresina, mais incisivo em suas colocações culturais e intelectuais. Seu trabalho em poesia ganhava agora um caminho convergente com a música, referências que se percebe no texto inédito *Improviso de querer bem*, escrito no dia 24 de janeiro de 1964 e dedicado a um elenco de pessoas (e valores) que lhe eram muito essenciais:

Improviso de querer bem

(para toda essa gente)

viva o rei, viva a rainha
viva sua filha, a princesa
viva o príncipe que vai
morrer com sua realeza.

viva meu pai, minha mãe
e meus amigos também
viva eu que tenho isso
que muita gente não tem.

viva à cidade do Rio
três vezes viva à Bahia
viva eu que lá morava
com prazer e alegria.

viva o Senhor do Bonfim
viva a mãe Iemanjá
viva eu que sou da terra
viva eu que vi o mar

viva Caetano e Bethânia
viva Rodrigo e Roberto
viva eu que os conheço
e os amo de longe ou perto.

viva Hélio, viva Duda
amigos do coração
viva eu que gosto deles
e que deles sou irmão.

viva a terra nordestina
onde a luz primeira eu vi
viva eu que sou do norte
viva eu que lá nasci.

viva Luis Carlos Prestes
irmão velho e camarada
viva o partido do povo
que leva o povo à vanguarda.

viva Dorival Caymmi
cantando coisas do mar
viva eu, também baiano,
mesmo não nascendo lá.

viva Ataulpho, sambeiro
de inspiração sem igual
viva eu que canto samba
e até que não canto mal.

viva Noel, mesmo morto
viva Noel, viva, viva
viva a vila, sua terra
viva, viva, viva, viva.

viva Rodrigues, amigo
garçom do saudoso Lamas
viva eu que lá bebia
toda a noite muitas Brahmas.

viva Aderbal de Aquino
querido amigo do peito
que nesta nossa amizade
não tem ninguém que dê jeito.

e finalmente, isto é claro
viva minha nega linda
sem igual pra todo o sempre
minha vida é coisa finda.

Essa temporada, no verão de 1964, serviria também para Torquato se livrar do incômodo serviço militar, conseguindo um atestado de isenção que lhe garantia dispensar a farda para sempre. Ele tinha a prerrogativa de ingressar no CPOR, a guarda universitária do Exército, na melhor das hipóteses. O serviço militar era uma obrigatoriedade que atingia todos os jovens a partir dos 18 anos. Após o exame médico, Torquato seria considerado isento por "insuficiência física", porém, capacitado a exercer "qualquer atividade civil". Na mesma semana, em um esforço de burocracia, ele tirava o título de eleitor — com domicílio em Teresina e inscrição 22.354 — para nunca participar de uma eleição.

Seria no Café Lamas que outro piauiense, o cineasta Miguel Borges, realizaria o filme *Canalha em crise*, com Jofre Soares e Tereza Rachel. Torquato aparecia como figurante jogando sinuca com um cigarro na mão, feito um malandro. Ele acompanharia a produção e finalização do filme, que seria apreendido pela censura e liberado dois anos mais tarde, com vários cortes. Cortes de palavras e imagens. Censura.

A notícia ilustra a situação política do país em 1964, o famigerado. Quando voltava de férias, em meados de fevereiro, depois de quase dois meses em Teresina, Torquato encontraria a UNE — presidida pelo estudante de economia José Serra — muito agitada. A cidade estava agitada, tudo estava agitado. Greves e passeatas explodiam a cada 24 horas, transtornando a vida do país com paralisações de bancos, meios de transportes e escolas. O cerco ao governo João Goulart estava se fechando, e Brasília parecia muito distante para as articulações necessárias.

Seria na jurisdição do Rio de Janeiro, na noite de 13 de março, durante o chamado Comício da Central do Brasil, que o estopim se acenderia. De nada adiantou programar shows de Elza Soares, Nora Ney e Jorge Veiga, para despistar e abrandar o impacto do evento. O apoio ostensivo de políticos de esquerda (os governadores Leonel Brizola e Miguel Arraes) e de entidades ligadas aos trabalhadores, que subiram no palanque de Goulart, irritaria profundamente os militares que já estavam aquartelados. Em Brasília, os líderes da oposição consideraram subversivas e violadoras as palavras de ordem que pediam reformas de base, mudança na Constituição e legalidade do Partido Comunista — e ameaçavam de prisão o gaúcho Brizola, que reagiria criando um foco de resistência e apoio ao presidente Goulart.

Em 31 de março, Torquato acorda no sofá da sala, no quarto andar da UNE, com alguém gritando seu nome da rua. Ele enfiou a cara na janela. Era o cunhado Hélio, que tinha caminhado vários quilômetros para avisar que os militares tomavam conta do país, que a cidade estava paralisada, sem transportes e sem comunicações. Não ousou gritar: "É o golpe de estado." Apenas pedia para ele descer imediatamente, pois algumas ações de represália poderiam explodir a qualquer momento. Torquato chegou na calçada ainda sonolento sem entender exatamente o que estava acontecendo. Ele tinha passado a noite anterior na casa de Ana e Hélio, na Tijuca, tomando cervejas e falando da situação-limite que o país vivia. Agora, tentava arrastar a ressaca se esgueirando até um abrigo mais próximo e seguro. Tinha nas mãos uma pasta com os originais de *O fato e a coisa*, onde se podia ler no final de um dos poemas: "é preciso que haja algum respeito ou a dignidade humana se firmará a machadadas". Tudo às 9h da manhã, como em um pesadelo.

Naquele momento, a paisagem da cidade era desoladora: as ruas estavam bloqueadas por barricadas e Jeeps militares circulavam ameaçadores, em um movimento aparentemente desconexo em várias direções. Nem a presença da atriz Brigitt Bardot, que estava na cidade passando férias com o namorado, conseguiu diminuir os ímpetos dos policiais que faziam o patrulhamento ostensivo em frente aos edifícios do governo. (Nacif, por exemplo, que servia no QG da Artilharia de Costa, estava de sentinela no Forte de Copacabana, de fuzil na mão.) Em questão de minutos, assim que atingiram as ruas internas do Flamengo, próximo à Rua Buarque de Macedo, eles pegaram uma carona de volta à Tijuca.

Horas depois, a sede da UNE seria incendiada por tropas militares, em ato comandado pelo civil Flávio Cavalcanti, o apresentador de televisão, um dos grandes baluartes da direita brasileira. É claro que houve resistência por parte dos estudantes, algumas dezenas deles, mas nem a chuva impediu que o prédio fosse destruído, levando junto roupas e objetos de Torquato que estavam trancados em um armário. Inclusive a pequena máquina de escrever. O amigo Adriano, como representante do contingente estudantil, foi uma das últimas pessoas a abandonar o prédio em chamas, junto com Vianninha, João das Neves e Carlos Vereza. Do outro lado da rua, Luiz Carlos Barreto e Roberto Bonfim acompanhavam a demolição. À noite, um pouco assustados, eles preferiram exorcizar o baixo astral se aquartelando em casa, quando aconteceu uma leitura memorável e surpreendente d'*O alto da compadecida*, de Ariano Suassuna, com Hélio interpretando todos os personagens:

— Era um ato de expiação para afugentar a depressão. Naquela noite, o Torquato dormiu em minha casa.

No dia 1º de abril, o dia nacional da mentira, o governador Carlos Lacerda, da UDN, ocupava as rádios para celebrar a vitória do golpe militar, dizendo: "Abaixo João Goulart! Viva a liberdade, a paz, a honra e a lei entre os brasileiros." Às 11h da manhã do dia 2 de abril, o presidente deposto, João Goulart, deixava o Brasil, via Porto Alegre, seguindo para o exílio no Uruguai. No mesmo dia, o presidente do Congresso, Ranieri Mazzilli, tomava posse interinamente, afinado com as diretrizes do general Arthur da Costa e Silva, comandante do Exército Nacional, ou seja, das forças insurgentes. No sul, a rebeldia de Brizola, denunciando a inconstitucionalidade do golpe e incitando o povo a pegar nas armas, receberia uma grande baixa com a prisão do aliado Arraes, em Pernambuco. O cerco estava fechado e, a rigor, o golpe estava se desenrolando sem derramamento de sangue.

A ação dos militares nas ruas, controlando a massa, viria acompanhada pela presença e imposição de censura aos jornais, razão das manchetes no dia 3 de abril:

GORILAS INVADEM O JB — Jornal do Brasil

CARROS BLINDADOS NA RUA DEIXAM
POVO SOB TENSÃO — Diário de Notícias

FORA!
Só há uma coisa a dizer ao senhor João Goulart: saia.
— Correio da Manhã

Finalmente, no dia 11 de abril, o Congresso Nacional consolidava a vitória do golpe elegendo o general Humberto de Alencar Castello Branco, o primeiro de uma série de cinco presidentes militares em 21 anos de ditadura. Tudo em nome do capitalismo*. Ou melhor, da família, tradição e propriedade.

Os dias seguintes, como não poderiam deixar de ser, foram de desconsolo para todos. Eles se sentiam como que atingidos por "uma cacetada na cabeça", uma espécie de ressaca moral e cívica. Jornais censurados, demissões em massa no funcionalismo público e diretorias de sindicatos depostas. Esse era o quadro nacional. As notícias circulavam por baixo do pano, na esfera da clandestinidade, falando de direitos políticos cassados, gente presa. Tudo era subentendido, nada era absolutamente claro. Nas rádios, o grande sucesso era um xote, nascido na zona desmilitarizada da música brasileira, contando as aventuras de um pau-de-arara que acabou como comedor de gilete nas ruas de Copacabana. Era Catulo de Paula interpretando Vinicius e Carlos Lyra:

> "Eu um dia
> cansado que tava da fome que eu tinha
> eu não tinha nada, que fome que eu tinha
> que seca danada no meu Ceará
> eu peguei
> e juntei o restinho de coisas que eu tinha
> duas calças velha, uma violinha
> e num pau-de-arara toquei para cá"
> (...)

---

* O secretário de Estado dos EUA, Dean Rusk, que desempenhou importante papel no golpe, oferecendo aos insurgentes o apoio de uma força-tarefa da Marinha e, posteriormente, um plano de ajuda financeira, tinha outra visão. Ele justificava sua opção entre "as forças democráticas" ou uma ditadura comunista. Ou seja, o Estado democrático americano é o Estado militarista.

Mas, como diz o desbotado aforismo: *the show must go on*, ou seja, a vida tem que continuar. Antes do final do mês, o filme *Deus e o diabo na terra do sol*, de Glauber Rocha, chegava às telas recebido pela crítica como "obra de gênio" — e seu autor enquadrado pelo DOPS como subversivo. O filme, cujo cartaz era uma criação de Rogério Duarte (mostrando o ator Othon Bastos no centro de um sol estilizado, segurando um sabre), acarretaria prestígio internacional a Glauber, que tinha como marca registrada estabelecer uma direção nada ortodoxa durante as filmagens; muito pelo contrário. Era uma herança adquirida durante os anos de adoração a Buñuel, seu cineasta favorito. Também fazia parte da linguagem fragmentária que nortearia os discursos intelectuais e políticos durante os anos de repressão. Na opinião de Maciel, que estava muito perto dos acontecimentos, o caos era parte integrante da criação:

— Quando voltei ao Brasil e reencontrei Glauber, percebi que ele havia radicalizado seu método de improvisação. No set de filmagem, quando o trabalho realmente decolava, ele se deixava guiar exclusivamente pelo momento, modificando quase tudo o que havia sido previamente ensaiado. Ao rodar, ele ia mudando, inventando.

Nessa mesma época, em sua primeira tentativa para conseguir um emprego, Torquato tentaria vender e alugar apartamentos, ajudando Seu Vavá, o pai de Ana e Hélio, na corretora de imóveis. Foi um curto período que não pode — e nem merece — ser considerado o primeiro emprego. Ele tinha 20 anos.

CAPÍTULO 5

AGORA, O NUNCA

(primeiro relato das trevas)

A intervenção militar no destino do país, o fechamento da UNE e o desmantelamento da política universitária teriam sérias consequências na vida de Torquato Neto. A primeira decisão de impacto seria trancar a matrícula na faculdade, onde — a bem da verdade — ele já vinha mantendo aparições episódicas. (Na primeira viagem a Teresina, ele tratou de conseguir uma carteira de estudante "fria" da União Piauiense dos Estudantes, UPE, para continuar pagando meia entrada em cinemas e teatros.) A segunda decisão foi procurar emprego, um bom emprego, única forma de amortizar, junto à família, os efeitos da decisão anterior. O tempo mostraria que os jovens atingidos pelo cataclismo político desses anos se reagrupariam em torno de experiências de integração literatura-música-teatro. Era isso ou a clandestinidade.

Em Salvador, seus amigos reagiriam criando o espetáculo *Nós, por exemplo*, que reuniria um grupo de jovens baianos, quase todos desconhecidos do grande público: Caetano Veloso, responsável pela direção, Gil, Maria Bethânia, Maria da Graça, Tom Zé, Alcyvando Luz, Djalma Corrêa, entre outros. O segundo espetáculo montado pelo grupo tinha como título *Nova bossa velha & velha bossa nova*, que revelava a intenção de inserir o movimento na linhagem histórica da música brasileira. Gil e Caetano assinavam a direção, Orlando Senna, a produção e Roberto Sant'ana, a iluminação. Eles ocuparam o Teatro Vila Velha durante três dias em novembro de 1964. No repertório, clássicos das duas bossas: Ataulfo Alves, Lamartine Babo, Ary Barroso, Tom Jobim, Dorival Caymmi e Johnny Alf. Eles estavam se rebelando contra a estreiteza cultural, buscando os caminhos possíveis de resistência ao Golpe Militar. Na plateia, atenta a tudo, na condição de convidada especial, uma cantora que começava a se firmar como musa nos embalos da Zona Sul carioca: a tímida Nara Leão.

(espaço para preencher o vazio cultural)

Alguns artistas ligados ao CPC, por exemplo, criaram, no ano seguinte (1965), o musical *Opinião**, com texto de Oduvaldo Vianna Filho, Paulo Pontes e Armando Costa. O roteiro incorporava um punhado de músicas de contestação, cantadas por Zé Keti, João do Vale e Nara Leão. Foi um grande sucesso que mexeu com o imaginário do público estudantil que lotava diariamente o teatro. Nesse momento, por uma daquelas casualidades magníficas, o destino decidiria colocar seu dedo na costura da trama. Vendo-se obrigada a se afastar do elenco por problemas de saúde, Nara indica Maria Bethânia, que havia conhecido em Salvador, para substituí-la. Convidada para um teste pela produção, no Rio, Bethânia decide escalar o mano Caetano para o papel de fiel escudeiro. Como a história registra, ela passaria no teste sem dificuldades. Semanas depois, outra substituição

---

* Lançado em São Paulo com direção de Augusto Boal. No Rio, o espetáculo foi encenado no Teatro de Arena — e teve uma exposição no MAM, denominada *Opinião 65*, que inaugurou as atividades. Em seguida, outros artistas se aglutinaram em torno da ideia, criando o Teatro Opinião, em Copacabana.

importante no elenco com a entrada de Jards Macalé no lugar de Roberto Nascimento (que, por sua vez, tinha substituído Dori Caymmi) como violonista oficial da banda. A partir desse momento, o relacionamento de Macalé com Torquato, que podia ser visto constantemente nos camarins, transformar-se-ia em amizade e parceria:

— O Torquato era uma figura doce, carinhosa, inteligente e bem humorada — diz Jards. — Era muito afável, desde que não lhe pisassem no calo, quando então podia ser muito agressivo verbalmente. Como Glauber, tinha a mão mole e gesticulava muito — conclui ele, rindo.

Gilberto Gil, que era funcionário da Alfândega, em Salvador, seria agraciado com uma proposta da Gessy Lever para trabalhar como economista em São Paulo, e decide também arrumar as malas. Ainda incendiado pelo calor dos recentes sucessos em escala doméstica, Gil desembarcaria trazendo na bagagem régua, compasso e uma forte determinação de continuar trabalhando com música. Fez-se amigo de Chico Buarque, com quem ia a um reduto de boa música na noite paulistana, o João Sebastião Bar.

Quase ao mesmo tempo, chegava ao Rio José Carlos Capinam, que teria sua versão teatral de Bumba meu Boi, em uma produção do CPC de Salvador, sumariamente proibida pela censura — e, como consequência, estava respondendo a um indigesto Inquérito Policial Militar — IPM. Agora, só lhe restava a mudança de ares. Capinam era também letrista e já tinha algumas parcerias musicais com Gil. Ao contrário dos companheiros, não bebia, não fumava e não frequentava os botequins. Era o mais engajado politicamente, sendo filiado ao Partido Comunista Brasileiro, atuando na clandestinidade.

Assim que chegou, depois de um curto período em São Paulo, Capinam conseguiu um emprego na Standard Propaganda e, com muita rapidez, alugou um apartamento na Rua Guimarães Natal, próximo à praça Cardeal Arcoverde, em Copacabana.

No caso de Torquato — já devidamente ambientado na cidade —, o caminho imediato seria o jornalismo, que bem aplicado lhe permitiria continuar produzindo poemas e ideias. O jornalismo seria o ganha-pão, uma forma de sobrevivência. Assim, o primeiro emprego apareceria com a intervenção de tio João (cassado na rádio Nacional, trabalhava agora na redação do Última Hora) que acionou o jornalista Natalício Norberto para incluir o sobrinho na agência de notícias que estava sendo criada para funcionar em uma sala no Aeroporto do Galeão. Natalício trabalhava como repórter de setor para vários jornais e revistas, sempre atento às personalidades que chegavam ou saíam do país. Agora, no início de 1965, a demanda estava maior que a sua capacidade de produção, e ele precisava de ajuda. Ao seu lado, a concorrência de outra agência de notícias, a W. Guarnieri, funcionava como um estímulo ao trabalho, reunindo alguns profissionais que, em pouco tempo, estariam fazendo história na imprensa brasileira: Janos Lengyel, Ana Arruda e Luiz Orlando Carneiro. Natalício tinha decidido contratar dois repórteres poliglotas para facilitar as coberturas diárias da "sua" agência. Um deles, o funcionário com carteira de identificação nº 007, era Torquato Neto; o outro se chamava Elio Gaspari. Estava criada a Empresa Jornalística Eniservice Ltda.

Agora, relacionado-se com outros profissionais, suas leituras estavam mais sofisticadas e lhe conferiam uma característica recorrente: ele gostava de fazer citações, fossem elas retiradas de obras de Sousândrade, Maiakovski, Drummond ou Vinicius. Era uma homenagem, não uma apropriação indébita (como o título deste capítulo, por exemplo, "Agora, o Nunca", extraído de um texto desalentado de Torquato), visto que ele as usava em conversas com pessoas que eventualmente conheciam o original. Assim, *Ai de ti, Copacabana*, de Rubem Braga, inspirou o poema *Ai de mim, Copacabana*, que ganharia melodia de Caetano Veloso:

> "um dia depois do outro
> numa casa abandonada
> numa avenida
> pelas três da madrugada
> num barco sem vela aberta
> nesse mar
> nesse mar sem rumo certo"
> (...)

Quando ele dizia, com ironia:

> "minha vida, tua vida
> meu sonho desesperado
> nossos filhos, nosso fusca
> nossa butique na Augusta
> o Ford Galaxie, o medo
> de não ter um Ford Galaxie",

estava falando de Geraldo Vandré, que, na vida real, tinha um Ford Galaxie.

Por outro lado, junto aos *Cantos*, de Pound, que se tornou seu livro de cabeceira, chegaram a poesia concreta, antes renegada, e a antropofagia de Oswald de Andrade; a música de Cage e o teatro de José Celso Martinez, responsável pela montagem polêmica de *Os pequenos burgueses*, de Gorki. A revista Invenção, editada pelos poetas concretos, podia ser encontrada entre suas anotações antigas de primeiros socorros literários. Suas escolhas culturais, antes marcadamente regionais, agora ganhavam uma dimensão mais que nacional, planetária, funcionando como uma blindagem de valores a lhe proteger os sonhos e as utopias. Este, o dilema e o drama de uma geração que encontraria a saída na criatividade e na renovação, fornecendo os códigos para um novo comportamento social — válidos aqui, em Paris ou em qualquer outro lugar do mundo.

O trabalho diário na redação lhe seria oportuno em vários sentidos, principalmente ao bolso, embora ele continuasse recebendo as mesadas do Dr. Heli. A diferença é que agora podia alugar seu próprio apartamento, algo que representasse segurança e um mínimo de conforto. Essa decisão coincide com a volta de Aderbal ao Rio, para um novo período de trabalho. Eles se reencontraram e, nas conversas que tiveram, decidiram unir esforços para morar juntos, ainda que temporariamente, "rachando" o aluguel e outras despesas. Mas o sonho da casa própria se transformaria no sonho "do quarto próprio". Quem explica é Aderbal:

— Depois de muita batalha, no período em que tivemos problemas com fiador, conseguimos um quarto de apartamento na Rua Paraíba, na Tijuca. A mulher disse que tinha apenas uma cama de casal e que, por isso, talvez, não fôssemos aceitar. Nós rimos intimamente, fingindo lamentação, mas quando ficamos à sós no quarto, exultamos: "Que maravilha!"

Eles passaram a frequentar um restaurante na Praça da Bandeira, desses ordinários, que chamavam de Frango Esperto, onde Torquato se sentava à mesa (cruzando pernas e braços) à frente de um copo de cerveja, um guardanapo e uma caneta, pronta para entrar em ação. Aderbal reclamava do excesso de cigarro e álcool, consumidos por uma pessoa sem nenhum preparo físico. Ele agora escrevia poemas em profusão, com a intenção de serem musicados, aproveitando a proximidade dos parceiros. Aliás, o reencontro com Caetano renderia, nesse mesmo ano, a primeira parceria, a partir de uma letra de Torquato que seria batizada de *Nenhuma dor*, que ele definia como "uma seresta", na qual fazia citações ao Hino Nacional:

— (...) "minha amada idolatrada, salve, salve o nosso amor".

No mesmo fôlego, aconteceria a parceria com Gil em *Louvação*, onde Torquato recupera a ideia do poema *Improviso de querer bem*, louvando quem bem merece, deixando o ruim de lado — porém, sem citar nomes, apenas valores:

> Vou fazer a louvação, louvação, louvação
> do que deve ser louvado, ser louvado, ser louvado.
> Meu povo preste atenção, atenção, atenção.
> Repare se estou errado,
> louvando o que bem merece,
> deixo o que é ruim de lado.
> E louvo, pra começar,
> da vida o que é bem maior:
> louvo a esperança da gente
> na vida, pra ser melhor.
> Quem espera sempre alcança,
> três vezes salve a esperança!
> Louvo quem espera sabendo
> que, pra melhor esperar,
> procede bem quem não para
> de sempre, mais, trabalhar.
> Que só espera sentado
> quem se acha conformado.
>
> Vou fazendo a louvação, louvação, louvação
> do que deve ser louvado, ser louvado, ser louvado.
> Quem 'tiver me escutando, atenção, atenção.
>
> Que me escute com cuidado
> louvando quem bem merece,
> deixo o que é ruim de lado.
> Louvo agora e louvo sempre
> o que grande sempre é:
> louvo a força do homem
> e a beleza da mulher,

louvo a paz pra haver na terra,
louvo o amor que espanta a guerra,
louvo a amizade do amigo
que comigo há de morrer,
louvo a vida merecida
de quem morre pra viver,
louvo a luta repetida
da vida, pra não morrer.

Vou fazendo a louvação, louvação, louvação
do que deve ser louvado, ser louvado, ser louvado
de todos peço atenção, atenção, atenção
falo de peito lavado.
Louvando quem bem merece,
deixo o que é ruim de lado.
Louvo a casa onde se mora
de junto da companheira,
louvo o jardim que se planta
pra ver crescer a roseira,
louvo a canção que se canta
pra chamar a primavera,
louvo quem canta e não canta
porque não sabe cantar,
mas que cantará na certa
quando, enfim, se apresentar
o dia certo e preciso
de toda a gente cantar.
E assim fiz a louvação, louvação, louvação
do que vi pra ser louvado, ser louvado, ser louvado
se me ouviram com atenção, atenção, atenção,
saberão se estive errado
louvando quem bem merece,
deixando o ruim de lado.

Depois vieram *Minha senhora* e *Zabelê*, também em parceria com Gil. Sobre sua metodologia de trabalho com música, Torquato dizia:

— Não existe um esquema rígido. Eu sempre faço uma letra que chamamos de "monstro" e, a partir daí, a gente discute juntos, trabalhando sobre ela. A música, entretanto, sempre é de Gil ou Caetano.

Gil costumava trabalhar também com Capinam, com quem criaria alguns sucessos da época como *Viramundo* e *Soy loco por ti, America*. Em depoimento publicado anos depois*, Gil admitiria não conhecer Oswald de Andrade, "que Torquato conhecia inteiro", destacando as qualidades dos parceiros enquanto letristas:

— O concretismo era mais transado por Capinam e Torquato, na época muito mobilizados pelo verso livre, a poesia abstrata, aquela coisa de tijolo sobre tijolo das palavras. Isso, junto com toda a temática dinamitada, aquele concreto feito, tornado brita no mundo poético.

Mesmo sem saber, eles estavam se preparando para a temporada de festivais de música que se anunciava. Seria como se o destino e a sorte, fortemente mancomunados, decidissem privilegiar aqueles que se encontravam no lugar certo, na hora certa. E que tinham talento para mostrar, é claro! Ainda em 1965, Caetano teria sua música *Boa palavra* classificada em 5º lugar no 1º Festival Nacional de Música Popular, da TV Excelsior, uma produção de Solano Ribeiro, que seria vencido por *Arrastão*, de Edu Lobo e Vinicius de Moraes. Aliás, Edu também seria responsável pelas músicas do espetáculo *Arena conta zumbi*, em parceria com Gianfrancesco Guarnieri, no Teatro de Arena, em São Paulo. Nesse grupo estava o cineasta Ruy Guerra, que se tornara parceiro musical (escrevendo as letras) de alguns importantes nomes da época, inclusive

---

* Entrevista ao jornalista Tárik de Souza para o *Projeto Torquato Neto*, RioArte, fevereiro de 1985.

Edu Lobo (*Reza* e *Requiem para um amor*), Chico Buarque e Sérgio Ricardo.

Já foi dito que o poeta estava consumindo bebidas alcoólicas em excesso nesse tempo. Ele alternava cachaça com conhaque e a indefectível cervejinha, fumando um maço de cigarros a cada noitada. Costumava dormir pela madrugada e acordar no meio da tarde. Tinha o hábito de enrolar um pano (quase sempre uma camiseta) na cabeça para vedar os olhos e impedir o contato com a claridade da manhã. Como resultado, seu estado de espírito se alternava de maneira surpreendente, entre a alegria absoluta e a depressão mais profunda. Ainda que tivesse Ana por perto, seus hábitos estavam ficando cada dia mais desregrados. Se hoje estava bem, amanhã poderia estar péssimo. Com algum charme e poesia, esses estados psicológicos depressivos poderiam ser chamados de "angústia existencial", uma prerrogativa da geração. (Não confundir com "dor de cotovelo", emoção pueril e melancólica de cunho eminentemente sentimental e amoroso.) Porém, no caso dele, os humores, infelizmente, pareciam representar algo mais profundo do que um modelo de comportamento intelectual. Aderbal se recorda de duas conversas ásperas que tiveram a partir do pessimismo de Torquato, quando ele parecia não encontrar a saída, apoiando todo o peso da existência na palavra suicídio. Uma das conversas aconteceria no alto do Pão de Açúcar, durante um passeio descontraído, na ocasião em que Torquato, olhando para baixo, disse que sentia certa atração para se atirar naquele vazio "e acabar com tudo". Aderbal reagiria indignado:

— Tentei fazê-lo ver que seus desequilíbrios tinham origem em seus próprios descaminhos. Para quem bebia e fumava daquela maneira, além de ter pensamentos profundos, este era o rumo mais fácil para a depressão.

Pode-se dizer que, a grosso modo, a resistência ao ordinário, em 1965, acontecia em várias frentes. Em março, o editor Ênio Silveira colocava ao alcance dos leitores a Revista Civilização Brasileira, trazendo discussões sobre política, economia, teatro, literatura e cinema, em artigos assinados pelos prestigiados Octavio Ianni, Francisco Weffort, Nelson Werneck Sodré e Paulo Francis. A revista era, como se podia chamar, uma revista de esquerda. Como consequência desse e de outros atrevimentos políticos (como oferecer uma feijoada a Miguel Arraes), Silveira seria preso dois meses depois, para prestar depoimento em quartel do Exército. No teatro, a peça *Liberdade, liberdade*, de Millôr Fernandes e Flávio Rangel, com Paulo Autran e Tereza Rachel, permanecia há mais de um ano em cartaz, percorrendo as capitais. O espetáculo carioca *Rosa de ouro*, de Hermínio Bello de Carvalho, confirmava o talento dos veteranos Aracy Cortes e Nelson Sargento, e revelava os de Clementina de Jesus e Paulinho da Viola. No dia 15 de agosto, com uma apresentação memorável no Shea Stadium, em Nova York, os Beatles se consolidavam como o grande fenômeno musical e mercadológico do planeta. Para Torquato, foi o ano da iniciação musical.

A volta de Aderbal para Teresina, em meados do ano, tornaria o cotidiano dele levemente alterado, mais orientado para a produção. Até por isso Torquato intensificaria seus encontros com os parceiros musicais, buscando desenvolver novos trabalhos. Eles se encontravam no legendário Solar da Fossa, o casarão colonial que abrigou, em diferentes épocas, algumas das mais notáveis personalidades da vida carioca: Caetano, Rogério Duarte, Paulinho da Viola, Mariel Mariscot, Darlene Glória, Lennie Dale e Paulo Diniz. O poeta Abel Silva também. O amigo Duda Machado, que estava de volta ao Rio, dividia um apartamento com Caetano. Mesmo morando na casa da avó, no Flamengo, Dedé Gadelha circulava pelo Solar. Torquato nunca chegou a morar ali, mas aparecia para visitar os amigos e era figurinha fácil naqueles corredores. Foram nessas circunstâncias que ele encontraria Tom Zé pela primeira vez, com quem manteria uma sólida amizade:

— Eu conheci o Torquato no apartamento do Caetano, naquela babel que era o Solar, e ficamos amigos imediatamente.

Na praia de Botafogo, no trecho conhecido como Mourisco, ficava o Teatro Jovem, ligado a uma entidade religiosa cristã, a União das Operárias de Jesus, que sublocava o espaço para o diretor Cléber Santos e sua turma*. Torquato, circunstancialmente, fazia parte do grupo, que além de teatro puro, também trabalhava com música e política, cedendo o espaço do auditório para apresentações, palestras e debates. Anos depois, Cléber destacaria, como resultado de sua observação, três fases distintas do poeta em curto espaço de tempo:

— O Torquato que conhecemos na primeira fase, como jornalista, era bastante provinciano. Depois, ele voltou mais antenado, desenvolvendo ideias e projetos como noctívago, boêmio e letrista de música. A última fase já o mostra com o sucesso incorporado, era uma pessoa conhecida, uma personalidade. O emocionante para nós foi quando as primeiras músicas dele começaram a tocar no rádio.

A jovem atriz Maria Gladys, que tinha no currículo apenas uma peça de teatro e o filme *Os fuzis*, de Ruy Guerra, lembra que Torquato era um sujeito com muitas ideias e energia:

— Eu o conheci no Teatro Jovem, mas estivemos juntos também em algumas festas na casa do Chico Buarque. Ele namorava a Ana e fez uma entrevista comigo, uma reportagem, que foi publicada com o título "Maria Gladys perde a pinta, mas não perde a fé". Eu tinha feito uma pequena cirurgia para retirar uma pinta do rosto.

Olhando de fora, tudo parecia funcionar à perfeição, mas não; havia várias pedras no meio do caminho. Esta carta, escrita em seis pedaços de comandas do restaurante Frango Esperto, na noite de 11 de outubro de 1965, para o amigo

---

* Em diferentes épocas, fizeram parte do Teatro Jovem os atores Vanda Lacerda, Roberto Bonfim, Renata Sorrah, Carlos Vereza e José Wilker.

Aderbal, nos permite avaliar o impressionante estado de desânimo e angústia que abatia Torquato nesse dia:

"não! não sou ingrato. sou atrapalhado. pouparei a você a narração de minhas desventuras. mas ouça: daqui a muitos anos, quando você estiver velho e gagá, há de levantar a cabeça para o alto e dizer: 'pois não é que meu amigo torquato está ainda sem arrumar a vida?' e eu — meu querido irmão e companheiro — estarei ainda na merda. esta a minha sina. a merda, definitiva, total, ululante e abjecta, como diria nelson rodrigues.
te escrevo aqui da praça da bandeira, daquele 'frango esperto', onde tantas vezes nos encontramos. sou um homem triste, meu aderbal querido. sinto que sou um homem destinado à latrina. sou o próprio esperma da merda. sinto-me irremediavelmente triste e infeliz. veja você, meu príncipe do coração: tenho tudo para ser feliz e não sou. por quê? meu irmão querido, veja: tudo o que quero e amo apodrece em minhas mãos e eu vejo isso tudo, impassível, não alcanço nunca o instante definitivo da reação. vou viajar, meu príncipe querido. ando triste demais para suportar a solidão deste rio em que mesmo a minha ana não consegue mais indicar-me a felicidade do riso. estarei fora daqui por uns tempos, vou a minas, pretendo estudar. viajo morrendo de saudade. deixo minha nega querida e vou em busca de outros pastos. sinto-me irremediavelmente infeliz. não sei a quem devo recorrer ou culpar. tenho (sinceramente, meu aderbal) vontade de morrer. conto nos dedos: são tão poucas as coisas que me prendem nesta vida imbecil! só que são fortes demais e pesam muito. não sou ingrato com você, meu querido príncipe: sou atrapalhado, azarento, pobre, triste, cansado, infeliz. não me culpe. neste 'frango esperto' (lembra? o menoles — o zé — essa corja?) aqui

sinto imensa saudade de você, imensa vontade de estar com você. se a vida não fosse tão complicada...
não me escreva: espere mais uma carta minha. não estarei no rio esses meses. viajo depois de amanhã. te escrevo de lá, meu príncipe, adoro você. tenho saudade de você e fico mais triste ainda. te escrevo de minas. estou atrapalhado, minha vida não se conserta. vivo para morrer de tristeza. me sinto muito só, meu querido. ah, se você pudesse vir aqui. mas, sei, não pode. espere carta minha de minas. ou telegrama. estou bem com ana, graças a deus — com letra minúscula. o castello branco é um bronco. a 'revolução' começa a michar de uma vez. este país caminha para o ressurgimento. elegemos o canalha do negrão — imagine! é o fim. abaixo, a vida dos cretinos podres de ricos. acima, o povo. fogo na classe média.
estou louco.
torquato

P.S. — de novo. não me escreva antes que eu lhe escreva novamente."

Algumas vezes, ele terminava as cartas dizendo: "Sinta-se abraçado", mas nesta disse apenas "Torquato".

Como nem tudo é espinho no caminho de um jovem talentoso, o melhor da temporada ainda estava por vir: a música *Louvação*, criada por ele e Gil no ano anterior, seria gravada por Elis Regina e Jair Rodrigues, uma dupla que brilhava em palcos paulistas. Eles comandavam um estilo e um programa de televisão que seriam conhecidos como O Fino da Bossa. Todos, simplesmente TODOS os grandes artistas da MPB passaram pelo palco do programa, que explorava o formato de um show ao vivo, usando para isso a presença inflamada do público no auditório. O Fino da Bossa estava no ar desde abril de 1965 como atração no horário nobre da TV Record, a emissora do empresário Paulo Machado de Carvalho. Em pouco tempo, a música *Louvação* era uma das mais tocadas e cantadas de norte a sul do país, transformando-se em super hit nas paradas de sucesso. Seria a música escolhida para ser editada, logo depois, como um clipe de Gil, cantando com suave serenidade e uma estrelinha colada na testa.

No dia 14 de junho de 1966, o músico e escritor Jorge Mautner, que ainda não tinha sido apresentado a nenhum dos músicos baianos, frequentava as páginas policiais dos jornais paulistas. Seu livro, *O vigarista Jorge*, tinha sido apreendido pelo DOPS — o Dep. de Ordem Política e Social. Foram 3 mil exemplares confiscados em várias cidades, sob a alegação de serem "subversivos e pornográficos". Dias antes, Mautner, que já havia escrito três outros livros*, participara de dois programas de televisão: Sábado com Você, de Sônia Ribeiro, no canal 7, e Sempre aos Domingos, com Bibi Ferreira, no canal 9. O papo frouxo de Mautner, explicando o teor da obra, despertara a atenção das autoridades mantenedoras da ordem política. O jornal A Folha de São Paulo noticiaria assim a ocorrência:

> "DOPS apreende livro de Jorge Mautner
> Exemplares foram encaminhados ao Juiz de Menores, sr. Aldo de Assis Dias, para as providências cabíveis no caso."

No dia seguinte, por razões diferentes, foi a vez de Torquato virar assunto na imprensa. A revista Intervalo, especializada em televisão e copatrocinadora do Festival de Música da TV Record, solicitar-lhe-ia respostas para um questionário de

---

* *Deus da chuva e da morte* (1962), *Kaos* (1963) e *Narciso em tarde cinza* (1965).

20 itens para uso interno, ou seja, de seus editores. Na questão "atores preferidos", ele declarou: Toshiro Mifune e Marcello Mastroianni. Atriz preferida: Jeanne Moreau. Em cantor, João Gilberto e, cantora, Maria Bethânia. Sua bebida favorita, cerveja. Prato favorito: vatapá. A pesquisa informa ainda que, aos 21 anos, Torquato estava com 1,74 metros, pesando 60 quilos.

Premiado no Festival da TV Record como a Melhor Letra para *Um dia*, interpretada pela cantora Maria Odete, Caetano assinava seu primeiro contrato com a gravadora Philips. Junto com Gal Costa, ele preparava o álbum *Domingo*, que trazia a parceria com Torquato em *Nenhuma dor*, e duas de Torquato com Gil, *Zabelê* e *Minha senhora*. O disco chegaria às lojas no ano seguinte apresentando ainda *Coração vagabundo*, feita por Caetano e dedicada à namorada, Dedé Gadelha. Em outubro, aconteceria o empolgante Festival de Música da TV Record, dividindo a premiação entre *A banda*, de Chico Buarque, e *Disparada*, de Geraldo Vandré. A cidade de São Paulo era, então, o centro da agitação musical.

A reação carioca viria com o Festival Internacional da Canção, o FIC, criação de Augusto Marzagão, programado para o gigantesco palco do Maracanãzinho. Na primeira versão do festival, em 1966, promovido pela TV Rio, Gil e Torquato classificariam *Minha senhora*, defendida por Gal na segunda eliminatória, em 23 de outubro. Apesar das vaias, a grande vitoriosa seria *Saveiros*, de Dori Caymmi e Nelson Motta, interpretada por Nana Caymmi. No ano seguinte, seria a vez de Macalé classificar *Sem despedida*, na interpretação de Joyce. A essa altura, a transmissão ao vivo do FIC, dividido em duas eliminatórias e uma final, já era uma exclusividade da TV Globo, emissora criada no ano anterior após obscuras negociações com o grupo americano Time.

Eles agora eram vistos nos ônibus da Viação Cometa, desde que Gil decidira alugar uma casa em Cidade Vargas, subúrbio de São Paulo, em sociedade com Roberto Sant'ana, o produtor musical. Era um bangalô com o charme das cidades do interior. Como a demanda para shows, discos e apresentações em televisão estava grande, eles logo se fizeram cercar de um empresário, o carioca Guilherme Araújo, que atendia aos interesses de Caetano, Gil, Gal e Bethânia. Mesmo tendo sua participação limitada pela própria função no grupo como letrista, Torquato estava sempre por perto. Aliás, na "pensão dos baianos", como era conhecida a casa de Gil, os mais assíduos, além de Torquato, eram Capinam, Gal, Tom Zé e Vandré. Paulo José e Dina Sfat foram vistos algumas noites na casa. O caçula da turma era o estudante Péricles Cavalcanti, que morava na vizinhança e era amigo de Capinam. O cineasta Ruy Guerra recorda-se de ter acompanhado a criação de *Vento de maio*, música que Torquato e Gil fizeram sentados no chão da sala, e que seria gravada por Nara Leão:

"oi, você que vem de longe
caminhando há tanto tempo
que vem de vida cansada
carregada pelo vento
oi, você que vem chegando
vá entrando, tome assento"
(...)

Seria Ruy quem, semanas depois, apresentaria Torquato a Edu Lobo, em uma dessas noitadas em Sampa:
— O Torquato sabia que eu era amigo do Edu e me fez um pedido pessoal para que eu promovesse a apresentação. O encontro entre eles logo virou uma produtiva parceria.

Edu, que já tinha nome e herança na MPB, filho de um músico das antigas, Fernando Lobo, convidou Torquato para aparecer em sua casa (na verdade, na casa dos pais), na Rua Barão de Ipanema, no Rio. Torquato apareceu e eles gastaram uma tarde trabalhando naquela que seria a primeira reunião de criação da dupla. Edu, que ainda não tocava piano, empunhava o violão enquanto Torquato se municiava com uma folha de papel e uma caneta, elementos essenciais para dar início ao "monstro". O resultado foi *Pra dizer adeus*, uma letra (segundo alguns amigos, surpreendentemente escrita para o cineasta piauiense Miguel Torres, morto em acidente de carro) enxuta e melancólica, transbordando sensibilidade, como a melodia composta por Edu:

"adeus
vou pra não voltar
e onde quer que eu vá
sei que vou sozinho
tão sozinho, amor
que nem é bom pensar
que eu não volto mais
desse meu caminho

ah,
pena eu não saber
como te contar
que o amor foi tanto
e no entanto eu queria dizer
vem
eu só sei dizer
vem, nem que seja só
pra dizer adeus"

É provável que Edu Lobo tenha contribuído com um ou dois versos na versão final, como indicam as anotações dos manuscritos guardados por ele, com uma frase de Torquato riscada e escrita à lápis, por cima: "pena eu não saber que o amor foi tanto"...

O relacionamento entre Torquato e Edu não durou mais de três meses, período que renderia outras duas parcerias: *Lua nova,* gravada pelo próprio Edu, e *Veleiro,* gravada por Elis Regina. Havia entre eles uma peculiaridade: Torquato adorava as imitações que Edu fazia do astro das comédias Jerry Lewis, acompanhadas das caretas e outros trejeitos. Na lembrança de Edu, que seria contratado como músico pela TV Record, razão de sua mudança para São Paulo, sobrevivem algumas impressões que confirmam as características marcantes da personalidade de Torquato:

— Eu lembro dele como um sujeito inquieto, muito agitado e algumas vezes dispersivo. Não era baixo astral e tinha uma energia bastante forte. Eu gostava das letras que ele já havia escrito antes de nos conhecermos, sobretudo *Minha senhora,* que ganhou uma bela melodia do Gil.

Ainda em 1966, Elis também entrava em estúdio para gravar *Pra dizer adeus,* confirmando a vocação dessa música para ocupar lugar de destaque na galeria de clássicos da MPB. Em pouco tempo, sua pungente interpretação — quase teatral — ajudaria a construir um novo sucesso de vendas, ainda em vinil. Aquilo com que tanto eles sonharam, finalmente estava acontecendo: suas poesias estavam sendo cantadas para milhões de pessoas. E o sucesso podia eventualmente se traduzir em popularidade e algum dinheiro extra na conta bancária. No caso de Torquato, um pouco menos, pois, não sendo ele o intérprete de suas músicas, ficava com a menor parcela da fama e dos direitos autorais — razão pela qual continuaria trabalhando como jornalista durante todo o tempo. A essa altura, os Beatles e Roberto Carlos* simbolizavam a explosão da música jovem, o Iê-iê-iê, como fenômeno de massa e mercado.

---

* Em setembro de 1965, entrava no ar o programa Jovem Guarda, na TV Record, SP, um sucesso que transformaria RC em ídolo popular.

E foi justamente o confronto (fomentado pela imprensa) entre o Iê-iê-iê e a Moderna Música Popular Brasileira (MMPB) que motivou uma reportagem de capa da revista Realidade, em novembro de 1966. A revista, que havia sido lançada oito meses antes pela Editora Abril, gozava de grande prestígio entre os leitores "cultos" quando destacou o repórter Narciso Kalili para a missão de retratar o momento pelo qual passava a nossa música. Uma dúzia de novos talentos eram apresentados em mais de dez páginas como Os Novos Donos do Samba. Torquato estava entre eles, pois, além do sucesso consumado de *Louvação*, tinha a música *Viramundo**, em parceria com Gil, classificada no Festival Internacional da Canção, o FIC. "Ele já tem perto de 30 letras", dizia a revista. Ao seu lado, na foto, alguns dos mais promissores músicos e compositores da nova geração: os irmãos Marcos e Paulo Sérgio Vale, Francis Hime, Jards Macalé, Edu Lobo, Sidney Miller e os amigos Caetano e Capinam.

A reportagem chamaria a atenção de Augusto de Campos para as palavras e intenções de Caetano a respeito de "uma retomada da linha evolutiva de João Gilberto". Era a senha que faltava para Augusto, um admirador confesso da música intimista e concreta do músico baiano, levar o grupo a sério. Como diria o poeta Paulo Leminski: "Estava criada a ponte arco-íris ligando a malemolência da Bahia à concretude paulistana."

Mesmo com esses reconhecimentos públicos, que favoreciam todo o grupo, Torquato continuava céptico e crítico em relação ao momento, como revelaria anos depois**:

— Acontece que 1966 foi um ano de perplexidade, quando nós não fizemos nada, apenas lançamos coisas feitas no

---

* A música seria usada como trilha sonora do filme com o mesmo nome por Geraldo Sarno, mostrando as agruras de um nordestino em São Paulo.
** Jornal Opinião, Teresina, 1971.

ano anterior. Passamos um ano inteiro na maior perplexidade, sentindo que aquela jogada de esquerda festiva musical na qual estávamos envolvidos não era mais o quente. O trabalho de Roberto Carlos (fazendo aquela música incrível, maravilhosa, mandando todo mundo pro inferno) e a presença dos Beatles no mundo inteiro nos deram a dica. Caetano saiu pra fazer *Alegria, alegria*, e Gil, *Domingo no parque*. E daí pra frente foi a guerra.

A "guerra" à qual ele se refere aconteceria no eixo Rio-São Paulo e pode ser compreendida como o período dos festivais de música patrocinados pelas televisões e da Tropicália, ou seja, 1965–1968 (embora o último festival tenha acontecido em 1972, com a 7ª edição do FIC, no Rio, a verdade é que o evento já tinha sido esvaziado de sua importância). A contribuição de Torquato nessa fase da MPB se daria em *Rancho da rosa encarnada*, parceria com Gil e Geraldo Vandré; e *Minha namorada* e *Mamãe, coragem*, com Caetano. Sobre esta última, ele diria:

— Escolhi a mãe como alvo por ser um tabu enraizado, algo intocável, mas poderia ter sido os executivos engravatados, que povoam os escritórios, ou qualquer outro ícone da burguesia. Não se pode matar o príncipe e deixar vivo o princípio.

A outra guerra, a verdadeira, essa continuava sem aspas e sem tréguas. Em outubro, o general Arthur da Costa e Silva, eleito presidente pelo Congresso Nacional, seria aclamado pelo Jornal do Brasil como "a encruzilhada de todas as aspirações", insinuando uma liderança, digamos, legítima. Mas não era bem assim que a banda tocava. Durão e intransigente, o novo presidente faria a sociedade civil sentir saudades de seu antecessor, o general Castello Branco. Costa e Silva estava inaugurando o chamado "período das trevas", uma atração política macabra que se manteria em cartaz, em todo o território nacional, ainda por mais de uma década.

Quando o show Opinião chegou ao fim — deixando o rastro de sucesso da música *Carcará*, de João do Vale —, e Maria Bethânia ficava novamente disponível, o grupo se reunia para estruturar um espetáculo musical que seria batizado de Pois É, voltado também para os talentos de Vinicius de Moraes e Gilberto Gil. Eles trabalhavam na casa de Capinam, em Copacabana, atravessando madrugadas na construção do roteiro. O ponto alto do show era *Louvação*, cantada por Bethânia e Gil. Eles praticamente recebiam e reverenciavam Vinicius, de quem eram fãs de carteirinha. Em carta aos amigos Luizinho Eça e Lenita, do Rio para a Cidade do México, o poetinha se dizia em aplicados preparativos, desenvolvendo uma pequena dieta "para entrar bacano do show que vou fazer com Maria Bethânia e Gil, no Arena. O show está lindo, foi escrito por Caetano, Torquato e Capinam."

Aliás, a produção do espetáculo era assinada por Suzana de Moraes, filha do poeta, e a direção geral por Nelson Xavier. Foi em um dia de novembro de 1966, durante uma reunião do grupo na casa de Vinicius, que outro filho do poeta, Pedrinho de Moraes, registraria em fotografia o flagrante dos rapazes trabalhando compenetrados. Um jogo de aparências, na medida que Capinam reconhece a existência de certo clima de "competição" entre eles, uma discriminação disfarçada, que minava as relações nesse momento:

— Eu e o Torquato éramos poetas, fazíamos letras de música. Parecia que dois poetas no grupo eram demais. Era um sentimento velado que havia entre todos. Eu fui me afastando aos poucos, trabalhando com outros parceiros, como Edu Lobo. Logo depois, o mesmo aconteceu com Torquato, por razões que eu ignoro.

Os motivos para o afastamento de Capinam passam por vários fatores, ainda segundo suas palavras:

— Eu não era boêmio, já estava casado e tinha um perfil político mais acentuado, filiado ao PC. Eu não bebia e não fumava baseados, que eu conheci na primeira reunião dos tropicalistas.

Capinam não esconde que fumou e tragou, mas confessa que passou mal na primeira experiência. Ficou tonto, mas repetiu a dose poucas vezes. Ou seja, ele era careta. Hoje diz com ironia que Caetano é o Bruno Tolentino* na sua vida:

— No livro *Verdades tropicais*, lançado trinta anos depois, Caetano ainda alimenta a competição que eles criaram entre mim e o Torquato, explicando meu afastamento como "uma questão estética". Francamente... Eu deveria escrever um livro chamado True Lies Tropicais.

No Rio, onde Torquato mantinha a sua base, as questões políticas e estratégicas vinham sendo discutidas em reuniões que tanto podiam acontecer na casa de Teresa Cesário Alvim, onde pontuavam os intelectuais engajados, como Ênio Silveira, Paulo Francis e Flávio Rangel, quanto na casa de Vinicius de Moraes, no Jardim Botânico, reunindo a esquerda musical chamada por Torquato, com ironia, de "duplamente festiva", em uma referência aos festivais e ao comportamento lúdico da tropa. Bebia-se muito nessas ocasiões. Uma dessas reuniões, com o objetivo ingênuo de "salvar" o carnaval carioca ameaçado por influências estrangeiras, reuniu mais de vinte nomes de expressão da MPB, quando o veterano Braguinha** seria homenageado por todos. Torquato frequentava os dois grupos, que nada tinham de antagônicos, pois todos se sentiam

---

* Estavam presentes, entre outros: o anfitrião Vinicius, Tom Jobim, Edu Lobo, Luiz Eça, Luiz Bonfá, Eumir Deodato, a cantora Tuca, Torquato, Capinam, Caetano, Francis e Olivia Hime, Zé Keti, Nelson Motta, João Araújo, Sidney Miller e Dircinha Batista.
** Poeta e crítico que trava disputas verbais na imprensa, negando a obra e a importância de Caetano.

politicamente encurralados. As picuinhas eram temperos cotidianos e faziam parte do jogo de vaidades. Em *Verdades tropicais*, Caetano Veloso registra:

— Ele voltava dessas reuniões com histórias sobre Paulo Francis e Flávio Rangel que lhe pareciam sempre mais saborosas do que a mim, que ouvia com agrado, mais interessado nele do que no objeto dos seus relatos.

Certa vez, o condutor da conversa na casa de Teresa Cesário, na condição de convidado especial, era Luiz Carlos Maciel, que chegou acompanhado de Capinam, por acaso em dia de luta de Cassius Clay na TV. O assunto com Maciel, que ainda estava sobre o impacto da Revolução Cubana (cujos primeiros momentos ele acompanhou de perto quando morava no EUA), era a "cultura alternativa" ou, como preferem alguns, a "contracultura". Torquato, Caetano e Gil já estavam alinhados, ou seja, eles liam horóscopo, fumavam baseados, acendiam incensos e faziam amor. E, é claro, ouviam e faziam muita música, incorporando em seus trabalhos novas influências internacionais a partir de uma base inevitavelmente nacional. Não gostavam dos militares, tinham aversão à censura, mas não estavam dispostos a continuar gritando O POVO UNIDO JAMAIS SERÁ VENCIDO! Havia, também, como se pode dizer, uma questão estética permeando essas escolhas.

Foi quando Torquato descobriu-se fora de rota, desafinando no coro dos contentes. Aos seus ouvidos, que viviam colados no radinho de pilha, era mais agradável ouvir Roberto Carlos cantar a liberdade de amar loucamente a namoradinha de um amigo; ou os Beatles gritando:

Life is very short, and there's no time
For fussing and fighting my friend
(...)

Era o momento da ruptura, o ponto extremo da forquilha, o momento em que cada grupo deveria procurar o seu canto no ringue. Para aqueles que, por um motivo qualquer, não tinham clareza a qual grupo pertenciam, havia o serviço gratuito das patrulhas, sempre dispostas a rotular os cidadãos pelo perfil ideológico: reacionários (a direita), conservadores (menos à direita), reformistas (embora de esquerda, não priorizavam a revolução), alienados (favelados, classe média e trabalhadores fora do tecido político) e os porra-loucas, jovens que se drogavam, deixando o cabelo crescer, aparentemente distantes de qualquer engajamento. Eles pertenciam a esse último grupo, uma espécie de juventude transviada, os rebeldes com causa. (Leitores dos poetas russos modernos, profetas da Revolução de 1917, eles souberam interpretar com fidelidade o texto e o pretexto da crítica de Stalin, que soou como uma sentença para Maiakovski: "Sua poesia é boa, mas inacessível às massas.")

Na esfera musical, o período registra uma acirrada disputa por audiência entre os dois programas de televisão mais populares no país — e diferentes em suas ideologias: de um lado, O Fino da Bossa, com poucas referências estrangeiras e muita música de protesto; de outro, a Jovem Guarda*, com os cabeludos fazendo um mix de rock brasileiro com versões de Beatles, Neil Sedaka e Elvis. Nas rádios, o resultado se fazia audível no estilo miscelânea com atrações que variavam de Tamba Trio e Marília Medalha, a Erasmo Carlos e Renato e Seus Bluecaps. Uma vez, delimitando as bases de uma proposta para permitir maior liberdade de criação na MPB, Torquato declarou:

— É preciso acabar com a imbecilidade da "guerra santa" entre MPB pura versus Iê-iê-iê, essa coisa histérica e absolutamente reacionária e alienada de nossa época.

---

* A essa altura, o IBOPE registrava para o programa a impressionante marca de 3 milhões de telespectadores. Parodiando uma expressão criada e difundida pelo próprio Roberto Carlos, "era uma brasa, mora?".

A rivalidade entre os dois grupos vazava para as relações pessoais, criando animosidades, por exemplo, entre a gaúcha Elis Regina e a carioca Nara Leão, que embora tivesse o perfil d'O Fino da Bossa estava, nesse momento, mais próxima do grupo baiano. Nara, inclusive, era considerada parte integrante do projeto de um disco coletivo, que Torquato imaginava, para simbolizar em notas e arranjos musicais toda a teoria que vinha sendo desenvolvida há algum tempo. Eles planejavam colocar em prática um nacionalismo agressivo, em oposição ao nacionalismo defensivo da esquerda anti-imperialista e radical. Houve até uma passeata (que em suas memórias Caetano chamaria de procissão) pelas ruas do centro de São Paulo, com faixas e cartazes amplificando a luta entre a Frente Ampla da MPB contra o Iê-iê-iê. Caetano e Nara Leão assistiam tudo da sacada do Hotel Danúbio, quando ela comentou:

— Isso mete até medo. Parece uma passeata do Partido Integralista.*

Assim, quando a geringonça tropical, uma máquina colorida, aparentemente quixotesca e alegórica, começou a funcionar, o cenário já estava definido. Uma visão construída com bananeiras naturais, imagens do Pão de Açúcar, remeleixos de Carmem Miranda, valores culturais de Oswald de Andrade e, por último, mas não finalmente, uma buzinada do Chacrinha. Além de muito deboche.

Nem MPB pura, nem Iê-iê-iê. Estava entrando no ar, nas ondas verdes e amarelas de norte ao sul do Brasil, o período tropicalista da cultura brasileira, um resgate do nacionalismo da Semana de 22, melhor definido como uma atitude, antes de um movimento.

* *Verdades tropicais*, Caetano Veloso, Companhia das Letras.

CAPÍTULO 6

COM A BOCA NO TROMBONE

(a manhã tropical se inicia)

Os acontecimentos desencadeados a partir de agora, envolvendo a produção musical e artística do grupo baiano — e que ficariam conhecidos na história como Movimento Tropicalista —, não foram obras do acaso ou do improviso. Pelo contrário, havia no grupo a intenção assumida e deliberada de promover uma mudança radical nos valores estabelecidos. A ideia não era apenas lançar um novo estilo musical ou difundir uma nova atitude crítica, espalhando suas influências para todas as artes. Eles já tinham, por exemplo, voz e autonomia para deflagrar as diretrizes de uma nova estética.

Além dos nutrientes já citados (forte sentimento nacionalista, resgate da Semana de 22), havia ainda a necessidade de se criar uma nova linguagem, incorporando valores assimilados (antropofagicamente, que sejam) enquanto escolhas e influências culturais. Alguns vetores, como a guitarra elétrica, a arte conceitual e a economia urbana, apontavam para uma nova direção. Estava acontecendo uma mudança na textura do cotidiano. Eram valores emergentes que se contrapunham, quase sempre de maneira agressiva e escandalosa, ao conservadorismo predominante. No Brasil, um país enrijecido pela Ditadura Militar, essa convergência de interesses colocava, em um mesmo caldeirão de conceitos, o teatro de José Celso, a arte de Hélio Oiticica, o cinema de Glauber Rocha e a música do grupo baiano.

Em janeiro de 1967, enquanto o governo militar oferecia ao país a Lei de Imprensa, dispositivo criado para controlar e punir os atos "subversivos" dos jornalistas, Torquato estava trabalhando como divulgador da gravadora Phillips, uma das mais importantes no mercado fonográfico. Ele preparava textos de divulgação de discos — os chamados *press releases* —, acompanhados de comentários e pequenas entrevistas com os artistas. O cargo era chamado oficialmente de Diretor de Relações Públicas. Ele acumulava com outro emprego, nas mesmas funções, trabalhando no setor de propaganda da Editora Abril. A agência de notícias do Galeão, onde permanecera alguns meses sob o comando de Natalício Norberto, era coisa do passado. Ele agora vivia e respirava música.

No dia 11, contrariando a expectativa criada pelos jornais de que tudo acabaria em *happening*, Torquato e Ana se casaram em cerimônia comportada, na Igreja de São Pedro Apóstolo, na Tijuca. O padre avisara previamente que não permitiria abusos em forma de cantoria ou roupas extravagantes. Na hora combinada, Torquato apareceu sobriamente vestido de terno e gravata escuros; Ana estava de véu e grinalda. Gilberto Gil também vestia terno e gravata, na condição de padrinho. Todos consideraram mais prudente deixar a farra para depois, como efetivamente aconteceu. Lá estavam o cunhado Hélio Silva; os amigos Caetano, Dedé, Ronaldo Bôscoli, Chico e Marieta Severo; o fotógrafo Paulo Garcez; e a jornalista Sonia Hirsch. Havia uma excitação extra no ar, pois Gil se preparava para a estreia do programa Ensaio Geral, que se manteria na grade de programação da TV Excelsior, de São Paulo, durante cinco meses. (Ensaio Geral era também nome de música e shows feitos por Gil no ano anterior.)

Alguns jornais noticiaram assim o enlace matrimonial:

"Torquato e Ana vão morar no Rancho da Rosa Encarnada"

A revista Intervalo estampava em letras garrafais:

"Louvação não pôde entrar na igreja
TORQUATO E ANA: VIDA A DOIS"

Depois da cerimônia, definida por Bôscoli em sua coluna no Última Hora como "careta", houve uma rápida recepção na casa dos pais de Ana, na Tijuca, que seria agitada pela presença de Marieta Severo, sucesso na televisão como o Rato da novela *Sheik de Agadir*. Em seguida, Ana e Torquato receberiam os amigos para uma festinha íntima, bem mais à vontade, na Ladeira dos Tabajaras, 52, Copacabana, onde morariam a partir de então. Era uma pequena casa de vila — com quarto, sala e um quartinho de empregada no lado de fora — perto dos teatros Opinião e Tereza Rachel e da Adega Pérola, agora o botequim favorito. Em Teresina, apesar da crescente popularidade do filho, avaliada pelas reportagens em jornais e revistas, Dona Salomé e Dr. Heli não viam com bons olhos o casamento com uma moça tão "desregrada e extravagante quanto ele". Ou seja, ela frequentava os bares, tomava cerveja e fazia parte da turma, afinada com a nova atitude liberal da mulher nos anos 1960. Ana ainda guarda na lembrança o primeiro encontro com o Dr. Heli, no Café Lamas, e, em outra ocasião, com Dona Saló, que se saiu com esta, depois de olhar Torquato de alto a baixo:

— Ana, meu Deus, o que você fez com o meu filho?

A nova casa passou a ser ponto de encontro de muitos amigos, alguns famosos, outros desconhecidos. Durante algum tempo, Maria Bethânia, que se apresentava às segundas-feiras no Teatro Opinião — acompanhada de Macalé e Paulo Moura — dormiria no sofá da sala; Caetano, também. Nana Caymmi, agora namorada de Gil, podia ser considerada uma pessoa próxima do casal. Capinam e Gal eram visitas recorrentes. A fotógrafa Gilda Grilo, bonita e enérgica, estava sempre por trás de uma câmera, registrando os muitos flagrantes (no bom sentido, é claro!) que a movimentação oferecia. O velho amigo Nacif Elias agora aparecia com a namorada, Alzira Cohen, que sonhava em trabalhar com cinema, enquanto testemunhava o excêntrico cotidiano de seus (futuros) ídolos:

— O Chico Buarque, que era lindérrimo, estava derramando um charme danado em cima da Norma Bengell, que por sua vez estava mais interessada na Gilda. A casa do Torquato e da Ana fervilhava de gente interessante. Todos tinham uma ideia pra discutir, um projeto pra realizar.

Talvez por ser o mais jovem, João Carlos Rodrigues, na época com 15 anos, era amigo de todos. Ele recorda que havia certa implicância — imposta sobretudo pela disciplina de Ana — quanto a casais homossexuais frequentarem a casa. Ao mesmo tempo, reconhece-se privilegiado por ter conseguido romper a barreira da proibição, sendo-lhe permitido circular tranquilamente com seu namorado, um técnico de som de nome Zenaider, que trabalhava no show de Bethânia. Um dia, Torquato confidenciou a João Carlos:

— Vocês podem aparecer, mas a Ana quer evitar grandes aglomerações.

Eles eram "entendidos" — palavra criada para identificar pessoas com mais de uma opção sexual (bissexual ou pansexual, diziam, brincando). Outro casal considerado "de casa" — e, portanto, com liberdade para entrar e sair — era Maria Bethânia e Duda Cavalcanti, uma bela morena com ares de modelo fotográfica. Nana Caymmi, já então mãe de três filhos (do casamento com um médico venezuelano), revela que as atitudes desprendida dos casais gays circulando pela casa funcionavam para ela como componentes de rompimento com as tradições:

— Foi um choque, pois sempre tive uma formação rígida, conservadora. Por ser filha única, acompanhava minha mãe nos passeios, ao cinema, e nunca tive liberdade antes do casamento.

Nana se sentia acolhida e protegida por Ana e Torquato, no momento que o namoro com Gil assumia um caráter explosivo, segundo ela, crivado de preconceitos:

— Preconceito racial, com certeza. O Torquato foi importante pra mim nesse momento, já que ele tinha a cabeça aberta e grande sensibilidade. Antes de conhecê-lo, eu já gostava de suas músicas com o Edu, principalmente *Pra dizer adeus*.

Ronaldo Bastos, na época apenas planejando trabalhar com música, também era figurinha constante no "pedaço". Ele tinha sido apresentado a Torquato por Alzira Cohen, a namorada de Nacif, e fazia parte da turma. Ronaldo era o feliz proprietário de um fusquinha bege, um carango capaz de transportar o grupo em divertidos passeios pela cidade:

— Nessa época, eu tive a primeira conversa com Torquato sobre música e acabei me envolvendo. Na casa da Ladeira dos Tabajaras encontrei algumas vezes a Maria Bethânia, de quem eu era fã, e ouvi a Nana Caymmi cantarolar ao violão a música *Bom dia*, parceria dela com o Gil. Foi durante uma carona que eu dei pra Caetano e Dedé que começou a nossa troca de gibis, histórias em quadrinhos.

A casa na ladeira existiria por mais de um ano como um lugar de criação e confraternização. Foi, no mínimo, divertido. Certa vez, logo após um sarau que contou com a presença do lendário e elegante Ismael Silva, o sambista da Lapa, Torquato e João Bosco (ainda estudante em Minas) fizeram *Fique sabendo*, um samba — ainda inédito — em homenagem ao encontro com Ismael:

"Você
    sabe bem que o nosso amor
    já faz tempo se acabou
    e mesmo assim
    você faz questão de reviver
    esse tempo tão ruim
    pra você
    também pra mim

Você
    se esqueceu de compreender
    que é preciso ser feliz
    e vem dizer
    que eu nunca quis perdoar

Quem é você
pra duvidar
já me cansei de explicar
não tem mais jeito não
me tranquiliza o coração"

Bosco, que estava presente ao sarau, recorda:

— Foi uma noite incrível. Ismael, de terno e gravata, cantou *Antonico* e *Se você jurar*. A gente simplesmente assistiu.

A atriz Odete Lara aparecia bastante na ladeira. O cineasta Antonio Carlos Fontoura, que já tinha feito o curta-metragem *Heitor dos prazeres*, preparava um novo filme, *Ver ouvir*, sobre três artistas plásticos que acabariam "casando" com a ideia do movimento tropicalista: Roberto Magalhães, Rubens Gerchman e Antonio Dias.

Ana e Bethânia (que nunca seria exatamente uma tropicalista, preferindo seguir a linha romântica e teatral da MPB) inventaram um "jornalzinho", feito de uma única folha de papel datilografada que era afixado por dentro da caixa de luz, funcionando como um quadro de avisos, o tradicional mural. Servia para divulgar shows e lançamentos de discos, quase sempre dos amigos próximos. Foi idealização de Bethânia também enfileirar garrafas vazias, ordenando-as por categoria: conhaque, cerveja, rum, em uma fila interminável que seguia pelo pátio como uma instalação. A casa era, portanto, um centro de criatividade. Torquato, que tinha uma fixação por mulheres elegantes, as clássicas, mostrava-se fascinado por Gilda Grilo e Carmem Verônica, uma das "certinhas do Lalau", com pernas lânguidas e porte aristocrático. Ele dizia: "A Carmem é demais!"

Em março de 1966, quando os caminhos da música e do trabalho apontavam para São Paulo, Torquato estava na cidade junto com os amigos. Ele tentava trabalhar na revista Cláudia, especializada em assuntos de mulher, enquanto o publicitário Franco Paulino intermediava negociações visando lhe conseguir uma vaga na redação da Folha de São Paulo.

Meu povo, preste atenção e me escute com cuidado: o marco inicial do movimento Tropicália, ao contrário do que muita gente pensa, não foram as músicas *Alegria, alegria* (de Caetano) ou *Domingo no parque* (de Gil), mas sim a exposição do artista carioca Hélio Oiticica, em abril de 1967, no Museu de Arte Moderna do Rio. Algumas das ambientações criadas por Oiticica, misturando elementos do cotidiano (havia uma TV ligada permanentemente), com plantas tropicais e referências ao morro da Mangueira, foram batizadas de Tropicália. Um mês antes da exposição, ou seja, em março, em texto denominado *Nova objetividade*, o artista explicava a obra:

"A cultura brasileira é toda calcada na Europa e América do Norte, num arianismo inadmissível aqui. Quis criar com a Tropicália o mito da miscigenação — somos negros, índios, brancos, tudo ao mesmo tempo. Só o negro e o índio não vieram com a cultura europeia. Quem não tiver consciência disso que caia fora."

Esse evento acontecera semanas antes de o grupo baiano começar a estruturar, como dizia a imprensa, "um novo movimento musical destinado, principalmente, aos jovens" — que seria deflagrado apenas no segundo semestre. Oiticica já havia realizado trabalhos anteriores, como *Relevos espaciais*, de 1959, e *Núcleos*, de 1960, onde a forma invadia o espaço procurando uma espécie de transe, ou, como diria o crítico Mário Pedrosa, algo que permitisse o "exercício experimental da liberdade". A palavra-chave, portanto, era liberdade: liberdade para criar, ser e acontecer.

Nesse sentido, a produção artística do grupo, nessa virada de página, exporia definitivamente o talento e as potencialidades de cada um. O ano de 1967 é considerado chave para a gestação da Tropicália, começando com o lançamento de *Terra em transe*, de Glauber, trazendo imagens carnavalizadas de um país imaginário e caótico. A saga de Corisco, perseguido por forças militares no sertão baiano, era um significativo apelo aos sentimentos nacionalistas, um contraponto perfeito aos heróis inverossímeis do *farwest* hollywoodiano: "Mais forte são os poderes do povo", gritava o acuado cangaceiro. Também os lançamentos dos discos de estreia de Caetano (*Domingo*, com Gal Costa) e Gil (*Louvação*) seriam usados como combustível na estratégia de acumular energia e prestígio. Os dois discos apresentavam, no total, cinco canções escritas por Torquato, então com 22 anos.

Com a gravação de *Vento de maio*, a música concebida na "pensão do Gil", eles entravam para o rol dos compositores que engrossavam a mitologia do "dia que virá", bastante comum nas canções de protesto dos anos 1960. Em seu livro *MPB: Uma análise ideológica* (1976), Walnice Nogueira Galvão chama atenção para a "utopia da redenção do povo", apontando que em algum lugar do futuro está "o dia que vai chegar", cantado por Vandré, em *Aroeira*; por Edu Lobo e Capinam em *Ponteio*; e em *Vento de maio*, por Torquato na voz de Gil:

> "desapeie dessa tristeza
> que eu lhe dou de garantia
> a certeza mais segura
> que mais dia menos dia
> no peito de todo mundo
> vai bater a alegria"

O prestígio de Torquato como escriba seria o principal aval para o convite do Jornal dos Sports, que desejava tê-lo como titular da coluna Música Popular, de periodicidade "quase" diária. Ele deixaria o emprego na gravadora Philips para fazer o que mais gostava: jornalismo puro. O Jornal dos Sports, com suas páginas cor-de-rosa, não era considerado do "primeiro time" pelos intelectuais, como o Jornal do Brasil ou o Correio da Manhã, mas tinha grande penetração popular, atingindo uma importante faixa de leitores masculinos. Sua estreia nas páginas aconteceria em maio com um texto dedicado ao violonista Codó, de raízes regionais baianas, que lançava *Codó e o mar*, "um disco que recomendo com entusiasmo aos leitores". Em notas curtas, ao pé da coluna, Torquato informava que Edu Lobo era o mais novo contratado da gravadora Philips e que Gal Costa gravaria com Chico Buarque as músicas *Com açúcar*, *Com afeto* e *Noite dos mascarados*. Chico estava em Paris quando a nota foi publicada, mas assim que desembarcou no Rio, na semana seguinte, foi à casa de Torquato e Ana matar a saudade da feijoada e das caipirinhas. A conversa renderia uma nota na coluna no dia seguinte:

> "Chico chegou de viagem com uma novidade muito interessante: na França, a música brasileira é praticamente

desconhecida. Ninguém sabe nada. E na Inglaterra só se conhece (mesmo assim, pouco) Astrud, João Gilberto e Sérgio Mendes, através de gravações feitas nos Estados Unidos."

Durante meses, ele continuaria usando o espaço no Jornal dos Sports para fazer a louvação de quem deveria ser louvado. Neste sentido, Torquato era um ponto de apoio eficiente para os novos artistas, ajudando a divulgar seus trabalhos e recomendando seus espetáculos. No dia 6 de maio, a coluna era dedicada a Paulinho da Viola, "um dos mais importantes integrantes da ala dos compositores da Portela". Para tecer elogios a Paulinho, reconhecido apenas nas rodas de samba tradicional, ele pedia ajuda ao amigo Capinam, "poeta maior, que escreveu aqui mesmo, numa entrevista publicada há coisa de um mês: 'Paulinho da Viola, um dos mais felizes poetas do amor'". No final do texto, Torquato fazia um agradecimento explícito a Hermínio Bello de Carvalho por ter revelado o talento de Paulinho no espetáculo *Rosa de ouro*:

— Isto, por sinal, é outra história. Qualquer dia desses — eu prometo ao leitor — tratarei de falar aqui sobre Hermínio e seu trabalho.

Com Hermínio, que trabalhava em uma agência de navegação, no mesmo prédio onde funcionava a gravadora Mocambo, Torquato desenvolveria uma descontraída e serena amizade:

— Certa vez, ele e Caetano foram à minha casa, na Glória, quando passamos um bom tempo ouvindo Zezé Gonzaga. Nessa mesma noite, um carro de polícia rondava o prédio assustando a todos nós. Eram os sintomas da paranoia.

Dias depois, a promessa cumprida. Com o título "hermínio", (com letra minúscula), ele abria a coluna fazendo a consideração:

"Hermínio é homem de poucas publicidades. E certamente não ficará muito à vontade ao ler essas coisas que escrevo com sinceridade. Como se não tivéssemos para com ele, todos nós de letra e música, a gratidão de quem recebe os favores que Hermínio nos faz com seu trabalho de autêntico pesquisador."

No domingo, 7 de maio, o Jornal dos Sports publicava uma página inteira assinada por Torquato e dedicada a um de seus principais ídolos cariocas, o bardo de Vila Isabel, com o título *A presença de Noel*. O artigo, agora fazendo parte de um suplemento destacado do Jornal dos Sports, chamado O Sol, seria ilustrado com uma autocaricatura mostrando Noel Rosa de perfil (Noël por Noël, com trema). Torquato reproduzia uma curiosa história contada por Almirante (um músico das antigas) sobre o último instante de vida do compositor (que tinha o costume de batucar na mesa do botequim), já no leito de morte:

"Noel parecia querer dizer algo, em sua voz quase imperceptível:
— Estou me sentindo muito mal. Quero virar para o outro lado...
O irmão Hélio o ajudou. Ao fazer um movimento, a mão de Noel se estendeu para a mesinha de cabeceira e, no seu tampo, como que obedecendo a um tique nervoso, ficou batendo pancadas surdas, ritmadas, esmorecendo, ralentando. Por fim, a mão quedou imóvel."

No dia 19, engrossando o caldo das críticas ao disco de estreia de Gil, *Louvação*, Torquato abriria a coluna com o seguinte comentário:

"Sou terrivelmente suspeito para falar de Gilberto Gil. A maior parte dos leitores deve saber porque, mas, como proliferam as más línguas, devo explicar. Sou amigo de Gil, seu parceiro em mais de quinze canções e vivo alardeando que meu amigo e parceiro é, hoje, o mais importante dos nossos compositores jovens. Acho mesmo e na contracapa do disco, ao lado de Capinam, Caetano Veloso e Chico Buarque de Hollanda, procuro dizer por quê."

Eis a íntegra do texto falando de Gil:

"Há várias maneiras de se cantar e fazer música brasileira: Gilberto Gil prefere todas. Assim, ele se entende com o público. E daí, o espanto dos incautos que não entendem (ou aceitam) a extraordinária musicalidade de Gil e o modo pelo qual ele apreende e pode utilizar — do jeito mais pessoal — qualquer forma musical nossa, do baião ao samba, da marcha-rancho à canção mais romântica. O repertório deste seu primeiro LP foi escolhido para que o público possa ter uma visão geral do caminho que ele vem seguindo, no trabalho que desenvolve ativamente de uns cinco anos para cá, primeiro na Bahia, depois em São Paulo e no Rio.

Portanto, estão aqui sucessos recentes, como *Roda*, *Lunik 9* ou *Louvação*, ao lado de composições novas, inéditas (*Água de meninos*, *Beira-mar*, *A rua*) e outras, mais antigas, como *Maria*, *Amor de Carnaval* ou *Procissão*. No todo, este disco pretende deixar claro que meu querido amigo e parceiro Gilberto Gil está pronto para assumir o lugar que o situa — entre Chico Buarque de Hollanda e Edu Lobo — como o compositor mais fértil e importante da música brasileira atual."

Ao comentar detalhes da produção do "microssulco", ele não dispensaria uma alfinetada na gravadora Philips, "que esqueceu de mencionar na contracapa os arranjos de Carlos Monteiro de Souza e Dori Caymmi". Assim, como Oswald de Andrade, ele tentava enunciar quatro verdades em três linhas.

Nem sempre seus textos eram embalados por palavras conciliatórias ou harmoniosas, elogiando ou concordando com tudo que via ou ouvia. Quando estava de "lua", Torquato podia facilmente fazer uso de sua artilharia crítica mais demolidora, quando então estaria atingindo até mesmo os ícones mais sagrados da MPB. Foi assim, com as críticas duras, que fez ao novo disco de Ataulfo Alves, que lhe custaram aborrecimentos com a gravadora Philips, onde havia trabalhado. Dias depois, Ataulfo deixaria a imprensa especializada saber que estava compondo um samba em "homenagem" a Torquato: "Eu não sou muro, pra você colar cartaz..." Sentindo-se livre para emitir opiniões sinceras e corajosas, assim que soube das declarações de Ataulfo, através da coluna de Sérgio Bitencourt, n'O Globo, Torquato correu para escrever com ironia: "Trata-se de colher de chá que eu não esperava nem mereço, mas que agradeço, bastante comovido. Nunca pensei... Enfim, obrigado ao mestre!"

Estava nascendo, nesse momento, o mito do escriba maldito e destemido, empunhando a pena justiceira e, mais uma vez, destoando no coro dos contentes. Ele não tinha "papas na língua" e gostava de "baixar a rama", para usar uma expressão piauiense. Outro comentário na coluna, dessa vez sobre o percussionista Chico Batera, por sua atuação no musical *Com açúcar, com afeto*, de Miele e Bôscoli, provocaria grande polêmica:

> "O Chico foi péssimo, incrivelmente ruim. Há números de Norma Bengell, por exemplo, em que não fosse a extrema qualidade da aparelhagem técnica, não se conseguiria ouvir uma só palavra, tal o barulho do baterista."

Sua inspiração mais agressiva, entretanto, seria usada para atacar a indústria fonográfica brasileira, seu alvo favorito, ao lado das sociedades arrecadadoras de direitos autorais. Isso resultaria na sua expulsão da SBAT, sociedade à qual pertencia como compositor. Com o título *Capa e contracapa*, Torquato publicaria, no dia 10 de maio, o primeiro de uma série de dois artigos onde atacava o desempenho das gravadoras, considerando seus bisonhos trabalhos gráficos:

> "Ninguém, mas ninguém mesmo, vai me convencer que a indústria do disco no Brasil está à altura do nosso tempo, equiparável a todos os países desenvolvidos. Portanto, cabe apontar suas deficiências. É obrigação de quem lida com o assunto e não precisa fazer média com os chefões (estrangeiros, meu Deus!) das gravadoras."

No dia 4 de maio, a pena justiceira era notícia na coluna de Costa Cotrim, também do Jornal dos Sports, que comentava nas páginas uma denúncia atribuída a Torquato: Carlos Imperial, compositor, produtor e animador de auditório, havia "roubado" a música *A praça*, gravada por Ronnie Von, assumindo sua autoria. Torquato argumentava que a música era um plágio de *Chuá chuá*, cantiga popular, e de *Makin' Whoopee!*, gravada pelos melhores nomes do jazz, entre eles, Frank Sinatra e Tony Bennett. Cotrim terminava a notinha colocando veneno na caldeira: "Agora é aguardar o desmentido oficial do Imperial. O que eu acho meio difícil..."

Mesmo com as atividades jornalísticas ocupando grande parte do seu tempo, Torquato continuaria desenvolvendo parcerias com Caetano e Gil. Eles agora aproveitavam a brisa dos primeiros sucessos para deflagrar, em escala nacional, um grande projeto (mais do que musical, cultural) oferecendo uma perspectiva de institucionalização à MPB, a exemplo do movimento feito pela Bossa Nova na década anterior. Eles se reuniam eventualmente na casa de Capinam, no café-concerto Casa Grande, administrado pelo jornalista Sérgio Cabral, ou no Cervantes, um bar informal na Prado Júnior, em Copacabana. Torquato fazia parte do espetáculo *Com açúcar, com afeto*, para o qual editara um libreto de 36 páginas, à guisa de programa, e era visto misturado ao elenco (Norma Benguell, Rosinha de Valença) nas esticadas ao restaurante Tzar, no Leme.

No Rui Bar Bossa, onde Bethânia fazia uma curta temporada, eles apareciam no meio da noite. Essas reuniões eram assuntos para diversas colunas sociais. No Última Hora, no dia 23 de maio de 1967, o jornalista Eli Halfoun anunciava:

> "Gilberto Gil tem mantido reuniões com a chamada turma baiana — Caetano Veloso, Torquato Neto e Capinam — para estruturar um plano de divulgação de nossa música, principalmente entre a juventude."

No dia 27, em artigo publicado no jornal O Globo, Gil oferecia mais detalhes:

> "Reuni-me com os compositores Capinam, Torquato Neto e Caetano Veloso e chegamos à conclusão que devemos criar uma participação mais direta do público com a música, um movimento que deve ser iniciado agora, e principalmente num plano conjunto. Cada um de nós tem sua fatia no grande bolo da música: temos nossas áreas de aceitação individualmente."

A estratégia inicial, que deveria ser colocada em prática imediatamente, pode ser entendida nestas proféticas palavras de Gil, escritas como uma crônica de sucesso anunciado:

> "Nosso movimento começará por atingir primeiro a classe universitária, que é a mais aberta para esse tipo de diálogo. Faremos pequenos shows nas universidades do Rio, primeiro, e depois no resto do Brasil. Depois disso partiremos para grandes espetáculos realizados em grandes teatros do Rio e São Paulo."

Como principal motivo para a inquietação do grupo, Gil relacionava a mudança de códigos e valores ocorrida na música internacional:

"Essa necessidade surgiu de certa agonia por que passamos nós, compositores, ultimamente; uma série de impasses e discussões e a falta de respostas imediatas, como por exemplo, o porquê da explosão do Iê-iê-iê."*

A essa altura, eles ainda acreditavam contar com a adesão de outros compositores, como Edu Lobo, Chico Buarque, Vandré e Paulinho da Viola, mas a história registra que isso não aconteceria — e que eles acabariam desenvolvendo um trabalho "fechado" em sua coerência de ideias e propostas. De nada adiantavam as frequentes reuniões na casa de Sérgio Ricardo, por exemplo, com Capinam e Gil tentando encaminhar discussões que pudessem ampliar quantitativamente o movimento. Sérgio desenvolvia o conceito de um projeto que chamava de Mutirão, com a intenção de organizar politicamente a "categoria". Capinam esclarece:

— Todos procuravam um catalizador de linguagem para manifestar a insatisfação com a ditadura. Havia anseios para estabelecer uma plataforma que funcionasse como uma mola para o movimento. As intenções eram as mesmas, mas os caminhos a seguir seriam diferentes para cada um.

Apesar do sentido ecumênico do ideário (baiano) em progresso, que comportava qualquer tendência ou estilo musical, um grande racha na MPB estava se anunciando. Como resultado imediato, a direção da TV Record decidira dividir o programa O Fino da Bossa, que perdia audiência para Jovem Guarda, em quatro edições mensais, deixando-as sobre a

---

* Em 1º de junho seria lançado na Inglaterra o LP *Sgt. Pepper's Lonely Hearts Club Band*, "a virada dos Beatles abandonando a linha Iê-iê-iê".

responsabilidade de Elis Regina, Wilson Simonal, Geraldo Vandré e Gil, separadamente. O nome do programa, que continuava com periodicidade semanal, também estava sendo trocado para Frente Única — Noite da Música Popular Brasileira (ufa!). Durante os ensaios e estruturação dos roteiros, houve um forte desentendimento entre Vandré e Caetano no Hotel Danúbio, apartamento 112, testemunhado por Gil e Torquato. Nas memórias de *Verdades tropicais*, Caetano deixa registrado:

> "Vandré se enfureceu. Surgiu na porta do quarto de Gil, onde estávamos trabalhando, e, quase chorando, com os pelos dos braços arrepiados, gritava que nós não podíamos fazer aquilo (Nota do autor: cantar a canção *Querem acabar comigo* em homenagem a Roberto Carlos), que talvez fizesse sentido num ensaio sociológico, mas não num programa de televisão. Tentei argumentar. Mas ele estava demasiadamente emocionado e disse que faria tudo para impedir que aquilo acontecesse."

Torquato, que participava da construção do roteiro, logo comprou a briga. Ele não podia mais ocultar o desprezo que sentia pelas atitudes discriminatórias de alguns companheiros. Provocado pelo parceiro Vandré, que o chamava de "o inocente do Piauí nas mãos dos baianos", ele reagiria publicamente qualificando as posições do compositor paraibano de demagógicas.

Na letra de *Ai de mim, Copacabana*, quando Torquato escreve:

> "minha vida, tua vida
> meu sonho desesperado
> nossos filhos, nosso fusca
> nossa butique na Augusta

> o Ford Galaxie, o medo
> de não ter um Ford Galaxie",

estava falando de Geraldo Vandré, que, na vida real, tinha um Ford Galaxie. E justificava:

— O Vandré está fazendo palestras em universidades dizendo que nós estamos fugindo das raízes. Mas eu não admito fazer música revolucionária, como ele pretende, com as formas tradicionais.

Formas tradicionais, aliás, era o que não havia em *O rei da vela*, o espetáculo teatral encenado em setembro pelo Teatro Oficina, a partir de um texto de Oswald de Andrade. A montagem, dirigida por José Celso, com cenários de Hélio Eichbauer, conectava a anarquia antropofágica que marcara o modernismo a uma sensibilidade artística que se manifestava nos mais diferentes formatos, digamos, tropicais. O alvo original das críticas de Oswald, a elite brasileira, fora substituído pela Ditadura Militar. Entre os atores, Renato Borghi, Fernando Peixoto e Ítala Nandi.

A encenação d'*O rei da vela* se fazia acompanhar do Manifesto Oficina, onde o grupo propunha "uma peça dentro da estética mais moderna do teatro e da arte visual. A superteatralidade, a superação mesmo do racionalismo brechtiano através de uma arte teatral síntese de todas as artes e não artes, circo, show, teatro de revista." O espetáculo era, como se podia perceber, mais um bocado de lenha na fogueira tropicalista.

Torquato, um dedicado leitor de Oswald, acompanhou de perto o trabalho do grupo paulista e, com sensibilidade, assimilou as novas propostas estéticas do polêmico espetáculo.

Por outro lado, as atividades paralelas continuavam a dar trabalho e sustentação financeira ao cotidiano do grupo. Torquato fora escolhido membro do Conselho de Música Popular, do Museu da Imagem e do Som; Gil e Capinam trabalhavam na trilha musical do filme *Brasil ano 2000*, de Walter Lima Júnior. Como num passe de mágica, Caetano transformava-se na grande atração do programa Esta Noite se Improvisa, apresentado por Blota Jr., o mesmo dos festivais da TV Record. As regras do programa mediam o grau de conhecimento musical dos participantes, que deveriam cantar uma música a partir de uma palavra-chave oferecida pela produção. Assim, quando o apresentador dizia "a palavra é: suplicante", aos participantes era oferecida a opção de cantar, por exemplo:

Boêmia, aqui me tens de regresso
E suplicante lhe peço
A minha nova inscrição...

Caetano, de estampa fina e cabelos alvoroçados, simplesmente arrasava com sua memória e conhecimento musical, ganhando todos os confrontos que participou. Seu principal adversário era o fanfarrão Carlos Imperial, mas Chico Buarque sempre se mostrou um oponente à altura, criando músicas de improviso e ludibriando os jurados. Uma revista da época contabilizava a favor de Caetano um montante de 3 milhões de cruzeiros em prêmios (quase sempre um carro Gordini), acumulados durante alguns meses. A permanência deles em São Paulo, agora vivendo no Hotel Danúbio, na Brigadeiro Luís Antônio, os aproximaria do maestro Rogério Duprat, de formação erudita, e d'Os Mutantes*, um conjunto típico rock garagem nascido no bairro de Pompeia. O empresário Guilherme Araújo recorda-se de Torquato como uma doce e terna figura, equilibrado no raciocínio, porém com algumas compulsões evidentes:

---

* A formação básica do trio: Rita Lee, Arnaldo e Sérgio Batista.

— O Torquato bebia e fumava muito nessa época. Analisando hoje, distante daqueles dias, posso ver como ele se autodestruía, embora fosse um rapaz inteligente e talentoso.

O amigo Tom Zé, embora mantivesse um trabalho com uma linha pessoal diferenciada*, também fazia parte do grupo, que agora canalizava suas energias para atender a demanda dos festivais. Mesmo considerando o grande sucesso de público (eles eram reconhecidos nas ruas), não se pode dizer que estivessem "nadando em dinheiro", no momento que Gil tinha a posição mais cômoda e o prestígio profissional mais consolidado dentre todos. Contudo, a inquietação também era coletiva.

Aliás, o resultado dessa inquietação explodiria exatamente no III Festival de Música da TV Record, em outubro de 1967, quando Caetano entraria no palco acompanhado dos argentinos da banda Beat Boys, ostentando longas cabeleiras e inéditas guitarras elétricas. Foi um choque nacional. Na introdução, as guitarras funcionavam como trombetas anunciando um espetacular e solene acontecimento. E o que se seguia, depois do breque, na voz colorida de Caetano, correspondia a esta expectativa:

"Caminhando contra o vento
 sem lenço e sem documento
 num sol de quase dezembro
 eu vou, eu vou
 Por que não? Por que não?"

(Quando ele dizia "O sol nas bancas de revista, me enchem de alegria e preguiça", estava se referindo ao suplemento do Jornal dos Sports, onde Torquato e sua [dele, Caetano] namorada, Dedé Gadelha, trabalhavam.)

---

* TZ garante que a diferença entre ele e os parceiros está na fonte: a dele era a deficiência, o desastre, enquanto que a dos parceiros era a habilidade, o talento. "Não é um erro, apenas a fonte é diferente."

A música se chamava *Alegria, alegria* e tinha sido composta por Caetano no apartamento do Solar da Fossa, declaradamente com algumas intenções básicas:

— Tinha que ser uma marchinha alegre, de algum modo contaminada pelo pop internacional, e trazendo na letra algum toque crítico amoroso sobre o mundo onde esse pop se dava.

Alegria, alegria ficou em quarto lugar mas se tornou um sucesso imediato do festival*, vencido por *Ponteio*, de Edu Lobo e Capinam. O segundo lugar ficou com a festa de *Domingo no parque*, de Gil, e o terceiro com *Roda viva*, de Chico Buarque. (O clímax do festival, entretanto, seria atingido quando Sérgio Ricardo, coberto de vaias por todos os lados, arremessou um violão espatifado no distinto público, desistindo de cantar *Beto bom de bola*.) Dando sinais de que estava abandonando definitivamente os ditames da tradicional MPB, Gil marcava sua performance no Teatro Paramount apresentando como novidade Os Mutantes e suas guitarras. O arranjo do maestro Duprat, mesmo considerando o uso do berimbau e do violão acústico, não impediram as vaias que acompanhavam a entrada deles no palco. A manifestação, orquestrada por estudantes de esquerda que tomavam conta do auditório, se repetiria a cada eliminatória e mesmo na grande noite final. Era uma carga muito grande de novidade tecnológica e ousadia comportamental. Vestidos de forma bizarra (Rita com um minivestido azul e um coração vermelho desenhado na bochecha, Arnaldo com uma capa medieval), os meninos deram conta do recado:

---

* Em *Nova atitude, nova música*, o escritor Carlos Calado revela que *Alegria, alegria* "ultrapassou a marca de 100 mil cópias vendidas — um número alto para a época". A expressão "sem lenço e sem documento" passou a fazer parte do vocabulário da juventude, para significar certo deslocamento espacial ou psicológico.

> "o rei da brincadeira, ê José
> o rei da confusão, ê João
> um trabalhava na feira, ê José
> outro na construção, ê João"
> (...)

O maestro Duprat, trabalhando no limite da música com a captação de som pragmático (ruídos de um parque de diversão, gritos de crianças e realejos, feito uma trilha de Nino Rota), foi escolhido pela banca de jurados como o melhor arranjador do festival. No final, ficou claro que as guitarras falaram mais alto do que as vaias. E que os aplausos superaram os protestos. Gil e Os Mutantes, como prêmio pelo segundo lugar, levaram para casa NCr$ 16.000 — se é que isso quer dizer alguma coisa. (Gil ainda ganhou, como prêmio extra, uma chuva de beijos de Nana, que acompanhava tudo da coxia.)

O clima de cisão entre os músicos era real e podia ser percebido na divisão física das brigadas: na coxia à direita do palco, ficavam os representantes da nova MPB, nomes como Edu Lobo, Sérgio Ricardo, Chico Buarque; à esquerda, os tropicalistas. Na opinião do Mutante Sérgio Dias, então um guitarrista de 17 anos, a disputa era mesmo acirrada. Ele recorda que, tendo "se ligado" na música *Ponteio*, composta e defendida por Edu Lobo ao violão, decidiu atravessar as trincheiras dos camarins e se aventurar a uma incursão pelo lado de lá, abordando Edu:

— "Pô, que bonita sua música. Você me ensina a tocar?" O Edu ficou um pouco desconcertado, mas acabou me ensinando. Lembro que o meu gesto foi muito observado e comentado pelas duas facções.

Um artigo anônimo publicado na revista Realidade, falando do troféu Viola de Ouro, oferecido ao vencedor, revelava a importância dos festivais para a música brasileira naqueles dias:

"O Brasil já tem três festivais anuais de música popular e só começou a valorizar nossos compositores no ano passado. Mesmo com defeitos e injustiças, os festivais revelam a possibilidade de estimular o compositor novo e homenagear os antigos de valor, com prêmios realmente importantes."

O compositor Sidney Miller, considerado da nova geração, ocuparia nove páginas da conceituada Revista Civilização, de Ênio Silveira, para escrever o ensaio *Os festivais no panorama da Música Popular Brasileira*, engendrando raciocínios que pudessem explicar o fenômeno. Miller tentava chamar a atenção para o "vulto que vem assumindo tais acontecimentos musicais perante os compositores e o público consumidor". Preocupado com o "conteúdo" das canções, ele concluía: "É tamanha a intensidade de circulação do produto musical, que faz-se mister planejar meticulosamente cada passo, pois o mundo subdesenvolvido, através de seu manancial inexplorado de cultura, ainda tem uma mensagem a ser transmitida."

Do ponto de vista artístico, porém, a recompensa seria maior. Os festivais funcionaram como um rastilho de pólvora na explosão dos talentos de Chico Buarque, Gil e Caetano, para citar apenas a santíssima trindade desse evangelho. Era como se o elástico do estilingue estivesse esticado ao máximo, trazendo no bojo da catapulta o recheio ideológico de um novo Brasil, projeto sob medida para um povo que ansiava se assumir como nação. Era tão bom cantar nossos valores. A explosão cultural gerou estilhaços para todos os lados.

O jornalista Luiz Carlos Maciel identifica, nesse momento, uma confluência de objetivos e sentimentos no trabalho de Caetano, Glauber e José Celso, cada um com sua irradiação:

— Dos três artistas, Caetano parece ser o mais consciente da proposta tropicalista. Zé Celso e Glauber revelaram a junção completa de tendências artísticas; Caetano engajou-se mais na propagação dessas tendências como movimento propriamente dito. Depois de seus discos, ficou claro que a arte brasileira do momento estava utilizando como material estético os signos representativos da experiência sensorial da nacionalidade.

Se, por um lado, *Alegria, alegria* e *Domingo no parque* representavam uma abertura no trabalho deles, com a incorporação de novos elementos, por outro significava o rompimento com a MPB tradicional. A guerra estava declarada, e as batalhas aconteceriam a cada festival ou programa de televisão: de um lado, os adeptos de Chico Buarque; de outro, os fãs de Caetano Veloso. Os críticos mais sérios, aqueles fundamentados teoricamente, abordavam a questão contrapondo a estética musical de *Roda-viva* e a modernidade preconizada por *Alegria, alegria*, cada qual em um canto. Este é o resumo da querela. Em seu depoimento, Maciel reconhece a imparcialidade de sua escolha:

— Eu passei a torcer pelo jovem baiano, posto que me sentia eu próprio uma espécie de baiano honorário. A rivalidade obviamente surgiu a despeito deles, mas foi bem explorada pela imprensa.

Para Torquato, que acompanhava tudo de "dentro", o passo seguinte seria igualmente radicalizar. Perfilando-se imediatamente com palavras e ações na linha de combate — e embalado pelas influências da nova poética —, ele escreveria a quilométrica letra de *Geleia geral*, que seria transformada em uma espécie de hino das causas tropicalistas:

o poeta desfolha a bandeira
e a manhã tropical se inicia
resplandente cadente fagueira
num calor girassol com alegria
na geleia geral brasileira
que o jornal do brasil anuncia

ê bumba iê, iê boi
ano que vem, mês que foi
ê bumba iê iê iê
é a mesma dança, meu boi

a alegria é a prova dos noves
e a tristeza é teu porto seguro
minha terra é onde o sol é mais limpo
e mangueira é onde o samba é mais puro
tumbadora na selva selvagem
pindorama, país do futuro

ê bumba iê, iê boi
ano que vem, mês que foi
é bumba iê,iê,iê
é a mesma dança, meu boi

é a mesma dança na sala
no canecão, na tv
e quem não dança não fala
assiste a tudo e se cala
não vê no meio da sala
as relíquias do brasil:
doce mulata malvada
um elepê de sinatra
maracujá, mês de abril
santo barroco baiano
superpoder de paisano
formiplac e céu de anil
três destaque da portela

carne seca na janela
alguém que chora por mim
um carnaval de verdade
hospitaleira amizade
brutalidade jardim

ê bumba iê, iê boi
ê bumba iê, iê iê
é a mesma dança, meu boi

plurialva, contente e brejeira
miss linda brasil diz bom dia
e outra moça também carolina
da janela examina a folia
salve o lindo pendão dos seus olhos
e a saúde que o olhar irradia

ê bumba iê, iê boi
ano que vem, mês que foi
ê bumba iê, iê iê
é a mesma dança, meu boi

um poeta desfolha a bandeira
e eu me sinto melhor colorido
pego um jato, viajo arrebento
como roteiro do sexto sentido

voz do morro, pilão de concreto
tropicália, bananas ao vento

A letra, cujo título era uma citação a Décio Pignatari — que cunhara a expressão "na geleia geral brasileira, alguém tem de exercer as funções de medula e osso", durante uma polêmica com o poeta Cassiano Ricardo — ganharia melodia de Gil e o status de uma das músicas mais representativas do movimento. Nela, Torquato, além de iniciar a manhã tropical, faz algumas referência codificadas, como "a outra moça também Carolina/ da janela examina a folia", para espezinhar Chico Buarque, ou "a alegria é a prova dos noves", para lembrar tiradas de Oswald de Andrade. A letra, considerada uma das mais conscientes composições literárias do grupo, se utiliza da mesma técnica de montagem usada por Oswald (portanto, por Zé Celso n'*O rei da vela*), fazendo com que o abuso dos clichês resulte em um admirável volume de ironias:

"na geleia geral brasileira
que o jornal do Brasil anuncia"

Na observação do poeta Paulo Leminski, contemporâneo de Torquato e também "maldito", *Geleia geral* aponta para "a grande arte de Torquato, poeta das elipses desconcertantes, dos inesperados curto-circuitos, mestre da sintaxe descontínua, que caracteriza a modernidade".

Em depoimento ao jornalista Tárik de Souza, anos depois, Gilberto Gil revelaria que Torquato, apesar de cantar muito mal, não ter afinação e não tocar nenhum instrumento, era muito musical:

— O Torquato sempre vinha com o poema completo, como aconteceu em *Geleia geral*. Não mudei uma vírgula, já veio eletrificado.

No mesmo embalo, Torquato escreveria a letra de *Mamãe, coragem* (sem vírgula, é nome de uma peça de Bertolt Brecht), que seria musicada por Caetano e gravada por Gal Costa, no ano seguinte. Os versos atacam aleatoriamente um dos ícones mais sagrados da sociedade, a mãe, tomando emprestado a definição de Coelho Neto que diz: "Ser mãe é desdobrar fibra por fibra o coração" — a que Torquato acrescentou "dos filhos":

mamãe, mamãe, não chore
a vida é assim mesmo
eu fui embora
mamãe, mamãe, não chore
eu nunca mais vou voltar por aí
mamãe, mamãe, não chore
a vida é assim mesmo
e eu quero mesmo
é isso aqui

mamãe, mamãe, não chore
pegue uns panos pra lavar
leia um romance
veja as contas do mercado
pague as prestações
ser mãe
é descobrir fibra por fibra
os corações dos filhos
seja feliz
seja feliz

mamãe, mamãe, não chore
eu quero, eu posso, eu fiz, eu quis
mamãe, seja feliz
mamãe, mamãe, não chore
não chore nunca mais, não adianta
eu tenho um beijo preso na garganta
eu tenho jeito de quem não se espanta
(braço de ouro vale dez milhões)
eu tenho corações fora do peito
mamãe, não chore, não tem jeito
pegue uns panos pra lavar, leia um romance
leia "elzira, a morta virgem",
"o grande industrial"

eu, por aqui, vou indo muito bem
de vez em quando brinco o carnaval
e vou vivendo assim: felicidade
na cidade que eu plantei pra mim
e que não tem mais fim
não tem mais fim
não tem mais fim

Os elementos biográficos da letra acabam por se adequar ao perfil de quem, como Torquato, tinha uma mãe que chorava muito. Uma das características marcantes em Dona Saló, segundo os depoimentos de familiares, era a disposição para o pranto e a ladainha. Embora fosse uma mulher forte, era também resignada, lendo um livro para superar as crises, fazendo as contas do mercado ou pagando as prestações do mês. Quando ele aconselhava a mãe a ler *Elzira, a morta virgem* ou *O grande industrial*, estava citando dois temas populares de cordel, muito difundidos no Nordeste. De longe, nos cafundós de Teresina, Dona Saló e o Dr. Heli acompanhavam atentos o sucesso do filho mostrando-se, invariavelmente, preocupados com a sua saúde.

A parceria com Gil renderia ainda *Domingou*, sobre a fuga e a migração, e *Marginália II*, onde, de início, Torquato assinava a declaração de culpa do cidadão comum submetido à pressão social e psicológica daqueles dias:

"eu, brasileiro, confesso
minha culpa
meu pecado
meu sonho desesperado
meu bem guardado segredo
minha aflição"

A letra segue descortinando um inventário de desesperanças que se tornariam dados biográficos, em se tratando de Torquato Neto*:

"aqui meu pânico e glória
aqui meu laço e cadeia
conheço bem minha história
começa na lua cheia
e termina antes do fim"

As duas músicas faziam parte do LP *Gilberto Gil*, lançado pela Philips, que apresentava todo o virtuosismo musical e poético de um novo e consolidado talento da MPB.

No dia 22 de setembro, Torquato escreveria a letra de *Sereno, tranquilo, contente*, com a intenção de vê-la musicada por Toquinho, um violonista de mão cheia que surgia como revelação paulista do samba sincopado. Em texto escrito à máquina, Torquato dizia:

Estou sereno, estou tranquilo
Estou contente
Nesta manhã nascendo devagar
Andei calado, triste
Indiferente
E de repente esta vontade de cantar
Um samba de Ismael, uma ciranda
Uma toada do Gonzaga, a Asa branca
Riacho do navio
Luar de Paquetá

---

* Em *Tropicalismo, decadência bonita do samba*, Boitempo Editorial, Pedro Alexandre Sanches observa que "diferentemente de Caetano, Torquato, em transe atormentado, relativiza os fervores destrutivos — seu pessimismo ainda guarda relações com inclinações iluministas. A parceria (com Gil) denota um primeiro tropicalismo, não ainda niilista por completo."

Estou sereno, estou tranquilo
Estou contente
Nesta manhã nascendo devagar
Mas de repente uma certeza espanta
Ninguém mais canta
E eu sozinho não posso cantar

Ah, quem me dera que hoje fosse o dia
De eu ser feliz na rua humildemente
Cantando com vontade e com alegria
Em companhia de toda gente
Ah, quem me dera que outra vez na vida
Meu coração não se perdesse a toa
E que eu soubesse muito bem que é muito boa
Esta cantiga nova que inventei

Estou sereno, estou tranquilo
Estou contente
Mas só deus sabe até que dia
Eu estarei

No dia 8 de outubro, uma notícia capaz de abalar qualquer coração revolucionário: vítima de uma emboscada da milícia, morria na Bolívia o líder cubano Ernesto Che Guevara*. O noticiário anunciava sua morte e expunha a radiofoto do cadáver como prova de veracidade. Ao ser encurralado longe dos gabinetes empestiados do poder, em local inóspito, estando magro e desnutrido, Guevara entrava para a galeria dos heróis modernos. Sua morte dramática o transformaria no grande mito revolucionário do século XX.

---

* Depois de onze meses de luta, a guerrilha boliviana seria dizimada pelos Boinas Verdes Quíchuas, tropa de elite do exército. Che seria capturado no dia 8 de outubro e executado no dia seguinte pelo capitão Gary Prado Salgado.

Torquato, Gil e Capinam estavam trabalhando em um quarto do Hotel Danúbio, quando a notícia da morte de Che apareceu na televisão. Ato contínuo, Capinam, que tinha um coração revolucionário, decide homenagear seu ídolo escrevendo uma igualmente quilométrica letra em portunhol, algo que pudesse simbolizar uma aliança virtual entre Brasil e Cuba, aproximando suas linguagens e destinos políticos. Ele atendia também a uma sugestão de Caetano, que manifestara o desejo de gravar uma música escrita nos dois idiomas. O nome já tinha sido escolhido por Capinam: *Soy loco por ti, América*:

(...)
"El nombre del hombre muerto
ya no se puede decirlo, quem sabe?
Antes que o dia arrebente
Antes que o dia arrebente
Antes que a definitiva noite se espalhe em latinoamérica
El nombre del hombre es pueblo
(...)

Capinam entregou a letra para Gil, que compôs a melodia que conhecemos hoje. Por um equívoco da produção, porém, no ano seguinte, quando a música foi gravada pela primeira vez por Caetano, os créditos incluíam o nome de Torquato Neto como coautor. Capinam explica:

— O Torquato estava indo para São Paulo, quando eu pedi para ele ser portador de um envelope onde estava a letra da música datilografada. O destino era um editor ligado a gravadora Philips. O Torquato entregou o envelope e foi confundido como um coautor. Mas nunca brigamos por causa disso.

A verdade é que tal equívoco suscitaria uma interminável polêmica, dado que, em futuras gravações, o nome de Torquato desapareceria dos créditos. Era como se a mística do artista perseguido e boicotado estivesse novamente prevalecendo, com perseguições impostas friamente pelo destino e pelo sistema — quando não, pelos amigos. Como consequência, Capinam seria eventualmente acusado de usurpar o trabalho do companheiro. No entanto, a correção não seria suficiente para evitar que outros discos e mesmo referências na imprensa, ainda hoje, reproduzam o equívoco, creditando a música a Torquato. Ele próprio, por diversas vezes, segundo depoimento de Ana, teria solicitado à gravadora que seu nome fosse retirado dos créditos.

Ainda em outubro, a revista Cigarra publicava uma extensa reportagem sobre o "grupo baiano", incluindo o veterano Codó ("Zum zum zum, capoeira mata um") e os fugazes Thelma, a *Pobre menina rica* do musical de Carlos Lyra, e Piti, violonista e cantor que fizera parte do espetáculo *Arena canta Bahia*. Caetano revelava estar fazendo músicas para o filme de Paulo Gil Soares, *Proezas de Satanás na terra do leva e traz*, e Torquato, o único não baiano do grupo, dizia: "Não posso viver como compositor, por isso faço jornalismo assinando uma coluna de música popular no Jornal dos Sports." A foto, ilustrando a reportagem, mostra o grupo perfilado em uma alameda carioca, perto do prédio da revista, com Torquato abraçado a Gal Costa, Codó, Capinam, Caetano e Piti.

Deus vos salve a casa santa, outra canção escrita por Torquato nesses dias, com versos sobre "um bom menino que perdeu-se um dia entre a cozinha e o corredor", era uma homenagem a Alvinho Guimarães, que estava no Rio encenando *Os 7 gatinhos*, de Nelson Rodrigues. A letra ganharia melodia de Caetano e seria gravada por Nara Leão e Claudete Soares no ano seguinte. No disco de Claudete, Torquato estava presente também como autor de *Domingou*, além de produtor e autor do texto da contracapa, ao lado de Duprat e do jornalista Randal Juliano, que, no futuro próximo, seria um dos mais raivosos adversários dos tropicalistas. Eis o texto de Torquato para o LP *Gil-Chico-Veloso por Claudete Soares*:

"Tudo foi feito num clima de paz, como diria Tom. Antes de começar as gravações, antes mesmo de escolher o repertório, Claudete me chamou: 'Que é que você acha?' Eu achava ótimo e ela também. Me disse ainda: 'A gente tem vontade de fazer uma coisa e faz, não é? Esse disco, desse jeito, é a coisa mais honesta que poderia fazer agora.'

Claudete sempre foi assim, sempre esteve na linha de frente. *Remember* bossa nova, lembrem-se daquela fase intermediária, tão confusa, examinem o trabalho que ela andou realizando de uns seis anos para cá, cheguem ao Tropicalismo.

(E depois, Claudete canta lindo, cada vez mais lindo. Vocês vão ouvir as músicas de Chico Buarque, Caetano e Gilberto Gil cantadas por uma Claudete muito à vontade, tranquila de estar fazendo o melhor e o mais moderno. Por dentro. Viva o Tropicalismo. Vocês vão ouvir que este disco não é apenas o mais honesto que ela poderia fazer agora. É também um dos mais bonitos, gravados no Brasil de uns — muitos — anos para cá.

Torquato Neto

P.S. — Claudete Soares + Rogério Duprat. Quem resiste?"

Quando a relação das 46 músicas classificadas para o II FIC, produzido pela TV Globo, foi divulgada, estava claro que eles não participavam do evento. Não tinham inscrito nenhuma música dessa vez. Ficaram de fora da festa que, na noite de 22 de outubro, premiava *Margarida*, de Gutemberg Guarabira, e revelava o mineiro Milton Nascimento, defendendo *Travessia*, parceria com Fernando Brant, que ficou em segundo lugar. A modinha *Carolina*, de Chico Buarque, terminou em terceiro. Bituca, como Milton é conhecido, ganharia ainda o prêmio de melhor intérprete do festival, esse ano com um total de 4.200 músicas inscritas.

Talvez para aproveitar os novos (e melhores) tempos e consolidar a relação afetiva (acabando com os desgastes de viver em casas separadas), Caetano e Dedé decidem se casar. No dia 29 de novembro, reúnem um grande grupo de amigos em Salvador, testemunhas da cerimônia que chegou a ser considerada pela imprensa um evento hippie-pop-tropicalista. Ana estava entre os convidados, mas Torquato estava trabalhando e não pôde viajar. Dedé apareceu de minissaia, Caetano, com uma enorme flor na lapela e nenhum convidado de terno e gravata. Em *Verdades tropicais*, Caetano revela que o capuz cor-de-rosa que Dedé usava era um arranjo criado por Ana. O casamento, realizado na Igreja de São Pedro, simplesmente parou o trânsito na Praça da Piedade e Avenida Sete de Setembro. O prefeito de Santo Amaro, cidade de Caetano, além de decretar feriado municipal, colocara oito ônibus à disposição dos interessados em assistir a cerimônia.

Nesses dias, Ana conheceria os irmãos Waly e Jorge Salomão, poetas da novíssima geração, recém-chegados de Jequié. Eles estavam envolvidos com teatro e música e, portanto, tinham muitas afinidades em comum com Torquato, que eles conheceriam em seguida. Na condição de mascote do grupo, Jorge, que era colega de escola de Dedé, lembra-se do alto grau de dificuldade encontrado para superar o primeiro momento:

— O Torquato, assim como eu, era um sujeito tímido. Eu já o admirava pelas parcerias com Gil, que circulavam no disco de Caetano. Eu gostava particularmente de *Minha senhora*. Talvez por excesso de timidez eu tenha me aproximado mais de Ana, nessa época.

A amizade entre Torquato e Waly, que se estabeleceria quando todos fossem se encontrar no Rio de Janeiro no ano seguinte, seria também o início de uma tumultuada e benéfica parceria. Do ponto de vista coletivo, era como se todos estivessem viajando no mesmo barco, às vezes deslizando em águas tranquilas, outras, em uma navilouca à deriva no oceano.

O último acontecimento marcante de 1967, entretanto, seria a letra criada por Caetano, misturando trechos da carta de Pero Vaz de Caminha (satirizada na voz do baterista Dirceu) com imagens urbanas e palavras proféticas do tipo:

"eu organizo o movimento
eu oriento o carnaval
eu inauguro o monumento
no planalto central do país"

Tudo na primeira pessoa do singular. Caetano chamava para si a responsabilidade de organizar o movimento, enquanto apresentava a música pela primeira vez ao fotógrafo Luiz Carlos Barreto, hoje produtor de cinema. Barreto sugeriu o nome Tropicália, evocando o trabalho de Oiticica e fortalecendo, assim, a palavra como signo de todas as ilações produzidas por eles nesse período. Caetano, que não conhecia Oiticica, chegou a oferecer alguma resistência à ideia, mas acabou cedendo. Ao aceitar a sugestão, ele estava criando o selo que faltava para encaminhar a conceituação do movimento — a ser deflagrado, com pompa e circunstância, no ano da graça de 1968.

(CUIDADO AO VIRAR A
PÁGINA: PERIGO DE EXPLOSÃO)

CAPÍTULO 7

A EXPLOSÃO TROPICAL

(uma narrativa dos tempos fabulosos e heroicos)

Em janeiro, quando o ano das convulsões sociais estava apenas começando, Torquato trabalhava com Gil* e Capinam no roteiro de Vida, Paixão e Banana do Tropicalismo, o primeiro de uma série de três programas previstos para ir ao ar na TV Globo, patrocinado pela Rhodia do Brasil. O segundo programa deveria se chamar A Utopia Tropical, e o terceiro, O Poder Jovem, a ser gravado em Salvador. Eles se reuniam na casa de Zé Celso, na Rua Humaitá, em São Paulo, onde desenvolviam ideias para essa pretensiosa produção, cujo elenco passava por Caetano, Gil, Gal, Chacrinha, Araci de Almeida, o locutor de rádio Luiz Jatobá, Marlene e grande orquestra sob a regência do maestro Rogério Duprat. Entre os convidados especiais, Ibrahim Sued, Nelson Rodrigues, travestis, Miss Brasil, Nelson Motta e as dez mais elegantes, além da banda do Corpo de Bombeiros e de Vicente Celestino e de Gilda de Abreu, figuras centrais que conferiam um tom irônico e *kitch* ao contexto do espetáculo. O trabalho vinha carregado de expectativa por se tratar do primeiro programa

---

* Logo depois, Gil se afastaria temporariamente do projeto para fazer apresentações na Europa (Portugal e Espanha), com Caetano e Eliana Pittman no show Momento 68, também produzido pela Rhodia. Lennie Dale era o bailarino.

tropicalista para a TV, sugerindo como premissa um grande espetáculo visual. A encenação era de Zé Celso, que lembra momentos de trabalho coletivo, ainda nas preliminares:

— O Torquato e o Capinam datilografavam com muita alegria, brincando com o texto, rindo, criando. Depois do trabalho, quando saíamos pela noite, ele se mostrava como realmente era: um aristocrata. O Torquato tinha um porte, uma altivez...

O texto de abertura de Vida, Paixão e Banana, na voz do locutor, era quase didático:

"O tropicalismo é uma forma antropofágica de relação com a cultura, senhoras e senhores. Devoramos a cultura que nos foi dada para exprimirmos nossos valores culturais. Não tem nada a ver com doces modinhas, nem surgiu para promover o xarope Bromil. A estrutura desse programa se assemelha a um ritual de purificação e modificação. E utiliza, para isso, as formas mais forte de comunicação de massa, tais como: missa, carnaval, dramalhão, candomblé, teatro, cinema, sessão espírita, bossa, sermão (...)"

Em uma fala de Ítala Nandi, entretanto, Torquato expressava a estupefação do momento, aproveitando para indicar o caminho de certa autocrítica: "Tropicalismo: ausência de consciência da tragédia em plena tragédia." Na sequência do roteiro, Nara entrava no palco para cantar *Lindonéia*, parceria de Gil e Caetano, em homenagem ao pintor Rubens Gerchman, autor da obra "tropicalista" *Lindonéia, a gioconda do subúrbio*. No final, depois que a decoração e os cenários estivessem totalmente destruídos, Gil entraria cantando suavemente *Bat macumba* enquanto uma voz em *off* anunciava:

"Somos compositores. Este programa foi escrito por nossos parceiros Capinam e Torquato Neto. A produção foi de Roberto Palmari e a edição de Geraldo Casé. Os cenários foram de Cyro del Nero."

Na apresentação dos créditos, a última imagem aparecia em forma de texto rotativo, assinando o trabalho, com todos os participantes em cena, inclusive Torquato e Capinam:

"Cada geração deve, numa opacidade relativa, descobrir sua missão. É cumpri-la ou traí-la."

Fazendo parte da produção do megaespetáculo, como convidado, o jornalista Nelson Motta encurtaria o caminho ao promover a cerimônia de batismo da Tropicália, enquanto movimento, em 5 de fevereiro de 1968, escrevendo na coluna Roda Viva do Última Hora o texto *A cruzada tropicalista*. Motta anunciava que um grupo de músicos, cineastas e intelectuais fundara um movimento com a ambição de ganhar o reconhecimento nacional e, quiçá, do mundo. Ilustrava o artigo com uma foto de Vicente Celestino.

O debate estava nas ruas e nas páginas. Torquato, como um importante ideólogo do movimento, se posicionaria com outro artigo, *Tropicalismo para os principiantes*, onde anunciava diretrizes, nomes e funções para cada integrante. Acertou ao dar o título de papa da Tropicália para Zé Celso (um sujeito, certamente, muito acima dos cardeais), de musa para Gilda de Abreu — mulher de Vicente Celestino —, de intelectual para Alcino Diniz e de deus para Nelson Rodrigues. Mas se mostrou equivocado ao convocar Chico Buarque e os cineastas Glauber, Carlos Diegues e Gustavo Dahl para participar do movimento. Eles jamais aceitaram o convite e, na verdade, algumas vezes se posicionaram com antagonismo ao grupo — principalmente os cineastas. Torquato explicava a etimologia da palavra-símbolo:

— O certo é Tropicália. Devemos evitar os ismos, pois não se trata de mais uma escola como as anteriores. Ela vai se autodestruir antes que algum mal lhe aconteça.

O escritor Carlos Calado* interpretaria esse artigo como uma descrença de Torquato diante do tom de oba-oba que começava a se estabelecer em torno do assunto na imprensa. Torquato não escondia sua ironia com relação ao futuro ou mesmo com a seriedade do suposto movimento:

> "No fundo, é uma brincadeira total. A moda não deve pegar (nem parece estar sendo lançada para isso), os ídolos continuarão sendo os mesmos — Beatles, Marilyn, Che, Sinatra. E o verdadeiro, grande tropicalismo estará demonstrado. Isso, o que se pretende e o que se pergunta: como adorar Godard e Pierrot Le Fou e não aceitar Superbacana? Como achar Fellini genial e Pierrot Le Fou e não gostar de Zé do Caixão? Por que Mariachi Maeschi é mais místico que Arigó?"

O programa Vida, Paixão e Banana do Tropicalismo, enquanto depositário das ideias coletivas, sofreria um grande abalo com a censura aos textos e o consequente afastamento de Zé Celso do projeto por sugestão explícita do patrocinador Rhodia. Temia-se que Zé Celso conduzisse o espetáculo com a mesma agressividade que vinha fazendo em *Roda viva*, de Chico Buarque, encenada pelo grupo Opinião. Vida, Paixão e Banana estava programado para o Teatro João Caetano, no Rio, mas seria transferido para São Paulo onde, semanas depois, os ensaios seriam retomados. Ficou acertado que, quando tudo estivesse pronto, o programa seria exibido, apesar dos percalços.

---

* *Tropicália, a história de uma revolução musical*, Carlos Calado, Editora 34.

Em março, o cenário político tornava-se mais sombrio com a revolta estudantil deflagrada em várias capitais. No dia 28, os conflitos no Rio faziam uma vítima fatal, o estudante secundarista Edson Luís, durante manifestação no restaurante Calabouço — o favorito de dez entre dez estudantes sem dinheiro. O garoto levou um tiro da polícia e teve seu cadáver carregado por militantes até a Assembleia Legislativa, onde ficaria exposto como mártir. Seu corpo inerte, a camisa ensanguentada e o policiamento ostensivo sugeriam inflamados discursos de indignação por parte das lideranças estudantis. Os ânimos estavam acirrados, e tudo fazia crer que NÃO haveria piquenique para as crianças nos próximos meses.

Na semana seguinte, durante a missa de 7º dia de Edson Luís, na Candelária, novos e instigados confrontos seriam registrados. Os estudantes combatiam e desequilibravam os cavalos da polícia com bolinhas de gude espalhadas no asfalto. Uma faixa carregada por um estudante denunciava: "Os velhos no poder, os jovens no caixão". Nessa mesma tarde, em visita à cidade gaúcha de Pelotas, o presidente Costa e Silva faria um forte pronunciamento "à mocidade das escolas", tentando encontrar o que ele chamava de "identificação com a juventude". Mas, nas universidades, o pau comia solto.

Em São Paulo, o ex-capitão do Exército, Carlos Marighella, criava a Aliança Libertadora Nacional — ALN —, trazendo a guerrilha urbana para junto da classe média e, como consequência, fazendo acender a luz vermelha em todos os quartéis. A repressão policial se pronunciava e a violência nas ruas aumentava. Como observa o jornalista Elio Gaspari, em *A ditadura envergonhada*, "numa fase inicial, até os primeiros meses de 1969, os militantes do marighelismo agiram de acordo com uma recomendação de seu chefe, segundo a qual não se deve pedir licença para praticar uma ação revolucionária". A escalada de violência e intolerância varria o país.

Em Paris, a situação não era diferente. O líder estudantil Daniel Cohn-Bendit, à frente de uma turba enfurecida, pregava "a imaginação no poder", uma vanguarda que tinha seu apreço no valor da própria juventude. O questionamento dos velhos códigos (herança da Segunda Guerra Mundial) era uma tendência global. A Guerra do Vietnã, com farta cobertura da televisão, ampliava os clamores de paz e justiça no mundo. Os gestos extremos tomavam conta das milícias e, na calada da noite, os gritos dos oprimidos funcionavam como material inflamável para os revolucionários. Nos EUA, os assassinatos de Martin Luther King, em 4 de abril, e do senador Robert Kennedy, em 5 de junho, somados à explosão do movimento Black Power questionando agressivamente a política do *apartheid*, obtiveram a ressonância necessária para elevar ao extremo a temperatura política e social. O mundo ocidental estava em ebulição. A juventude colorida, em pé de guerra, declarava: *Make love not war.*

No auge do sucesso, Caetano, Gil e Mutantes eram atrações luminosas no programa Discoteca do Chacrinha, que fora escolhido por Torquato como "gênio" da Tropicália em sua tese para principiantes. No dia 9 de abril, um programa especial chamado Noite da Banana colocava no palco a nova onda nacional. A musiquinha (no bom sentido, é claro!) anunciava, em meio aos folguedos:

> Abelardo Barbosa
> Está com tudo e não tá prosa
> menino levado da breca
> Chacrinha faz chacrinha
> com a discoteca
> Ó Teresinha, ó Terezinha
> É um sucesso a discoteca do Chacrinha
> (...)

Era uma orgia tropicalista. O auditório gritava, Caetano (com terno listrado e rosa de plástico na lapela) cantava:

...ela nem sabe, até pensei
em cantar na televisão...

O público aplaudia e Chacrinha — patrocinado pelas Casas da Banha — buzinava:

— Vocês querem bacalhau?...

— Alô, Dona América, a senhora está com medo ou está com Pedro?

Zé Celso lembra de uma brincadeira de Torquato e Gal, usando um bizarro chapéu em forma de telefone, com fio e tudo, que Caetano ganhara de Chacrinha:

— A Gal, que ainda era Gracinha, não falava nada nessa época, tal era a timidez. Então, durante a brincadeira, com o fone no ouvido, parecia que, num outro plano, ela estava aprendendo a falar com Torquato.

Eles participavam de muitos shows, sem cobrar cachês, destinados a arrecadar fundos para entidades estudantis ou jornais alternativos que permitissem criar novas frentes de resistência ao ordinário. Eram performances alucinantes, verdadeiros *happenings*, quase sempre em pequenos teatros prestigiados por um público fiel e caloroso, "os malucos".

Foi quando Torquato apareceu defendendo a ideia de um disco-manifesto que mostrasse o trabalho coletivo, "misturando separadamente" suas influências e talentos*. Estava nascendo o álbum *Tropicália ou Panis et Circencis*, que seria coordenado por Caetano. Na verdade, Caetano faria ainda mais, cuidando da escolha do repertório e destacando o caráter de manifesto do grupo, segundo a essência original,

---

* Augusto de Campos registra essa intervenção de Torquato, durante uma entrevista com Gil, em março de 1968: "Eu estava sugerindo até, ontem, conversando com o Gil, a ideia de um disco-manifesto feito agora pela gente. Porque até aqui, toda a nossa relação de trabalho, apesar de estarmos há bastante tempo juntos, nasceu de uma relação de amizade." (*O balanço da bossa*, Augusto de Campos, Perspectiva)

referendada em texto-montagem na contracapa. Capinam tem nítida lembrança dessa noite:

— Eu fumei um baseado, fiquei mareado e dormi a maior parte da reunião. Quando acordei, o Caetano já estava no final do texto, lendo as citações de cada um em voz alta, como apareceria na contracapa do disco:

"Gil: O Brasil é o país do futuro.
Caetano: Este gênero está caindo de moda.
Capinam: No Brasil e lá fora: nem ideologia, nem futuro.
Torquato: Será que o Câmara Cascudo vai pensar que nós estamos querendo dizer que o bumba meu boi e o Iê-iê-iê são a mesma coisa?"
(...)

O vinil trazia seis faixas em cada lado, sendo que Torquato contribuía com *Geleia geral* e *Mamãe, coragem*, ambas em parceria com Gil. A música *Baby*, de Caetano, fazendo um dueto com Gal, seria a faixa de maior sucesso do lado B. Como parte da linguagem tropicalista, Caetano recriava a tradicional *Coração materno*, de Vicente Celestino, acentuando o tom melodramático da canção original em um arranjo impressionante de Duprat. *Bat macumba* e *Miserere nobis* eram as outras músicas assinadas por Gil. Como observa o crítico (baiano) Antonio Risério, "o tropicalismo desmente uma lenda difundida entre críticos literários: a de que as gerações artísticas mais novas entram em cena negando necessariamente a geração anterior. Aqui a invenção não desprezou e nem hostilizou a tradição."

A foto da capa, feita por Olivier Perroy em sua própria casa, em São Paulo, resumia o elenco final do disco, com Capinam e Nara sendo representados em fotos emolduradas nas mãos de Gil (de quimono) e Caetano (de calças vermelhas). Duprat, à esquerda, segura um urinol como quem segura uma xícara de chá, lembrando Marcel Duchamp; os Mutantes, logo atrás, perfilados ao lado de Tom Zé e das guitarras; Torquato, pernas cruzadas e boina na cabeça (Décio Pignatari dizia parecer uma bolsa de água quente), faz pose ao lado de Gal para destacar a silhueta de dândi ou, como dizia Gilberto Gil, parecido com "um daqueles meninos de Buñuel, devotos de Lourdes ou de Fátima". O designer Rogério Duarte, oficialmente o criador das artes e guru de todos, respondia pelo arrojado trabalho gráfico do disco. O próprio Décio, afinal, apontaria mais tarde um erro no latim do nome: **panem** (e não panis) et circencis.

O disco seria considerado pela revista Realidade, edição de setembro de 1968, como "o mais importante lançamento deste ano no Brasil. Em todas as faixas, mostra que, em matéria de música, letra, mensagem, arranjo e originalidade, o grupo tropicalista está à frente de todos os outros compositores brasileiros." A resenha era assinada pelo jornalista Dirceu Soares.

Assim, quando as cortinas subiram, eles já estavam vestidos à caráter: irreverentes, cabelos compridos, roupas estilo hippie e uma invejável bagagem artística na mochila. Suas músicas agora tocavam em todas as rádios. Ou melhor, em quase todas, pois havia sempre um componente adicional de polêmica, via editoriais na imprensa, ajudando a quebrar o tédio da unanimidade. O empresário Guilherme Araújo, igualmente arrojado, cuidava para que tudo fosse conduzido com charme e profissionalismo. Guilherme mantinha também em seu catálogo, na condição de artistas exclusivos, Os Mutantes, Nara Leão e Jorge Ben. Ele se dava ao luxo de trabalhar (e oferecer ao mercado) um produto tão valorizado quanto o talento artístico combinado ao carisma da juventude. Em discos de vinil ou programas de televisão, aproveitando a explosão dos veículos de massa.

O sucesso de público se fazia acompanhar do sucesso de crítica. O poeta Augusto de Campos, conceituado também como professor e advogado do Estado, ocuparia as páginas dos suplementos literários dos grandes jornais para escrever artigos e ensaios onde referendava a inovação e a coragem "dos novos baianos (...) que continuam lutando contra barreiras e preconceitos do público, do júri, dos companheiros de música popular e superando-se a si próprios". O resultado desses ensaios seria o livro O *balanço da bossa e outras bossas*, que a Editora Perspectiva lançaria em abril. Nele, Augusto defendia a tese de que o movimento tropicalista poderia avançar "no sentido de desprovincianizar a música brasileira, tal como já o fizera um grande baiano: João Gilberto".

O lançamento do LP Nara Leão, com uma festa na boate carioca Le Bilboquet, confirmaria a participação de Torquato como letrista do grupo, com as gravações de *Mamãe, coragem* e *Deus vos salve a casa santa* — inspirada no tema folclórico do Nordeste —, ambas parcerias com Caetano.

Eles agora tinham um novo endereço em São Paulo, desde que Gil e Nana alugaram um apartamento na Avenida São Luís, próximo à Praça da República. Caetano e Dedé alugaram outro, não longe dali, no número 43 da mesma rua. Eles circulavam pela cidade que, na intimidade, chamavam de Sampa. Tom Zé lembra-se de estar atravessando uma rua movimentada do centro, com a visão de uma "alcateia" de carros parados no sinal, impacientes, quando Torquato gritou, saltando de banda:

— Corre que eles já sabem que somos nós!

Outra vez, Tom Zé lhe contou que fora atropelado nas mesmas circunstâncias, com os carros em alta velocidade, um vacilo na travessia e... bumba!, seu corpo fora jogado a metros de distância. Tom Zé ressaltava que era um milagre estar vivo. Torquato, incisivo, quis saber:

— Você reparou se o sapato voou longe? Um pé ao menos?

Tom confirmou, dizendo que realmente um dos sapatos fora jogado à distância. Torquato concluiu, estatístico:

— Não falha uma!

A propósito da exibida desafinação vocal de Torquato, o amigo Tom Zé esclarece:

— Poucas vezes na vida eu conheci pessoas que não têm a escala diatônica parafusada no cérebro, como toda criança nasce. Na verdade, conheci apenas três: Jamari Oliveira, meu professor de harmonia, Augusto Boal, que chegou a dirigir musicais, e Torquato Neto, compositor. Eu e o Torca tínhamos uma cumplicidade natural porque éramos da parte norte do país, perdidos na cidade grande.

Como Tom Zé, Torquato também era influenciado por crenças e tradições nordestinas, tornando-se um dedicado colecionador de literatura de cordel. Ele estava sempre mapeando os clássicos e procurando as novidades em feiras. Também era notório seu interesse por frases de para-choque de caminhão, onde encontraria a síntese da sabedoria popular. Sua frase favorita era: "Não me acompanhe que eu não sou novela."

Além dos textos encomendados para diversas produções, Torquato continuava escrevendo peças intimistas, confessionais, onde sua verve parecia encontrar apoio estilístico na secura da alma e da vida. Um exemplo:

> "vou escutando. e vou guardando pra frente, não sei em que vou dar, mas posso dizer que não quero saber, mas não sei. em verdade, estou num pânico medonho, estou guardando demais, onde fica a saída?"*

Nessa época, motivados pelas constantes viagens a São Paulo, onde tudo estava acontecendo, Torquato e Ana decidiram também alugar um apartamento próximo aos amigos. Em poucos dias, depois de alguns contatos telefônicos, eles estavam de endereço novo, na Avenida São João. Agora podiam

---

* Texto escrito em 3 de abril de 1968, em São Paulo, e publicado em *Os últimos dias de paupéria*, Torquato Neto, Max Limonad.

receber os amigos em casa, pois as ruas estavam carregadas de tensão e medo, registrando altos índices de insalubridade nas chamadas "bocas do inferno", os botequins da desvairada. Torquato foi trabalhar no Jornal da Tarde, na redação, com um pequeno salário que o obrigaria a continuar recebendo ajuda financeira (aliás, quase vitalícia) do Dr. Heli, que recebia cartas e telegramas "urgentes" em Teresina.

Seria a cantora Zezinha Duboc que apresentaria Torquato ao engenheiro nuclear Ciro Junqueira, um ativista do movimento estudantil que costumava passar os fins de semana na casa da família, no Guarujá. Torquato e Ana foram convidados e levaram Dedé Gadelha para uns dias de trégua no balneário. Ciro recorda-se do primeiro diálogo com Torquato, que perguntou, solene, entre uma baforada e outra do baseado:

— Você tem algo contra os alcaloides?

— Nada — respondeu Ciro.

— Então, vamos tomar uma cerveja.

A convivência com Ciro, um quadro convicto do PCB, deixaria Torquato mais próximo de sua porção revolucionária, participando ativamente das estratégias de defesa e fuga de um punhado de estudantes clandestinos. Em seu depoimento, Ciro — um rapaz bonito que durante algum tempo foi namorado de Gal Costa — ficaria mais à vontade ao falar desse período a partir do engajamento de Torquato:

— Houve um momento que o apartamento da São João tinha se transformado em aparelho. A Ana sabia disso. A participação de Torquato, que era um poeta extremamente político, aconteceria via um modelo próprio de anarquismo, já que ele não era filiado a nenhum partido.

Desse grupo fazia parte o estudante de medicina Luis Carlos Bertarelo, o Simona (por sua semelhança física com Wilson Simonal) que, no futuro — e no final de tudo —, morando no Rio de Janeiro, seria um dos amigos mais próximos de Torquato.

Apesar da aparente tranquilidade que o momento sugeria, nas questões ditas profissionais, as coisas não andavam serenas para Torquato no plano emocional. Sua vida subitamente se tornara muito agitada, sempre acompanhada de grandes noitadas e trazendo novas confusões amorosas. Não raro ele sumia, ficando um ou dois dias sem aparecer. Aliás, há evidências de que foi o resultado de uma paixão interrompida que levou Torquato a praticar, em São Paulo, uma das tantas tentativas de suicídio que lhe seriam atribuídas a partir de agora. Durante uma crise depressiva, ele ingeriu um frasco de comprimidos Valium, ficando prostrado em casa até ser descoberto por Ana e removido para um hospital. Foram momentos dramáticos para alguns amigos que acompanhavam de perto os acontecimentos. Nana Caymmi estava entre eles, aguardando na sala de espera do hospital enquanto Torquato era submetido a uma lavagem estomacal:

— Ficamos todos preocupados, pois o estado de saúde dele era grave. Ficamos ali, esperando... Havia um clima de paixão no ar, coisa de poeta. Para mim ficou claro que era uma paixão pelo Caetano. Todos ali falavam disso.

Com tal sinceridade, Nana apenas expressa uma realidade conhecida por algumas pessoas próximas que sempre souberam que Torquato e Caetano eram mais que bons amigos. A liberdade sexual pregada pela geração de 1960 estava sendo conduzida por eles da tese para a prática dos sentimentos, ainda que de forma velada. Adherbal, o Príncipe, afirma ter conversado abertamente com Torquato sobre o assunto:

— Ele e Caetano tinham um caso, obviamente. Eu não apenas conhecia a história como fui, casualmente, testemunha ocular. O episódio aconteceu em nosso apartamento na Tijuca, anos antes, quando eu cheguei de madrugada e surpreendi os dois. Mas o rompimento de Torquato com Caetano aconteceria por uma decisão de Dedé, logo acatada por todos.

Para Caetano, que nega reciprocidade aos possíveis sentimentos de Torquato enquanto atração amorosa, a história não passa de fantasia. E com muito talento e dialética, ele devolve a pergunta:

— Não posso responder se o Torquato tinha esta paixão por mim. Se você perguntar se eu era apaixonado por ele, eu posso responder: não. Ele era meu amigo, com quem eu tinha conversas íntimas. Se você me perguntar se nós éramos namorados, amantes ou coisa assim, eu posso garantir: não!

Depois de estancada a crise, Torquato ainda ficaria internado mais dez dias no hospital (cujas despesas foram custeada por Gilberto Gil), seguindo posteriormente para uma internação voluntária na Clínica Granja Flora. O local, que seria considerado um spa nos dias de hoje, era uma clínica de repouso onde as pessoas "davam um tempo" de seus vícios e excessos. Nesse caso, sabe-se, as despesas com a internação de quase um mês ficaram por conta do Dr. Heli. Essa talvez tenha sido a parada mais indigesta para Torquato.

(Nota do autor: esta biografia considera esses fatos importantes enquanto elementos biográficos de TN. Alguns acontecimentos registrados a partir de agora, com forte influência em sua vida, terão suas explicações quando analisados nesse contexto. Em *Verdades tropicais*, Caetano fala assim de Torquato, trinta anos depois: "Eu o adorava. Nem com Duda, nem com Rogério, nem com Capinam, muito menos com Zé Agrippino — ou mesmo com Gil, cujo cerrado companheirismo que nos unia nunca tomou a forma de uma amizade íntima e confessional — eu me sentia tão à vontade como com Torquato." É provável também que Caetano tivesse legítimas razões para romper uma amizade com raízes tão profundas — o que aconteceria a partir de agora;

como também de fato que, nesse momento, Torquato — que sempre tratou desse assunto com extrema discrição — estava criando, como em um golpe de escorpião, o impasse que o afastaria rapidamente de Caetano e, por extensão, do grupo baiano, da música e da própria vida. Ele perdia, em uma única tacada, amigos, parceiros e intérpretes. Começava o período de isolamento. Ou como ele mesmo dizia, "o diabo está vencendo".)

Foi na casa de Hélio Oiticica, no bairro Jardim Botânico, no Rio, que Torquato conheceria Ivan Cardoso, então com 18 anos. Ivan, um candidato a cineasta maldito, era um secundarista desejando participar do movimento estudantil, um autodefinido "esquerdofrênico", considerado líder de sua turma, posição que lhe conferia certa importância nas negociações, digamos, com os mais velhos. Ivan se reconhece um privilegiado pela convivência com os poetas:

— Na época, eu tinha um Karman Ghia conversível, mas quando ia visitá-los, eu sentia vergonha e escondia o carro em outra rua. Quando procurei o Hélio pela primeira vez para convidá-lo a dar uma palestra no Colégio São Fernando, onde eu estudava, o Torquato estava lá. Foi uma dose dupla, um dos dias mais maravilhosos da minha vida.

A palestra de Oiticica também foi um grande sucesso, principalmente porque a diretora invadiu o ambiente e acabou com o evento, fazendo uso de certa truculência. O artista foi convidado a se retirar da escola, mas Torquato garantiria o esforço de Ivan escrevendo o texto *Tropicália III*, que acabou publicado no jornal estudantil O Estudo. Dividido em sete partes, o sensato tropicalista oferece várias abordagens e já pode ser considerado resultado da convivência com Oiticica. Nele, Torquato mostrava ímpeto ao revelar o estado natimorto do movimento:

"escolho a tropicália porque não é liberal mas porque é libertina. A antifórmula superabrangente: o tropicalismo está morto, viva a tropicália, todas as propostas serão aceitas, menos as conformistas. (seja marginal.) Todos os papos, menos os repressivos (seja herói). E a voz de ouro do brasil canta para você."

Um diálogo entre Torquato e Rogério Duarte, gravado pela repórter Dedé Gadelha, durante um encontro no Rio, renderia um texto carregado de ironia em forma de entrevista:

"Rogério Duarte: Torquato, você acha que está cumprindo seu dever de brasileiro?
Torquato: Yes.
Rogério: Por que você respondeu em inglês?
Torquato: Devido a minha formação (Joaquim Nabuco) de comunista.
Rogério: Presentemente está atuando em alguma emissora?
Torquato: Não.

(...)
Torquato: Non sense. Auriverde pendão das minhas pernas que a brisa do funil beija e balança. Onde está funil leia-se mesmo Brasil. Nelson Rodrigues inventou a subliteratura e eu endosso.
Rogério: Mas você não acha que depois de C. Veloso já devemos começar a cuidar mais seriamente da super-literatura?
Torquato: Yes. Freud explica não é mesmo?
Rogério: Seria se fosse. Mas tanto Freud quanto Sartre como Lévi-Strauss não passam de romancistas da burguesia. E Lukács?
Torquato: Foi o caso mais grave de Geraldo Vandré que já conheci. E com a desvantagem de ser tão polido como

Leandro Konder. Só que de romance ele não manjava bulhufas. Mas, não exageremos porque Lukács é um moço de muito futuro.

Rogério: Além do mais, Torquato, todas as nossas tragédias ou melodramas individuais fazem parte de um projeto coletivo nosso. Nós fumamos maconha para ter um sucedâneo da fome dos operários e damos a bunda porque não entendemos bem a razão pela qual temos tantas bananas e os camponeses continuam tão desenxavidos."

Em seu depoimento, Augusto de Campos registra que conheceu Torquato em seu apartamento, em São Paulo, durante entrevista com Gilberto Gil para o ensaio O *balanço da bossa*. Torquato estava apenas acompanhando Gil, mas acabou ajudando na formulação de perguntas e, no final, fez-se merecedor de créditos no livro. Augusto lembra que Torquato voltou outras vezes:

— Ele falava pouco, pausadamente, com voz grave, discreta. Adorava o prefácio escrito pelo Décio Pignatari para a revista Invenção no. 5, que eu lhe dei de presente. Lá está a frase desafiadora de Décio para Cassiano Ricardo: "Na geleia geral brasileira..." etc.

Para resumir, vamos dizer que 1968 foi o ano do lançamento dos discos dos Mutantes e da banda tropicalista do maestro Duprat. O filme O *bandido da luz vermelha*, de O *balanço da bossa*, chegava às telas como um ícone do cinema marginal, compondo a estética cinematográfica da contracultura — e, portanto, diferenciado do Cinema Novo. Sganzerla, rapaz inteligente e bonito, era casado com Helena Ignês, atriz, loura, igualmente bonita, ex-mulher de Glauber e primeiríssima dama do cinema marginal. Torquato seria um defensor veemente desse movimento também chamado de udigrudi, com certa dicção pejorativa. Enquanto isso, Glauber rodava O *dragão da maldade contra o santo guerreiro*, consolidando sua grife — enquanto linguagem cinematográfica — como um dos cineastas mais criativos do ocidente. Glauber encantava a nova inteligência com tiradas do tipo "para fazer um bom filme basta uma câmara na mão e uma ideia na cabeça". Seu trabalho chamaria a atenção de alguns monstros sagrados do cinema europeu, como Godard e Antonioni.

A conjuntura nacional, em estado de efervescência, vinha sendo debatida em vários fóruns pela sociedade civil. Durante um encontro organizado por estudantes da Faculdade de Arquitetura e Urbanismo de São Paulo, em 6 de junho, Torquato, Caetano, Gil, mais os poetas Augusto e Décio Pignatari foram hostilizados com vaias e bombinhas pela linha dura do movimento. Na porta do edifício, estudantes distribuíam um manifesto contra o tropicalismo assinado por Augusto Boal, diretor do Teatro de Arena, que acusava o movimento baiano de "neorromântico", "inarticulado", e desafiava:

> "Eu vou começar a acreditar um pouco mais nesse movimento quando um tropicalista tiver a coragem de fazer o que o Baudelaire já fazia no século passado: andava com cabelos pintados de verde, com uma tartaruga colorida atada por uma fitinha cor-de-rosa. No dia em que um deles fizer coisa parecida é capaz de dar uma boa dor de cabeça a algum policial."

No auditório (na verdade, uma grande sala onde eles ficavam no mesmo nível da plateia), convidado a abrir a sessão, Augusto encaixaria algumas palavras introdutórias antes de passar o microfone para Caetano, que imediatamente seria agredido por apupos, bombinhas e protestos dos estudantes. Foi quando algo inesperado aconteceu, de forma providencial. O depoimento é de Augusto de Campos:

— Nesse momento, Décio levantou-se e vaiou a plateia, tratando-a asperamente, "virando a mesa" do debate. Daí pra frente a coisa se equilibrou. Gil falou também. Mas Torquato assistiu a tudo, sem dizer uma palavra. Acho que era tímido e não gostava de falar em público.

No dia 26 de junho, seis dias depois da Sexta-feira Sangrenta (quando quatro civis foram mortos e vinte feridos, em confronto com a polícia), Torquato tinha um compromisso inadiável. Ele participaria de um evento, no centro do Rio, que entraria para a história como a Passeata dos Cem Mil. O ponto de encontro dos manifestantes era a Igreja da Candelária, no centro. Estavam todos lá, na primeira fila: Chico Buarque, Caetano, Gil, Nana Caymmi, Paulo Autran, José Celso, Edu Lobo, Itala Nandi e... Torquato Neto. Houve muita tensão, mas, no final, tudo aconteceu sem nenhum distúrbio. Semanas depois, a articulação de duas greves operárias (em Contagem, Minas, e Osasco, São Paulo) desafiaria e inspiraria uma reação violenta do governo militar. Estava em marcha o período mais duro e sangrento dos anos de repressão.

A tensão atingiria seu clímax semanas depois, durante o III Festival Internacional da Canção, no TUCA paulista. Entrando no palco ao lado d'Os Mutantes (vestidos de paletó e gravata, como as bandas inglesas) para defender *É proibido proibir* (referência a um slogan do movimento estudantil francês), Caetano seria vaiado e agredido com tomates por uma plateia irascível e determinada. Ele reagiria, em meio às vaias, com um discurso que começava indignado:

> "Então isso que é a juventude que diz que quer tomar o poder? Vocês têm coragem de aplaudir este ano uma música que vocês não teriam coragem de aplaudir no ano passado; são a mesma juventude que vai sempre, sempre, matar amanhã o velhote inimigo que morreu ontem! Vocês não estão entendendo nada, nada, absolutamente nada."

E terminava furioso:

"O júri é muito simpático, mas é incompetente. Deus está solto!"

Superando o terremoto das vaias, quem levou o primeiro prêmio foi *Sabiá*, de Jobim e Chico Buarque, deixando em segundo a favorita do público: *Para não dizer que não falei de flores*, de Geraldo Vandré, que seria mais conhecida pelo refrão:

"vem vamos embora
que esperar não é saber
quem sabe faz a hora
não espera acontecer"

Por outro lado, a música de Caetano deixava no ar um discurso político mais direto e incisivo, com o som anarquista das guitarras ajudando a confundir a leitura:

"eu digo não
eu digo não ao não
eu digo é proibido proibir
é proibido proibir"

Na plateia, um grupo acompanhava apreensivo o desfecho desse embate: Torquato, Dedé, Gal, Augusto e Lygia Campos. No intervalo, em entrevista a Nelson Motta para a TV Globo, Augusto qualificaria o ato como "fascista de esquerda", lembrando as vaias históricas que Debussy e Stravinski haviam recebido. No final, quando tudo se acalmou, eles foram para o apartamento de Caetano tomar uns drinques e trocar ideias sobre o acontecido.

Mais do que proibida, em julho a peça *Roda viva* teria sua temporada interrompida depois que manifestantes de direita invadiram e depredaram o Teatro Ruth Escobar, espancando vários atores. A autoria do atentado foi assumida pelo grupo CCC — Comando de Caça aos Comunistas. Na condição de comandante do III Exército, o general Emílio Garrastazu Médici pediria o estado de sítio em todo território nacional.

Houve também constrangimento na boate Sucata, no Rio, onde Caetano, Gil e Os Mutantes fizeram uma conturbada temporada de shows. No palco, como sinal inequívoco de provocação, um estandarte com a inscrição "Seja Marginal, Seja Herói", uma homenagem de Hélio Oiticica ao bandido Cara de Cavalo. O sentido de aproveitar a frase como cenário tinha sido do fotógrafo David Zingg, conhecido nas rodas boêmias de Ipanema. Comentava-se que, em determinada noite, Caetano teria cantado o Hino Nacional mudando a letra para atingir as Forças Armadas. Na verdade, o guitarrista Sérgio Dias, dos Mutantes, havia tocado alguns acordes da Marselhesa, o hino francês. Apesar do equívoco, o show seria suspenso.

Para completar a temporada de equívocos e trombadas, um conflito jurídico das boas: lançado nos EUA, o álbum Look Around, de Sérgio Mendes e Brasil'66 apresenta na faixa 7 a música *Pra dizer adeus*, com o nome de *To say goodbye*. Seria um bom motivo para comemorar e exultar, não fosse o fato de os créditos ignorarem o nome de Torquato na parceria. Como autores da música aparecem Lani Hall, cantora do grupo, e Edu Lobo, o autêntico. A questão foi parar nos tribunais, que facilitaram um acordo entre as partes, e Torquato acabaria aceitando uma indenização em dinheiro.

A data de exibição do programa Vida, Paixão e Banana do Tropicalismo, agora sem a participação de Zé Celso e com a direção de Torquato, finalmente estava marcada para 25 de agosto, Dia do Soldado, ainda pela TV Globo. Muitas mudanças tinham acontecido desde o projeto original. O novo cenário de gravação era agora a gafieira Som de Cristal, tradicional reduto de samba na capital paulista. Um novo imprevisto, entretanto, acabaria provocando danos fatais ao trabalho, quando o cantor Vicente Celestino, um dos convidados especiais, discordou da sequência da Santa Ceia — onde substituía-se o pão sagrado pela banana "sagrada". (Gilberto Gil fazia o papel de Jesus Cristo). Aborrecido, Celestino abandonou o teatro, entrou em um táxi e desapareceu na cidade. Horas depois ele morria de infarto em um quarto do Hotel Normandie, onde estava morando. A viúva, Gilda de Abreu, insistiu para que o show continuasse, mas após ser cancelada, a gravação jamais seria retomada. O episódio foi tão nebuloso que, até hoje, Capinam não tem clareza sobre os acontecimentos daquele dia:

— Mesmo sendo o tropicalismo um crítico amorável da cultura brasileira, havia uma indisposição da emissora que não gostava da concepção do espetáculo. Nós questionávamos e debochávamos de valores estimados pela burguesia e pelos conservadores.

O jornalista Alessandro Porro, na época fazendo parte da equipe da revista Realidade, acompanharia o desfecho do episódio, quando Torquato e Gil tentavam fazer o produtor Palmari interromper a gravação e liberar o elenco antes da chegada do DOPS. A atmosfera no teatro era asfixiante. Palmari insistia que não suspenderia os trabalhos e que estava ali "para produzir". Foi quando chegou a notícia da morte de Vicente Celestino, e a operação toda foi suspensa, naturalmente. Luiz Gonzaga, o Lua, que fazia parte do elenco, suspirou aliviado e comentou em tom de gracejo: "O Vicente Celestino acabou limpando a nossa barra, ainda bem."

O programa, em sua nova e desmilinguida versão, era patrocinado por três empresas, digamos, de grande porte, como Shell, Rhodia e Ford, todas multinacionais. Os autores,

Torquato e Capinam, já haviam promovido alguns cortes nos textos, atendendo a pedidos. Torquato renunciou à fala que dizia "só acredito no artista fora da lei, é o marginal que mantém o arco em permanente tensão", e Capinam abriu mão de um texto onde afirmava: "A criação não pode ser antecipada pelas regras ou qualquer outra espécie de censura." Mas, a certa altura, o texto falava na voz de Caetano:

"Estamos vivos na grande capital política do tropicalismo. Alegria! Estamos no templo da fé tropicalista. Alegria! ALEGRIA! Apenas lamentamos que não exista televisão em cores no Brasil, senhores telespectadores..."

A atriz Etty Fraser arrematava, cheia de sapiência e ironia:

"Não faça esforço para ser tropicalista. Continue moralista, e será. Continue cristão, e será. O trópico é fatal."

Ainda em agosto, o lançamento do disco *Tropicália ou Panis et Circencis* aconteceria com duas grandes festas: na boate Dancig Avenida, no Rio, e na gafieira Som de Cristal, em SP. Entre elenco e convidados de Guilherme Araújo, nas duas festas, circulavam Dalva de Oliveira, Dircinha Batista, Araci de Almeida, Grande Otelo e Chacrinha. O disco foi um grande sucesso de público e estima. Quem ligava o rádio estava sujeito a ouvir na voz dos Mutantes:

"você
   precisa saber da piscina
   da margarina, da carolina, da gasolina
   você precisa saber de mim
   baby, baby
   eu sei que é assim..."
(...)

Em outubro, dois eventos significativos. Primeiro: o congresso clandestino da UNE, em uma fazenda em Ibiúna, SP, que terminou com a prisão de centenas de estudantes, inclusive os líderes Vladimir Palmeira, José Dirceu, Luís Travassos e Jean-Marc Von der Weid. A primeira lição que os líderes do movimento tiraram do episódio foi a de que é impossível fazer encontros clandestinos com a participação de 920 pessoas. Segundo: nascia na TV Tupi carioca o programa Divino, Maravilhoso, de periodicidade semanal, com roteiro concebido por Caetano e Gil — e pela primeira vez sem a parceria de Torquato ou Capinam. De fato, eles não eram mais amigos. Capinam se afastaria progressivamente do grupo (incluindo Torquato) para trabalhar com novos parceiros, alguns da linha mais ortodoxa da MPB, e outros, pelo contrário, como Macalé, com quem compôs *Gotham City*, o grande escândalo do FIC carioca e a maior vaia do Maracanãzinho. (A vaia poderia ser considerada um prêmio, pois significava que o autor tinha conseguido sensibilizar "de alguma maneira" a distinta plateia. Ou, como diria Augusto de Campos, em forma de poema: "Viva a vaia.")

Para Torquato, o caminho seria mais tortuoso. Suas crises de depressão eram agora mais frequentes e o afastamento dos antigos amigos era definitivo. Sua companhia preferida e constante passou a ser Hélio Oiticica, que se preparava para inaugurar uma exposição na Galeria Whitechapell, em Londres. Ainda hoje, Capinam acredita que esse desfecho seja o ponto vulnerável do movimento enquanto plataforma de ideias. A partir das memórias de Caetano, assumindo em *Verdades tropicais* as diretrizes da Tropicália, Capinam registra o seu ponto de vista:

— Caetano jogou para a interpretação estética fatos culturais que são mais profundos e que não foram revolucionados necessariamente pelo tropicalismo. O discurso tropicalista morre na sublimação de questões como a sexualidade, por exemplo. Ele não soube responder a estas verdades de uma forma nova, não comadrista. Não importa a preferência sexual que se tenha. Só que isso ficou oculto o tempo todo.

Resumindo: Capinam se considera discriminado por não ser "entendido", talvez por ser careta, mas de qualquer forma por ostentar uma identidade tribal conservadora para os padrões do grupo.

Para Caetano, o afastamento de Capinam aconteceria como um andamento natural do processo de vida em que todos estavam envolvidos:

— O Capinam era diferente de nós, no estilo, inclusive. Vestia-se diferente, tinha hábitos diferentes e mantinha politicamente um vínculo forte com a esquerda nacional. Ele fazia uma poesia engajada. Eu era mais vendido, mais pop no linguajar, mais americanizado. E, é claro, tivemos sempre muitas conversas sobre sexualidade, mas não com o Capinam.

Em 8 de outubro, um atônito Torquato parecia traduzir a confusão de sua vida em *Arena a: festivais — gb*, uma mensagem cifrada em forma de delírio e embriaguez. Palavras jorram em quatro tópicos de texto, aparentemente desconexos, conduzindo o bailado das letras para um anticlímax final:

    (...)
"arrebentar a folha na semente
a FERRO olhar &
&
arrebentar
principalmente o deste
    (AMOR)
    o dente
    MAL
sangrando, sim & sim —"

Quando outubro chegou, não era apenas Paris que estava em chamas. O Rio de Janeiro também. Com o endurecimento do regime militar, a presença da Censura Federal em espetáculos de teatro e música eram rotineiras, muitas vezes proibindo trechos ou canções inteiras. Alguns jornais preenchiam seus espaços censurados com receitas de culinária ou horóscopo forjado pelas circunstâncias. Os boletins meteorológicos previam dias com tempo nublado, nuvens escuras e densas tempestades no final do período. O jogo com a repressão estava ficando pesado e difícil. A ideia de entrar em um navio com Oiticica, rumo à Europa, era mais do que um projeto. Deprimido e isolado, Torquato seria aconselhado a deixar o Brasil antes que fosse tarde, do ponto de vista político. Logo depois, desiludido, ele confessaria a Alessandro Porro que não acreditava mais em nada, em nenhuma produção cultural daquelas que vinha desenvolvendo.

Torquato estava aproveitando a exposição de Oiticica, programada para o início do próximo ano, como uma alavanca de estímulo para fazer as malas e mudar de ares. Juntos, eles procuravam reunir dinheiro (o Dr. Heli entrou com algum) para fazer a viagem seguindo com as obras que se avolumavam no porão do navio. Oiticica despachara 18 caixotes e 22 volumes em nome de Guy Brett, o responsável pela exposição na função de curador. Agora abordava também o embaixador brasileiro Donatello Grieco, reivindicando duas passagens de ida ou o dinheiro equivalente. Sugeria que tudo fosse considerado um apoio cultural à exposição de um artista brasileiro no exterior. No dia 15 de outubro, em carta à amiga Lygia Clark, do Rio para Paris, Oiticica explicava a viagem dizendo que "tem um amigo meu, Torquato Neto (o maior letrista a meu ver que trabalha com Caetano e Gil) que quer ir comigo no navio: vai ser ótimo!". (Nesse dia, Oiticica estava lendo *Eros e civilização*, de Marcuse.)

Dias depois, em nova carta à Lygia — que trabalhava na montagem de uma exposição individual na Alemanha —, Oiticica iniciava a contagem regressiva para o início da grande aventura:

"Espero daqui a um mês, embarcar. Foi ótima ideia Torquato querer ir, pois ele também está meio sufocado aqui e está fazendo novas experiências com poesia e música: Gil vai transformar em música uma nova poesia de Torquato, totalmente diferente do ele vinha fazendo, onde palavras e sinais de desintegram. Estou enviando a *Geleia geral*, sobre a qual Gil fez música, magnífica, gravada no LP *Tropicália ou Panis et Circencis*. Torquato está cheio de ideias, mas é que aqui a barra está pesada: sabotam tudo, principalmente o pessoal de música."*

À guisa de despedida e como munição para arrecadar fundos, foram confeccionadas e colocadas à venda várias bandeiras com a frase "Seja Marginal, Seja Herói". O patrocinador era o *marchand* paulista Ralph Camargo, que ficara encarregado também de vender alguns desenhos de Oiticica. Ivan Cardoso, que adquiriu uma das bandeiras a bom preço, lembra que foram vendidas pelo menos sete. Finalmente ficou planejado que Torquato iria na frente e Ana o seguiria assim que fosse possível. Antes, ele procurou Augusto de Campos dizendo que estava embarcando para Londres, pedindo ajuda para traduzir para o inglês algumas de suas letras e poemas. O depoimento é de Augusto:

— Eu não faço isso pra ninguém, mas fiz para ele, sentindo a sua aflição e desamparo depois da partida dos baianos. Foi a última vez que o vi. Diferentemente de Caetano e Gil, ou

---

* Em 14 de novembro, Lygia Clark responderia a carta de Oiticica, anotando com caneta, à margem da página: "Adorei a letra que você mandou do Torquato Neto que tem a genialidade do rio que flui..."

Tom Zé, ele era só letrista, não era compositor nem intérprete, não cantava nem tocava instrumento algum. Isso limitava a sua atuação e acabaria fatalmente por marginalizá-lo.

Aproveitando uma viagem pela Philips, com apresentação marcada no Festival de Midem, em Cannes, Gil também prometera a Oiticica que estaria em Londres para a abertura da exposição. Havia uma coincidência de datas favorecendo esse encontro. Em carta a Rubens Gerchman, em 19 de novembro, do Rio para Nova York, Oiticica se mostrava preocupado com o atraso na emissão do passaporte de Torquato e com a perspectiva de ficar quatorze dias dentro de um navio, sem poder descer a maior parte do tempo:

"Você acha que no mar, no navio, o fumo será "demais", ou melhor, dará pânico? Não sei quem me contou que um sujeito se atirou no mar depois de queimar um fumo. Será que eu e Torquato faremos isso? Se eu achar que o movimento do navio já é uma "onda" lega, não queimarei nada, ou então muito pouco."

No final, eles conseguiram embarcar no cargueiro dos correios britânicos, pagando 310 dólares* cada bilhete. Dez dias depois, quando o presidente Costa e Silva assinava o Ato Institucional no. 5, oferecendo legalidade jurídica à repressão máxima, Torquato e Oiticica já estavam cruzando o Atlântico. Eles não ficaram para ver o comunicado oficial do Ministro da Justiça, Gama e Silva, através de uma cadeia de rádio e televisão. Começava a etapa mais selvagem do regime militar. O alvo favorito da repressão eram os ativistas e intelectuais. Torquato também não viu quando Caetano, no dia 25 de dezembro, cantando a melancólica *Boas festas* — do

---

* O equivalente, na época, a Cr$ 1.200.000.

compositor suicida Assis Valente —, apontava um revólver 38 para a própria cabeça no programa Divino, Maravilhoso, que pouco depois cairia nas malhas da censura e seria retirado do ar:

"anoiteceu, o sino gemeu
e a gente ficou feliz a rezar
Papai Noel vê se tem felicidade
pra você me dar
eu pensei que todo mundo
fosse filho de Papai Noel"
(...)

Com algum atraso, a edição de dezembro da revista Realidade consolidava o sucesso do grupo com o artigo *O tropicalismo é nosso, viu?*, alertando que "o mais discutido movimento artístico desde o aparecimento da Bossa Nova agora saúda o povo e pede passagem". Traçando um perfil de Torquato, a revista se refere "ao lírico poeta que fez *Pra dizer adeus*, que tem hoje, talvez, a posição mais radical entre os letristas brasileiros". O próprio Torquato, sem dispensar a ironia, explicava sua evolução:

"Hoje já sou capaz de distinguir entre um fato particular e o processo a que ele pertence. Eu não sou de plantar bananeira em apartamento."

No futuro, esse momento político sugeriria ao professor americano Christopher Dunn[*], um estudioso da Tropicália, a visão do Brasil como "o jardim da brutalidade", o paraíso em chamas. Oferecendo uma visão "de fora", Dunn lembra que

---

[*] Autor de *Brutality Garden, Tropicalia and the Emergence of a Brazilian Couterculture*, ed. Chapel Hill, Carolina do Norte, EUA, 2001.

o recrudescimento do regime militar "trouxe à tona valores sociais e culturais arcaicos e reacionários". Fazia-se reafirmar posturas superadas como o patriotismo fácil, o catolicismo tradicional, a família patriarcal e, finalmente, um vigoroso sentimento anticomunista. Como objetivos emergentes do regime, estavam a eliminação da esquerda e a desmobilização social e política da sociedade. Não se pode dizer que, ao embarcar no cargueiro com destino à Europa, Torquato e Oiticica fossem pioneiros de alguma coisa. Longe disso! Mas, a viagem marcada às pressas, sob forte pressão e sem planejamento, conferia ao momento um grande sabor de aventura.

Foi nesse clima tenso que aconteceu o último dos grandes festivais de música, na TV Record, quando tropicalistas e ativistas da MPB entraram em choque. A disputa levaria o júri a dividir o primeiro prêmio entre *Benvinda*, de Chico Buarque, e *São Paulo, meu amor*, de Tom Zé. A parceria de Caetano e Gil (a essa altura separado de Nana e namorando Sandra Gadelha, irmã de Dedé) em *Divino, maravilhoso*, cantada por Gal Costa, ficou em terceiro lugar, e *2001 (astronauta libertado)*, de Tom Zé e Rita Lee, em quarto. Eles terminavam o ano mostrando serviço e impondo respeito; quer dizer, em termos, pois todo cuidado era pouco e, como diria aquele velho reacionário, ... (escolha um nome e preencha o espaço pontilhado): "Quando ouço falar em cultura, puxo logo a pistola."

CAPÍTULO 8

DANDO UM ROLÊ

(não me acompanhe que eu não sou novela)

A despedida dos amigos, no cais do porto do Rio, seria um acontecimento festivo. Torquato, Ana e o irmão Helio chegaram no mesmo carro. Com Oiticica estavam Lygia Pape e o jovem Antonio Manuel, um artista plástico da novíssima geração. A cerimônia seria demorada e a turma estridente. Antonio Manuel chegou a atravessar a ponte e subir com eles no navio, onde ficaram horas reconhecendo a cabine dupla, o convés e outras dependências. Oiticica e Torquato imediatamente sugeriram que ele embarcasse clandestinamente, escondendo-se em algum lugar. Mas tudo ficaria na ameaça e provocação. Antonio Manuel lembra das últimas palavras de Torquato, antes de o navio zarpar, na tarde de 3 de dezembro de 1968:

"Vou embora, porque alguma coisa vai explodir por aqui, algo vai acontecer."

Condicionados a passar quatorze dias a bordo, Torquato e Oiticica tiveram tempo suficiente para ler, sonhar e fazer festa. Eles passavam os dias bebendo e fumando baseados na cabine, em companhia de alguns marinheiros "subversivos" e de Gina, uma belga filha de embaixadores. Tudo no maior clima de amizade. Eles tinham embarcado levando uma "mutuca" de maconha, quantidade suficiente para a viagem e os primeiros dias de adaptação. (A cena de Oiticica embarcando com o volume escondido entre as pernas chamaria a atenção de Helinho: "Ele andava desengonçado, como um pinguim.") O navio tinha duas escalas previstas, antes de chegar na Inglaterra: em Vigo, na Espanha, e Rotterdam, na Holanda, onde tiveram notícia da decretação do AI 5, logo apelidado por eles de "blitz fascista". Era como se a ressaca do navio se materializasse em manchete de jornal: o ex-presidente Kubitschek e o ex-governador Carlos Lacerda estavam presos. Diante desse quadro, Torquato dizia, nauseado: "Estamos fodidos, Hélio."

Dias depois, quando chegaram a Londres e se encontraram com Guilherme Araújo, eles ficaram sabendo também da prisão de Caetano e Gil, em São Paulo, no dia 27 de dezembro. Eram informações seguras que ainda não tinham virado notícia: Caetano e Gil estavam presos em uma unidade militar em Deodoro, subúrbio do Rio, e tiveram seus cabelos cortados. Rogério Duarte, acusado de agitador comunista, também estava detido e sendo torturado (ele tomou choques elétricos) para, em seguida, se embrenhar nas matas do sertão baiano, onde ficaria escondido por um longo tempo. (Décadas depois, Rogério diria que 1968 foi o ano de sua morte: "Fui assassinado.") A apresentação de Gil que estava programada para o Festival Midem, em Cannes, e o encontro combinado com Oiticica tiveram que ser cancelados.

Quando desembarcaram em Londres, Torquato e Oiticica seguiram para a casa de Carol e Guy Brett, que, gentilíssimos, fariam de tudo para que eles se sentissem em casa. Guy era um lorde genuíno e como *lord* se comportava. Mesmo assim, a dupla não via a hora de encontrar um lugar "deles" para morar, um espaço próprio onde pudessem ficar à vontade. (Oiticica dizia: "Não gosto de incomodar.") Na cidade, porém, eles tinham dois objetivos imediatos: conhecer a experiência do *Exploding galaxy* (Galáxia explodindo) e se encontrar com o líder da comunidade Daniel Medalla, artista filipino responsável pela concepção artística e filosófica do grupo.

A ideia central de Medalla era criar um espaço (como o Solar da Fossa, em termos físicos), onde um grupo heterogêneo de pessoas, chamadas por ele de "exploradores transmídia", pudessem viver e trabalhar, encenando seus próprios trabalhos em performances nas ruas e nos espaços públicos de Londres. Efetivamente, o encontro entre eles e Medalla nunca aconteceria, pois o filipino esteve em viagem mística pelo interior da Índia. Mas, no futuro próximo, Medalla se transformaria no grande divulgador da obra de Oiticica na Europa. Ao uni-los, o conceito de arte dialógica, colaborativa e participativa com todas as etapas do processo, conduziu-se para a libertação geral da criatividade. Era assim que a vanguarda tratava a arte nesses dias.

É certo que Torquato voltaria algumas vezes ao *Exploding galaxy*, onde mantinha vários pontos de interesse, inclusive a possibilidade de dormir em um canto qualquer, caso fosse necessário. O administrador da comunidade — formada basicamente por trabalhadores, artistas e intelectuais — era um sujeito chamado Paul Keeler, com quem eles manteriam um bom nível de relacionamento. No Exploding ninguém pagava aluguel e todos viviam sem luz e calefação, em uma anarquia autogerenciada. Uma leitura atenta das cartas de Torquato permite avaliar as dificuldades que marcavam o cotidiano, pela falta de dinheiro e referências.

A notícia da prisão dos ex-companheiros Gil e Caetano, ato que encerrava o círculo do tropicalismo, deixaria Torquato preocupado por outras razões, sobretudo pelo destino de Ana que, morando no apartamento de São Paulo, tentava sair do país. Torquato chegou a comentar com Oiticica que estava "agoniado", já que Ana poderia ter sido detida para fornecer informações sobre o paradeiro dele. Ou não. Enquanto aguardavam, eles trabalhavam na montagem das obras na galeria Whitechapel. Algumas peças haviam sofrido ferimentos durante a viagem e precisavam estar reparadas pelo menos uma semana antes de 18 de fevereiro, data prevista para a *vernissage*.

No dia 22 de janeiro, Torquato escreveria a primeira de uma série de cartas ao amigo e cunhado Hélio, mencionando sua preocupação com a irregularidade dos correios e com a chegada de Ana, prevista para aqueles dias:

>londres
>22.1.69
>
>helinho:
>fui hoje à tarde no correio de trafalgar square botar uma carta pra você. na volta, ao passar na casa do guy, havia uma carta sua pra mim: bacaninha, né? havia também uma carta de ana, e ambas com carimbos do dia 14 — o que quer dizer que talvez o correio resolva cooperar agora e entregar bonitinho a correspondência das pessoas. estou com a cuca fundida com essa história de escrever e ninguém receber. e a propósito: você recebeu a supra mencionada carta? fico com a impressão de que o melhor é ser rico e telefonar de vez em em quando. não atingi, porém (ainda!), essa etapa de minha santificação, e assim, vou insistindo em escrever.
>está tudo uma confusão dos infernos: remeti ontem uma passagem para ana embarcar assim que possível para londres, mas hoje fui informado pela companhia que todas as estações de telex e correio e telefone internacional entraram em greve na inglaterra até, no mínimo, dia 28.

ou seja: possivelmente essa ordem não chegará por aí antes disso, o que vai me atrasar bastante todos os planos. não consigo imaginar como a família receberá a notícia de ana vindo (por tempo indeterminado) para a europa. fico pensando, supondo, mas não chego a nenhuma conclusão. ficarão animados? tristes? preocupadíssimos? ah, helinho, mande me dizer. Gostei muito de saber os detalhes da prisão do imperial, da qual já tinha ouvido falar por alto. É engraçado: acho que ele bem que podia ter arranjado um modo mais original, um cartãozinho realmente bolado por ele, porque esse que você me descreveu em sua carta existe aos montes pelas bancas de jornais da inglaterra, a cinco xelins cada. há inclusive um poster imenso, com a figura de um cara na privada, as calças no chão etc. e, garanto a você, esse cara daqui é ainda mais feio do que o imperial, esse plagiário. se o imperial mandasse algum dinheiro, eu toparia ajudá-lo: compraria montes desses pôsteres, remeteria para as mesmas pessoas que ele remeteu. mas, infelizmente, calculo, não dá pé de mandar cheques lá da ilha grande para londres. né?
o que se vende aqui, de coisas desse tipo, é impressionante. e em todo lugar você encontra pôsteres e cartões ainda mais loucos, principalmente gozações incríveis com a bandeira e outros símbolos deste reino unido. imagine isso no brasil.
não tenho chegado a praticar o turismo que você insinua. fui, é claro, a todas aquelas maravilhosas galerias e museus de que já te falei. os filmes estão uma merda, apenas "faces" de john cassavetes chega a ser interessante. em teatro, excetuando "the coctail party", de elliot (com alec guinness), e "hair" (que ainda não vi), o resto é merda pura, um monte de musicais chatíssimos. daí, como é preciso economizar, me resguardo de assistir. talvez em paris a coisa esteja melhor, mas somente irei

até lá depois que a ana estiver aqui, para irmos juntos. aliás, é baratíssimo ir até paris, mais ou menos o preço rio-são paulo. mas eu preferi ir ficando por aqui mais tempo e tenho me dedicado a ler, escrever (muito), almoçar e jantar.

caetano e gil estão realmente em cana, soube que cortaram o cabelo de caetano e a barba de gil. informação segura: guilherme está em paris e me contou pelo telefone. estão presos a pouco mais de um mês e não se sabe quando serão postos a passear novamente. é incrível, o brasil está cada dia mais ridículo. como te falei na outra carta, vou ficar por aqui, no mínimo, até o fim do ano. é imbecilidade pura voltar por aí antes disso e eu não sou otário. agora, que mandei a passagem da ana, estou apenas esperando que ela chegue para alugar um apartamento e me instalar. ainda não sei bem se aqui ou amsterdam, mas possivelmente aqui. tenho algum trabalho para ir fazendo e assim vou me aguentando, até que minha canonização seja decretada. não há realmente muito dinheiro, mas dá para viver mais ou menos como vivíamos no brasil.

aqui existem duas coisas realmente caras: diversões e vício. o cinema custa, mais ou menos, 5/6 mil cruzeiros; teatro, 15/20 mil; uma cerveja, cerca de 1.500; dose de uísque ou vodca, ou conhaque, pelos 2.500 (tudo isso em cruzeiros). mas tudo o mais é bem mais barato do que no brasil: casa, comida etc. sem falar em médico e remédios, que são inteiramente de graça, para qualquer pessoa. até óculos: se você precisa de óculos, vai em qualquer médico (não paga a receita), ele faz o exame (de graça), indica as lentes, você escolhe a armação e com o papel que ele te dá, vai em qualquer ótica e apanha os óculos. depois o governo paga. não é genial, a rainha?

não vi laís*. quando for a paris, com ana, procuraremos por ela. existem alguns brasileiros simpáticos por aqui, na bbc e na universiadade de londres.

principalmente uma moça chamada daniela, de são paulo, que há dois anos roda a europa sem um tostão, com um saco nas costas pedindo carona etc. é inteiramente maluca e não para em lugar nenhum. arranjei pra ela ficar alguns dias aqui no exploding galaxie, mas ela agora arranjou para tomar conta de umas crianças e se mandou: com o dinheiro que ganhar nesse emprego (20 dias só) já anunciou que vai ver se chega na grécia.

bom, meu filho, espero que o brasil lhe seja leve. e que você possa aparecer por aqui qualquer dia desses. depois, quando a tropimilicadura afrouxar, eu volto, que também não sou daqui, né? continuo achando que é de excelente maravilha receber uma cartinha de vez em quando. eu, por mim, vou escrevendo e se o correio ajudar, quem sabe, nós terminaremos enchendo volumes maiores (e mais brilhantes) do que o mário de andrade. abrace e beije a família por mim.

amor

sim: comunique, a quem interessar, que estou aceitando presentes de suéteres, pulôveres etc etc. ana é excelente para trazer esse tipo de encomenda. love.

Enquanto tentavam "comer o mingau pela beirada", vivendo provisoriamente, eles procuravam se aproximar de John Lennon e Yoko Ono, usando a influência do crítico Paul Overy, amigo do casal e de Guy Brett. O recém-lançado disco *Two Virgins*, trazendo na capa e contracapa fotos de Lennon e Yoko nus, em frente e verso, era a sensação da temporada. Torquato estava preparado para fazer uma entrevista

---

* Namorada de Helinho que estudava em Londres. Torquato implicava com ela e, no final, dizia-se "desgastado".

com Lennon e encaminhar uma matéria para uma revista brasileira, cogitando a possibilidade de fazer um frila para a Realidade. Ele comprou o disco na loja embaixo do edifício onde moravam e foi logo colocá-lo na radiola. O vinil tinha apenas duas faixas, uma de cada lado, com mais de 28 minutos de música experimental. Ou quase.

Foi um esbarrão casual, nas escadarias do metrô, entre Guilherme Araújo e Ciro Junqueira, que colocaria Torquato novamente em contato com o amigo paulista. Ciro estava perdido em Londres, onde se exilara desde que a barra ficara pesada em São Paulo. Nos últimos dias, estivera escondido no apartamento da São João, protegido por Ana, que o ajudaria a sair do Brasil. Agora, em Londres, com seu inglês precário, restrito ao básico "I love you", ele tentava acomodar a situação junto com outros amigos na mesma circunstância. Com muita cautela, Guilherme lhe passaria a informação de que Torquato podia ser encontrado no *Exploding galaxy*, na periferia da cidade. A insegurança e o medo dominavam as relação entre os brasileiros (e não eram poucos) refugiados no exterior. Havia sempre o perigo de alguém ser um delator, um dedo-duro, ou apenas precisar de ajuda — o que deveria ser igualmente evitado.

Apesar das dificuldades, Ciro localizaria Torquato que imediatamente tratou da transferi-lo dos alojamentos da YMCA — também conhecida no Brasil como ACM — para uma vaga no Exploding, onde ficariam próximos. A dupla circularia por Londres e faria história. Ciro tornou-se especialista em roubar supermercados e moedas das cabines telefônicas, estourando as caixas com ajuda de uma grande chave de fenda. Nessa época, aconteceria o encontro de Torquato com Jimi Hendrix (1942–1970), em Kensington. O contato foi feito através de um sujeito chamado Carlo, um porto-riquenho que apresentou as credenciais de Torquato como brasileiro, poeta e revolucionário. (Todo dinheiro que Hendrix ganhava em discos e shows estava sendo usado para financiar a causa negra dos Panthers.)

O encontro foi em um velho e enorme apartamento. Hendrix, que se tornara conhecido no Festival de Monterrey, em 1967 (sua consagração viria em Woodstock, seis meses depois desse encontro), estava em primeiro lugar nas paradas inglesas com o disco *Eletric Ladyland*, gravado em novembro. O guitarrista, que tinha moral de gigante e estatura de jóquei, abriu um armário de onde tirou uma misteriosa caixa de sapatos, recheada com variados tipos de drogas. Havia marijuana, haxixe, anfetaminas, ácidos, mescalina — impossível determinar com exatidão a variedade em oferta. Hendrix ofereceu e Torquato aceitou fumar um haxixe, ouvindo o álbum branco dos Beatles, que nada tinham de dissonantes. Desse encontro, que durou entre dez e quinze minutos, Torquato diria sucintamente:

— O Hendrix é muito louco.

Hendrix tinha então 26 anos e Torquato 23.

Em carta sem data, enviada ao cunhado Hélio, provavelmente escrita nos últimos dias de janeiro, Torquato revelava seu temor pela censura às correspondências e o desejo de ver Ana desembarcar em Londres o mais rápido possível:

> Helinho:
> felizmente alguma coisa começou a acontecer por aqui — e pelo menos começo a achar que essa é uma boa viagem. estou fazendo a tal entrevista com a ioko ono, que será vendida por razoável preço no brasil. a do lennon, só mais tarde, quando poderei vender por mais dinheiro ainda e ir ficando tranquilo por aqui. estou muito preocupado porque escrevo quase diariamente para

ana, em são paulo, e pelo que sei essas cartas não estão chegando. mandei dois cartões para você, um para a claudinha, um para a eliana, um para lucila, um para lúcia, um para dona lita e seu vavá: receberam? tenho a impressão que nada está chegando, é tão chato. quando ponho qualquer coisa no correio só falto rezar e jogo a carta na mala postal como quem joga fora uma preciosidade. Tudo coisa de brasil. desse modo, depois de tentar em vão me comunicar com ana, estou remetendo hoje uma passagem para ela vir imediatamente. Resolvi agora que não dá pé voltar tão cedo e percebi que também não dava mais pé ficar aqui sem ana. estou com vontade de voltar ao brasil no fim do ano e espero que ana aguente o frio desse fim de inverno: depois melhora e em julho faz até calor... estou em dúvida ainda quanto ao lugar onde vou me "instalar". talvez em londres ou amsterdam, que me parecem os melhores. paris é impossível, a vida lá é caríssima, tudo mais caro do que no brasil e eu não estou nadando em dinheiro. em londres, se consegue apartamento como aquele nosso em são paulo e muito mais barato. mas amsterdam é agora a melhor cidade da europa, loucura total, e também as coisas são baratas por lá. quando ana chegar decidiremos onde ficar, ela escolhe. ou você acha que eu ia me dar bem no brasil agora?

minha opinião é que todo mundo devia fazer sua economiazinha e se mandar, feito eu. não é muito difícil e o chato é aparecer na europa feito turista, enjoei de tudo que é garantia. é garantido? não quero.

não se consegue muito rafael por aqui, a repressão em londres é terrível, mas em amsterdam é mais fácil do que no rio. londres é tão provinciana, meu deus! tudo acaba às onze da noite, o metrô, os ônibus, os bares — e quase não se vê ninguém na rua depois de onze e meia, porque é inverno e o frio é de lascar. estou morando agora na casa do exploding galaxy para economizar dinheiro, porque é de graça. quando ana chegar, me mudo.

você precisava estar aqui para ver as exposições que tenho visto. só a retrospectiva da van gogh, com mais de trezentos quadros, valeu toda a viagem. e a national gallery, a tate gallery etc etc etc. a maior maravilha. eu me lembro à beça de você nesses lugares. e fico pensando que você também devia dar um jeito de vir.

meu inglês vai quebrando todos os galhos, mas em compensação esqueci francês completamente. não sei, helinho, se ana está de fato muito animada para vir. espero que esteja e se não estiver tanto, ajude-a, anime. se ela não vier, eu volto imediatamente. bom: a passagem já está aí. é só ela providenciar o passaporte, entregar o apartamento de são paulo e embarcar. quero que ela esteja aqui na primeira semana de janeiro, porque quero viajar um pouco com ela e tenho de estar de volta em londres no fim do mês. aliás: fevereiro, é claro. estou tão sem noção do tempo! nunca imagino que horas são e como escurece pelas quatro e meia, você pode calcular a confusão em que fico. às 8h da manhã ainda está escuro, é a maior confusão.

quis fazer um bilhete para laís, mas como não sei o sobrenome dela não fiz. tenho escrito alguns poemas estranhíssimos, que mais tarde mandarei para você ver e opinar. estive com jimmy hendrix, é louquíssimo. (...) vinicius de moraes está acontecendo por aqui, em hotel granfino e tudo o mais. não encontrei com ele e estou evitando. amanhã darei uma entrevista na bbc, o ivan lessa é o entrevistador e eles pagam 1 libra por minuto. bom, né? vou ver se consigo falar um bocado de tempo, porque, meu filho, a libra está valendo três dólares e meio...

se você quiser que eu compre algum livro, ou coisa assim, pra você, mande o nome pela ana que providenciarei com a necessária urgência e te remeterei sem perda de tempo. os filmes aqui estão uma bosta, tudo merda, não tem nada que preste. em teatro tem "hair", mas deixei pra ver quando ana chegar, para vermos juntos. empurre ela pra cá na primeira semana de fevereiro, senão eu fico maluco. ah, sim: haxixe é ótimo. muito bacaninha, mas passa logo. muito bom pra se ouvir música.

ouvi dizer que estão censurando as cartas do exterior, que merda. se houver algum censor lendo essa carta, faça o favor de ter vergonha: nada aqui lhe diz respeito. é vergonhoso ler as cartas dos outros!

fui jantar e voltei, tem um restaurante chinês aqui em frente que é ótimo e baratíssimo. galinha com abacaxi é ótimo!

faço votos que essa carta chegue. diga que estou mandando abraços e beijos para toda a família, de vavá a claudinha, passando por lucila e lúcia. especiais para você. será que caetano e gil já foram soltos? puxa, rapaz, o que era que eu te dizia? não chegou nem ao natal, né? me mandei bem em cima da hora: isso aí deve estar chatíssimo.

amor.

torquato

Ele e Ciro andavam pela cidade cumprindo um ritual de turismo muito além das sugestões dos roteiros oficiais. Não raro estavam de porre em algum *pub*, em pleno inverno londrino. Torquato fazia do ritual de beber gim uma tribuna para lamentar poeticamente a saudades que sentia de Ana. Cirão era incisivo:

— Porra, Torquato, nós estamos duros, na maior merda. Como que a Ana vai poder viver numa precariedade dessas? Ele não se entregava e replicava: "Então eu tenho que voltar."

Como voltar estava cada vez mais perigoso, ficou decidido que Ana deveria vir mesmo. Afinal, ele tinha uma carta na manga, que eram os direitos autorais de uma gravação de Sérgio Mendes, nos Estados Unidos.

Ana chegou a Londres em meados de fevereiro, a tempo de ajudar na montagem e acompanhar o sucesso da exposição de Oiticica, que vinha sendo incensado pela crítica europeia como um artista dos novos códigos. Torquato estava junto, encasacado por fora e orgulhoso por dentro, interagindo com as instalações do amigo, os penetráveis. Em um deles, o PN2, em frente ao qual Torquato parou e foi fotografado, estava escrito o aforismo: PUREZA É UM MITO. Ao se referir ao amigo, Hélio Oiticica costumava exclamar: "O Torquato é de amargar!"

Com a vida um pouco mais em ordem, Torquato e Ana conseguiram alugar um pequeno apartamento na Coleherne Road, 18, ao sudeste de Londres. Eles viviam em constante estado de contenção de despesas, com o dinheiro contado para garantir o básico (casa e comida) e algumas poucas incursões na área cultural (cinema, teatro). Ainda que a qualquer momento esse quadro pudesse se alterar, para mais ou para menos.

No início de abril, Torquato e Ana fizeram uma viagem rápida a Brighton, estação balneária próxima a Londres, onde passaram o domingo. Na volta, foram assistir *Teorema*, o filme de Pier Paolo Pasolini, que Torquato, não por acaso*, considerou "demais, simplesmente o cúmulo da pordentrice (nota do autor: qualidade de quem está por dentro.), e Pasolini, ao lado de Buñuel, o maior pensador do cinema". Em carta endereçada a Helinho, ele lamentava a depressão (chamada

---

*   No roteiro, o enigmático personagem de Terence Stamp acentua a mística da sedução (sem traumas) namorando a família inteira, a mãe, o pai, a filha e o filho.

por ele de "fossa") que lhe atingira no dia 13 de abril: "Fiquei com uma pena horrível de não estar em São Paulo e lá em casa, você sabe, essas bossas. Depois passou. Mas de vez em quando, essas coisinhas aparecem e fica chato à beça."

Depois de ficarem dois meses presos no Rio, Caetano e Gil estavam agora confinados em Salvador, impedidos de sair da cidade ou fazer apresentações. Eles eram obrigados a comparecer todos os dias perante as autoridades militares. Enquanto negociavam a permissão para uma saída estratégica e honrosa, em forma de exílio, eles gravariam, em um pequeno estúdio, material que seria usado na produção de novos discos. Era também uma forma de despedida do Brasil, codificada nas músicas *Irene* (com Caetano homenageando a irmã caçula) e *Aquele abraço* (que havia sido apresentada por Gil na despedida do programa Divino, Maravilhoso):

"Pra você que me esqueceu
aquele abraço
Alô, Rio de Janeiro
aquele abraço
Todo o povo brasileiro
aquele abraço!"

Em carta de 21 de abril, de Londres, para o cunhado Hélio, Torquato fornecia informações sobre seu cotidiano cultural, assistindo a uma trilogia de Polanski, ou confirmando sua paixão pela versão cinematográfica de *West Side Story*, o musical de Leonard Bernstein:

querido helinho,
detesto essa gente que vai morar em paris: eles se impressionam demais, sabe, exageram e ficam vendo bacanais onde a festa transcorre serena e familiar. entenda.

eu falei da péssima programação dos cinemas de londres e lá vem você com "pelo menos 100 filmes interessantes" que laís pode escolher em paris. ora! a programação de lá é quase igual à daqui, com a pequena diferença de londres estar sempre um pouco mais atualizada. você conhece francês e a famosa mania que eles têm por cinemateca e terceiro mundo. acontece que aqui tem mais cinemateca e clube de cinema do que em paris e se eu quisesse encher a carta com citações, poderia alistar uma quantidade enorme de filmes novos e antigos que andam exibindo em londres, dos mudos de rodolfo valentino aos mais recentes "undergrouds" de nova iorque. eu é que não vou lá, nem morto. vou aos meus cineminhas comerciais e reclamo quando a praça se enche de "funny girls", "sweety charitys", "hannibal brooks" e outras chatices. como em paris. aliás, eu estive lá pouco antes de ana chegar e nem mandei dizer a ninguém porque achei que não valia a pena. Estava tão chato, sabe?, aqueles franceses todos, teorizando sobre nossa pobre condição, aliando nossas enormes cabecinhas subdesenvolvidas, sabe, ah! bom é inglês que quando a gente diz que é do brasil, exclama: "brazil? yes, of course. south america!".
concluída minha defesa, continuo. vi "cul de sac", "repulsion" e "rosemary's baby". gosto muito do último. não é chato essa turma de comuna bobão (aí e em paris) ficar dizendo asneiras do polanski por causa da vida? ora que porra! eu acho o filme lindo e — por outro lado — "uma macabra história de magia negra em plena nova iorque" é, por exemplo, laís de biquíni na pérgula do waldorf astoria. perdão. francês de biquíni. aquela segunda parte de "repulsion", meio hammer productions, meio cocteau, é de fato besta. Mas o mario de "cul de sac" me parece também um pouco demais,

embora eu goste do filme quase tanto quanto você. terminei sem experimentar os beijos roubados de truffaut: no dia em que te escrevi (recebeu?) dizendo que ia, terminamos indo ver uma peça com rita tushingham, da qual ana já falou em carta anterior. porque, não sei se você sabe, teatro aqui é melhor pra gente pobre do que cinema: é mais barato. mas o filme ainda está passando, de modo que devo assistir ainda esta semana. tem também o último filme de orson welles, "the immortal story" — que eu ainda não vi. e mais alguns: tem muito filme, rapaz. eu é que tenho andado com uma preguiça danada. e quando me resolvo, faço como hoje: vou assistir "west side story" pela nona (eu disse nona) vez. anteontem saiu um compacto novo dos beatles, que me entristeceu dos pés à cabeça porque é ruim como qualquer rock mixuruca. e o último álbum de jimi hendrix é tão incrível que, com o perdão da palavra, eu não tenho palavras. e me ocorreu agora, veja que nome lindo: pa-la-vra.
ana ficou boazinha da bronquite e agora está dormindo. são duas e meia da tarde, mas nós já almoçamos. fui ao banco (em mansions house), comprei um sapato pra mim. passei no supermercado, comprei esse papel de carta maravilhoso e vim para casa almoçar. madame fez pirê de batata com ovos estrelados, vim escrever e ela foi para a sesta. e pantaleão, o das aventuras?
pantaleão começou como professor de física num colégio do interior. mas isso foi muito depois das pedras e das tangerinas mineiras, quando nos seus olhos ainda brilhava uma esperança qualquer, talvez de retornar um dia ao húmido seio do solo pátrio. nessa época, ele veio a conhecer simão, por alcunha o caolho, a quem mais tarde dedicaria os sete volumes de sua autobiografia, redigia em castiço latim. mas você conhece tudo isso, não vou repetir.

repito é que "teorema" é o maior filme (melhor) que vi nos últimos tempos e que um filme chamado "bullit" (leia minha primeira carta) você não deve perder quando passar aí. sabe deus com que nome.

eu gostaria de fazer uma carta bem grande, só pra explicar direitinho porque essa história de "futuro da humanidade está na américa latina", dita de paris, me enche o saco, me dá uma raiva danada de francês, de universitário francês, de revolução francesa, de napoleão, de cohn-bendit, de gaule, de jeanne moreau, de marasade (sabe?), e de robespierre. não sei se você me entende e concorda, mas é fogo, major! nunca vi gente pra ter manias tão chatas, esses franceses estão ficando doidos, almoçam-jantam-e-cagam terceiro mundo, américa latina, biafra e outras ditaduras. depois vão pra rua jogar pedras na polícia, que está insuportável em paris e ninguém sabe por aí. batem feito loucos, estão quase tão chatos quanto os universitários. logo que puder mando pra você o livro do exploding galaxie. acho que terei um portador no início de maio. a holandesa (ótima) vai levando o teu endereço. espere com calma e ataque com moderação. ela fala francês e inglês e está aprendendo português. já entende um pouco. diga a lucila que a europa espera por ela. venham! escrevam! aproveitem! divirtam-se! música! dança! cinemas! uísque! corram! agora! ou nunca!

amor,

torquato

Na última semana de maio, a cena cultural londrina se agitaria com a prisão em flagrante de Mick Jagger e sua namorada, a cantora Marianne Faithfull, por porte de haxixe. Para completar a cena *heavy*, o contrabaixista Brian Jones, que semanas antes deixara os Rolling Stones, seria encontrado morto na piscina de sua casa, em Hartfield.

No dia 2 de maio, um dia após o Dia do Trabalho, Torquato escreveria a última carta de Londres, para o cunhado Helinho, anunciando que a mudança para Paris já tinha data marcada:

> meu querido,
> botei ontem no correio um bilhete pra você, dizendo que só escreverei agora de paris. mas dois acontecimentos aconteceram: primeiro, não vamos viajar senão quarta-feira, dia 7 e segundo, hoje de manhã chegaram cartas suas do dia 27. terça-feira já havia chegado outras carta sua para mim, do dia 20, se não me engano. a que você mandou para ana, no mesmo dia, não chegou até hoje e ela está uma fera com o correio. vocês se entendam.
> realmente, meu filho, fiquei viciado em teorema. não li os críticos de paris, nem os de londres e muito menos os bestas do jornal do brasil, mas garanto que tá todo mundo por fora. não é filme pra crítico, sabe? e o tal "conteúdo místico" é só um detalhe pra gente pensar, dentro de uma tese muito mais ao meu gosto, linda, sobre a moral burguesa. aquela história que eu vivo falando, sabe? envenena a moral dessa turma que o negócio apodrece. talvez eu esteja apenas puxando demais a farofa pro meu capão, mas isso é o que eu acho maravilhoso em teorema e em pasolini. você verá (se não cortarem demais) e dirá se estou dizendo imbecilidades. de qualquer maneira, continuarei achando o filme fantástico, intelingentíssimo e inteiramente por dentro. quanto a "bullit", é um policial comercial americano sobre o qual estou certo de ter falado em minha primeira carta pra você. acho que apenas mencionei, mas estou certo de que não há razão para tantas elucubrações de sua parte:

não é uma loura de olhos azuis nem a tal dinamarquesa que na verdade é holandesa e cujo endereço vai anexo. é um filme mesmo, animado à beça (nota do autor: no original estava "bessa"). diga ao reginaldo, quando ele correr atrás de você pelas galerias do rio. diga pra ele ver "bullit". merece. o sangue escorre pela tela. esterzinha ficará horrorizada, como ficou horrorizada com "domingo no parque" só porque falava em sangue. viu como se mistura dois assuntos absolutamente distantes? adeus.
de wilson pickett eu manjo e adoro e principalmente venero a gravação que ele fez de "hey jude", dos beatles. não sei se está no mesmo lp que você ouviu na casa do walter. e como vai o walter? ele continua importando discos? mas eu juro que não sabia dessa história de você associar ray charles com suburbanice. ora, helinho! ora! nem precisa recorrer a "yesterday" (dos beatles): ouça o crioulo cantando "eleanor rigby" (dos beatles) e acabe com a lembrança de ter algum dia tido má vontade com ele. aí volte e ouça qualquer coisa gravada por ele. é tudo de bom. em paris, verificarei uma porção de outras coisas. é verdade que encontraremos laís em cujos braços não mergulharemos, mas em cujos óculos examinaremos nosso olhos atônitos: será que aquela moça é séria, helinho? ou é tudo de brincadeirinha? olha, eu não sei não (e em breve saberei), mas desconfio que a turma do "futuro da humanidade está na américa latina" é mais pesada que a dos degaullistas. são muito mais "sérios", né? aliás, eu não sei bem o que estou indo fazer em paris e desconfio que me chatearei mais do que na primeira vez. mas ana quer ir e me sinto um pouco cansado de estar no mesmo lugar há tanto tempo, embora adore londres, etc etc etc. o gringo é um povo frio? olha, não é não. e se fosse? eu ia voltar ao brasil só por causa disso?

eu sou imbecil? continuo dizendo que não sei de nada e nenhum plano anunciado deve ser levado a sério. talvez eu volte ao brasil antes do fim do ano, não sei. na verdade, eu gostaria muito de voltar antes do fim do ano, mas só volto se, sei lá, se der pé, se a coisa aqui ficar ruim, qualquer motivo forte. tou me lixando pra essas histórias de gringo e de américa latina. tchau. tangerinas, sol e porta aberta pra você.

abre-te, césamo.

torquato

Ana recorda que, na falta de dinheiro, Torquato esbanjava bom humor, fazendo graça com a fina educação dos ingleses:

— Vamos tentar ser atropelados, única maneira de ficarmos milionários.

Torquato e Ana mudaram-se para Paris e, atendendo à sugestão de amigos, foram morar inicialmente em um pequeno e detestável hotel, o Excelsior, na Rua Cujas, 20, até se mudarem para o conhecido Stella, na Rua Monsieur Le Prince, 41, próximo a Sorbonne e aos Jardins de Luxemburgo. Torquato impunha algumas condições para a escolha do hotel:

— Primeiro: não pode ter estrela alguma, tem que ter bolinhas no máximo. Segundo: não pode ter escada grande, pois subir de porre, escalando três ou quatro andares, está fora de cogitação.

O Stella era uma festa diária e, portanto, sob medida para eles. Um edifício antigo (afinal, estamos em Paris), mal conservado (o papel de parede caia em alguns cantos) de apenas quatro andares, mas com elevador.

Ana e Torquato encontraram muitos brasileiros em Paris, alguns conhecidos, como Hugo Carvana e a jornalista Martha Alencar, e outros amigos, como Ronaldo Bastos, Alzira Cohen, agora ex-namorada de Nacif Elias, e João

Alberto Saldanha, companhia constante de Torquato na noite parisiense. Ronaldo, depois de passar alguns dias hospedado na casa de Ruy Guerra, mudou-se também para o Hotel Stella, por alguns dias, quando lhe ofereceram um quarto marcado por uma manifestação poética:

— O teto era rabiscado com um texto que diziam ser de Allen Ginsberg. Eu não tinha motivos para duvidar, pois ele realmente havia morado ali. Nunca fui confirmar a veracidade, mas de qualquer maneira, era bom dormir sob os versos de um poeta.

Alzira lembra que havia um padre francês, fã ardoroso da música brasileira e conhecido de Chico Buarque (ele tinha um violão com o autógrafo do Chico), que identificava Torquato como um compositor importante nesse contexto. Eles desenvolveram uma amizade que seria recebida como uma benção por qualquer estrangeiro nessas circunstâncias. Torquato passou a trabalhar em um bar, uma cave, administrada pelo padre, que funcionava na casa paroquial. Ambos estavam entusiasmados com o sucesso da programação e com o consequente aumento da freguesia. A decoração, carregada nas cores verde e amarela, com uma bandeira no piso, tinha sido bolada por Ana e João Alberto. Torquato dizia que era "a única boate do mundo habitada por freiras". A experiência, que tinha como objetivo levantar algum trocado, não durou mais do que três semanas.

Alzira, que muitas vezes ofereceu dinheiro a Torquato "para causas emergenciais", lembra que, passeando pela cidade, eles encontraram casualmente com Godard em um bar:

— O Torquato falou, excitado: "Olha o Godard ali." Ele, que era tímido, não se atreveu a puxar uma conversa, mas aproveitou para me dar uma aula sobre cinema, a importância de Godar etc... A gente gostava de frequentar a cinemateca do Museu de Arte Moderna no final da tarde, onde encontramos Godard pela segunda vez.

No hotel, eles conviviam com uma vizinhança heterogênea e bizarra, composta por exilados, músicos, poetas, desertores da Guerra do Vietnã e militantes dos Panteras Negras. Ou seja, do ponto de vista do Stella, Paris estava em chamas. Na lembrança de Ronaldo Bastos, a marginalidade era o tom dominante nos corredores:

— Algum gerente do hotel oferecia passaporte falso para qualquer eventualidade. Ele sussurrava nas caladas. Havia um tráfico constante entre as pessoas.

O cotidiano deles em Paris, sem nenhum demérito, seria feito de programas baratos e interessantes — na medida do possível. Passeavam em grupo, tirando fotografias, deitando na grama dos jardins (Ana, Torquato, João Alberto, Alzira, Ronaldo...) ou apenas ficavam participando das muvucas no Stella, quando todos iam para o mesmo quarto fumar e ouvir Hendrix. Durante as tardes, costumavam tomar banho na Maison du Brésil (onde tinham uma amiga residente chamada Regina) e vinhos nos bares famosos pela freguesia intelectual e poética. Priorizavam os cafés do *boulevard*, onde Hemingway escreveu *Paris é uma festa*, ou aquele de esquina, onde Sartre e Simone passavam as tardes conversando. Torquato adorou conhecer o vinho e o conhaque nacional. Em pouco tempo, tinha conquistado a simpatia de um bar no Boulevar St. Michel, onde o garçom ganhara o apelido de Manchinha, graças a uma sujeira "irremovível" no avental. O lugar chamava-se oficialmente Café Luxemburgo, mas ficaria para sempre conhecido como "o bar do Manchinha".

O cabeludo João Alberto (como Ciro Junqueira, um especialista em furtos e roubos) lembra de um episódio engraçado, com Torquato imitando (sem nenhuma maldade, apenas pela graça histriônica) um freguês portador de um acentuado defeito físico, manco, que costumava abrir a porta e entrar no salão de forma inusitada:

— O Torquato caprichou na encenação, mas não percebeu que — extrema coincidência — o rapaz apareceu na porta por trás dele... Os dois seguiram mancando em fila... Foi extremamente constrangedor, mas muito divertido.

Em carta escrita no dia 31 de maio, Torquato — como sempre, sem nenhum deslumbramento — informava sobre suas frustrantes tentativas de prestigiar a produção brasileira disponível em Paris:

> helinho,
> estou irritadíssimo. imagine que ontem à noite me entusiasmei um pouco além da conta e fui assistir "vida provisória", aquele filme nojentíssimo do maurício gomes leite. puta que pariu! ainda não me recuperei da porrada, não entendo mais nada, acho que não sei mais de coisa alguma, nunca vi nada igual. Ainda bem que o filme do glauber passa na semana que vem. regina telefonou há pouco para dizer que chegaram aqui mais cedo, com alguns recortes que você mandou, mas laís anda tão terrivelmente chata que leu tudo em voz alta, interpretando cada frase, de modo que não pude prestar muita atenção. mas eu juro por deus como aquela história da volta da canção romântica, reedição compacta de velhos ídolos e canções eu já sabia que aconteceria. já havia, inclusive, explicado tudo isso a guilherme, em londres. é claro, né? guilherme não acreditou em mim (nunca ninguém acredita em minhas previsões) e agora, com o seu recorte, vou provar a ele como eu não erro nunca. ele está aqui em paris e vai na semana que vem para nova iorque. e te digo mais: esperanças de que os próximos festivais clareiem as coisas é bobagem. não vão clarear nada, mesmo que os grandes medalhões

que estão fora voltem para concorrer. só quem podia continuar clareando um pouco éramos nós: edu, chico, marcos valle etc, você sabe, não iriam mais clarear porra nenhuma. depois, eu conheço os compositores que ficaram aí. você verá, nos próximos festivais, enxurradas de canções ou iê-iê-iês românticos e mesmo os que andaram macaqueando a tropicália recentemente já não terão coragem de continuar. vai ser chatíssimo. angela maria (que eu adoro) voltará em grande estilo e silvio caldas (enjoadíssimo) defenderá a canção vencedora. qualquer coisa assim. essa história de censura censurando cartas é o fim da picada. por favor, senhor censor, pare aqui, tenha vergonha, a carta não é para o senhor, vá tomar na bunda. continuo. e volta a laís. não leve em consideração as simpatias que andei demonstrando pela moça em minhas primeiras cartas. era só impressão. eu já não aguento mais, estou para estrangular laís, ela não desgruda um só instante, e como fala! e como está por fora. meu deus, como é burra! ana tem tido ataques, mas não adianta, não há guarda-chuvas contra laís. é fogo! eu não escrevi mais cedo esta semana porque passei a semana inteira de ressaca, o vinho aqui é barato e bom, irresistível. vi uma peça muito bacana. chama-se "the beard" e está sendo representada em inglês, pelos atores de nova iorque no teatro da cité universitaire. não sei se você já ouviu falar, mas é de um maluco da califórnia, amigo de ginsberg chamado no lure. tem só dois personagens, billy the kid e jean harlow. na estreia, em nova iorque, a companhia inteira (até a bilheteira do teatro) foram em cana, acusados de sodomia e atentado ao pudor. o billy the kid passa a peça inteira chamando jean harlow pra chupar o pau dele e ela passa a peça inteira mandando ele tomar no cu. no fim, discutem com centenas de palavrões pra saber quem é mais bonito e ele tira as calcinhas dela e chupa-lhe a xoxota enquanto ela grita todos os piores palavrões da língua inglesa e a aleluia de händel (sei que não se escreve assim) toca a toda altura. é muito bacana e os dois atores são geniais. vi um filme de jules dassin chamado "up tight", sobre o poder negro nos estados unidos. é inteiramente ridículo, se passar aí não vá. tenho lido nos jornais daqui sobre os assassinatos brasileiros desta semana. o padre do recife e o irmão do lino de matos. muito edificante. os jornais daí têm publicado as verdadeiras notícias da argentina, do equador e da bolívia? não acredito porque o negócio lá está fogo, com barricadas nas ruas e muita gente morrendo. fique sabendo. você recebeu o recorte que eu mandei de londres, com um artigo de marcuse? um artigo grande, de página inteira? desconfio, mande dizer. paulo josé, dina sfat, odete lara, glauber rocha, m. g. leite, gustavo dahl e outros são pessoas encontráveis todas as noites nos botequins de saint germain. meu deus, como tem brasileiro aqui. é impressionante. hoje de manhã deu uma trovoada tão grande em paris que eu me senti em plena chapada do corisco. por essas e por outras é que eu tenho uma saudade enorme de londres, para onde não voltarei porque não me deixarão entrar. mas isso é uma história comprida que depois eu te conto. abraços grandes, beijo, paz.

torquato

A vida cultural em Paris implicava também na leitura diária de jornais, principalmente o Le Monde — para se informar e exercitar o idioma. Depois de sete meses de andanças pela Europa, Torquato estava mesmo desgastado por questões básicas de sobrevivência. Enquanto rezava para Sérgio Mendes não atrasar os pagamentos de direitos autorais, cogitava poder voltar ao Brasil "assim que possível". Esse desabafo feito ao cunhado Hélio, no dia 3 de junho, nos permite avaliar sua angústia e expectativa nesse momento:

> "minha situação vai ficando embaraçosa e eu já não sei mais o que pensar. gostaria de voltar ao brasil apenas depois que caetano e gil fossem liberados e pudessem me contar exatamente o que esses caras sabem e querem. mas, ao mesmo tempo, começo a me chatear, não sou daqui, não quero viver aqui e gostaria muito de voltar pra casa no fim do ano. e tenho medo. não sei precisamente de que, tenho a impressão de que não seria preso, mas tenho e sustento o palpite de que eles me guardariam o passaporte e eu não conseguiria sair do brasil tão cedo."*

Três dias depois, enquanto tomava vinho no botequim do Manchinha, Torquato escreveria novamente ao cunhado Hélio, usando uma folha de guardanapo para falar, entre outras coisas, do novo visual adotado (com cabelos compridos) e revelar ter tido mais um dia de "fossa", recuperando uma vontade de largar tudo e voltar logo para o Brasil:

> meu querido,
> eu fui realmente muito injusto com Paris, quando escrevi (de Londres) sobre a programação dos cinemas daqui. a verdade é que tudo quanto é filme fica passando nessa terra e não tem mesmo comparação com Londres. eu é que tenho preguiça e não vou muito. enfim, pompidou vai ganhando. e o le monde de hoje publicou notícia segundo a qual <u>todos</u> os membros do conselho de segurança nacional, do brasil, estão ameaçados de morte por

---

* James Baldwin (1924–1987), autor de *Notes of a Native Son in Another Country*, traduzido para o português como *Numa terra estranha*.

um tal tribunal popular de uma tal frente de libertação nacional. é verdade? deus os tenha. vi o filme do glauber. não sei se você gostou, mas eu achei incrível, impressionante, lindíssimo. acho realmente melhor do que os outros, o que já é elogiar demais, né? ontem à noite, eu fiquei numa fossa danada, me deu vontade de voltar correndo, mas hoje melhorou. quando receber meu dinheiro vou para roma. meu cabelo está enorme, não sei se terei coragem de chegar no brasil assim. mesmo porque quando eu for ele estará muito maior. laís transformou-se numa ameaça renovada a cada novo dia. faço tudo para não tratá-la mal e espero não engrossar. desculpe o papel. estou num bar. são 3h15. continuará aberto, mas vamos subir porque ana está cheia. eu não estou, mas vou, porque sou bom marido. queira-me bem. beijos. saudações estudantis.

torquato

Na opinião de Alzira, Torquato estava mesmo muito angustiado nesses dias, pressionado pela falta de dinheiro e pela impossibilidade de sair de Paris. As pessoas estavam, na verdade, fugindo para o exílio — aquelas que não tinham impedimento financeiro ou ainda não estavam detidas. Muitos saíram pelo sul, Uruguai, Argentina, Chile, e depois tomavam o caminho da Europa. Caetano e Gil escolheram Londres — e até já tinham alugado apartamentos gêmeos em um bairro tranquilo. Antes, fizeram um show de despedida, em Salvador, que seria sugestivamente chamado de Barra 69, onde as músicas *Aquele abraço* e *Irene* deram partida a uma impressionante carreira de sucesso, sendo ouvidas de norte a sul do Brasil. Mais uma vez, a produção do show — no qual eles cantaram os hinos do Senhor do Bonfim e do Esporte Clube Bahia — era do amigo Roberto Sant'anna.

Para Torquato, as notícias que chegavam do Brasil eram desanimadoras: o pau comia solto nas esquinas, e o presidente Costa e Silva, acometido por uma estranha doença (oficialmente, isquemia cerebral), deixara o poder nas mãos de uma junta militar — formada pelo general Lira Tavares, pelo almirante Augusto Rademaker e pelo brigadeiro Márcio Sousa e Melo. O vice Pedro Aleixo, o civil que deveria assumir o cargo de presidente, como previa a Constituição, fora sumariamente afastado da cena política. A lei do mais forte advertia: "Manda quem pode, obedece quem tem juízo."*

Em julho, houve uma cerimônia — uma missa solene em ação de graça — celebrada pelo aniversário de Chico Buarque. Depois, Torquato diria com ironia, ridicularizando o evento, que "até a irmã do Miguel Arraes estava presente, apesar da ausência do próprio Chico". Nessa época, Ana apresentaria uma notícia de impacto em fórum íntimo: ela estava grávida. A novidade foi recebida de forma festiva por todos, inclusive por Torquato, que sempre tratou com carinho a ideia de Ana ser mãe — mais do que ele ser pai.

No dia 31 de agosto, no aniversário de Alzira Cohen, eles fizeram uma festinha entre amigos, quando a grande sensação da noite seria o disco de Gil com a música *Aquele abraço*, que alguém trouxera do Brasil. Torquato ouvia em clima de exaltação, considerando o disco "bonito, muito comovente". Nessa noite, a aniversariante ganharia dele um livro de Godard, com uma dedicatória provocativa, referindo-se ao crítico (e cineasta) Maurício Gomes Leite:

"Alzira, não acredite em M. G. L.
Torquato"

---

* *O dragão da maldade contra o santo guerreiro,* que daria a Glauber o prêmio de melhor diretor no Festival de Cannes.

Durante essa madrugada, enquanto Ana dormia no quarto do hotel, Torquato escreveria, segundo sua própria avaliação, em um estado "ligeiramente tonto", um texto intimista, uma prosa confessional em forma de carta*, dizendo-se "doente", sem coragem para contar os "detalhes mais sórdidos dessa minha vida". Em determinado momento, revela o desejo de escrever um filme "que talvez nunca faça porque estou mais velho do que me imagino e porque estou condenado à grande morte". No final, o reconhecimento de que "isto me deixa perplexo à medida em que eu vou indo, mas não tenho clareza nenhuma sobre como e por quê".

Na mesma semana ele escreveria um texto enigmático chamado *A matéria o material — 3 estudos de som, para ritmo*. Eis um trecho:

"arco
artefato
vivo
auriverde
sirv
o
a
fé
(ri?)
da fa
da, moça
in
feliz:

---

* Publicado em *Os últimos dias de paupéria*, Torquato Neto, Max Limonad.

arci
art&fato
vi-vo
auriver
te,
sir v
o
a fe
ri D
a fa
da (in)
feliz"
(...)

No dia 5 de setembro, depois de ler o Le Monde, Torquato escreveria outra carta ao cunhado Hélio falando de diversos assuntos, mas pela primeira vez manifestando o desejo de fazer cinema quando voltar ao Brasil. Ele se mostrava enfático ao falar dessa decisão. Em tom carinhoso, dizia ter notícias de que os "meninos (Gil e Caetano) já estão em Londres", depois de passar cinco dias em Paris, e "foram cuidar da vida". Em nenhum momento Torquato diz que se encontrara com Gil e/ou Caetano (apesar do intenso folclore versando que a briga entre eles teria acontecido na Europa, sabe-se que, nesse dia, Torquato saiu de casa para encontrar os amigos e voltaria logo depois, sem nunca revelar o que realmente aconteceu).

paris, paris, paris
minha gente, eu quero ver
o que todo mundo diz.

helinho,
estou acabando de ler no monde notícias muito interessantes do brasilzinho. hoje é dia 5 de setembro. o monde garante que você ouviu na televisão e leu no jornal e

como não temos nada a ver com o treco, não comentamos. esperemos, cantemos, sigamos a canção. sua carta também chegou hoje, quando menos esperávamos, porque faz tempo e rita disse um dia desses que você havia enlouquecido. mas vejo que não, que vai bem, que se inspira e que se tarda, não falta. ana é que andava nervosa, chegando inclusive a te escrever bilhetes insultuosos em papel higiênico. Perdoe a irmã, que espera sobrinho e sofre a demorada ausência de notícias da grande família.
(...)
você deve ter notado em bilhete que te fiz um dia desses que ando meio devagar ultimamente. estou cansado desse negócio aqui e louco para fazer a meia volta. os meninos já estão em londres, ficaram apenas alguns cinco dias em paris e foram cuida da vida. já ouvi o aquele abraço e juntando tudo com o pilequinho que estava acabando de tomar na hora, rapaz, foi uma água. é muito bonito, muito comovente, e eu como autêntico brasileiro (m. gomes leite: "o brasil é um país sentimental", lembra-se?), me derreti e fiz discursos, teci teorias, briguei. foi lindo; e nesse dia comemorávamos o aniversário da alzira. em seguida, fomos à cinemateca e eu vi (finalmente) "week-end", um dos filmes mais gloriosos da história do cinema. anteontem reassistimos "ladrões de bicicletas" e ontem um filme italiano chamado "propici", de gianni amico, rodado em milagres (ah!), e falado em português. "vidas secas", segundo a itália, bem fraquinho. passou aí? é pena que alguns dos melhores filmes que temos visto aqui, vocês jamais verão no brasil, por motivos óbvios. eu te contarei todos.
não ouvi ainda o elepê de caetano, mas joão já ouviu aqui na casa dele. tínhamos saído para jantar e quando voltamos, o disco já tinha se mandado. ou muito me

engano, no entanto, ou terminarei por escutá-lo qualquer dia desses. joão é tão por fora que nem comentou a gravação de "carolina", que eu já sabia. estou louco pra ouvir.

mas como eu ia dizendo, ando muito devagar ultimamente. cansado. quando a gente viaja é bom, e eu sinto perfeitamente que essa minha viajem é boa, mas está acabando. eu queria te explicar, mas não sei se posso. veja: nesse tempo todo fora de minha vida no brasil, fui modificando tanto certos detalhes, muita coisa passou a ter outro peso e as medidas velhas se fuderam também. pelo menos isso tudo me deixou certo das poucas coisas que preciso, apenas três ou quatro, menos, muito menos do que eu exagerava antes. não é questão de equilíbrio, mas de medida das necessidades básicas: café da manhã, ana, refeição e alguma coisa pra fazer*. você não imagina como é terrível não ter nada para fazer, mesmo para um vagabundo como eu que praticamente, embora o currículo, não andei fazendo porra nenhuma durante muitos anos. isso eu já aprendi de sobra por aqui e por isso estou louco para voltar ao brasil, onde — só aí, e não sei bem por que — posso e quero fazer alguma coisa. falo de cinema há séculos e nunca fiz um filme. não tem graça.

escrevi aquelas letras de música, mas o que diabo é isso? acontece que aqui na europa eu fui ficando obrigado a não fazer <u>nem</u> isso, andando pra cima e pra baixo e isso é que foi bom porque me exasperou e agora eu não aguento mais.

por isso a viagem acabou e eu vou voltar pra trabalhar em cinema e trabalhar nisso até me dar por satisfeito. entendeu?

---

* uma cervejinha também.

quero fazer um filme imediatamente após minha chegada aí. já vou levando filme virgem daqui (baratíssimo) e também já vou com algumas ideias na cabeça. alzira trabalhará comigo e se silvinha não estiver inteiramente louca, quero que ela apareça também. você tem visto essa figura? como vai ela?

e duda? escrevi para ele fazendo algumas perguntas e agora estou esperando respostas. se você encontrar com ele, por favor, pergunta se ele recebeu. a carta (diz a ele) foi para o endereço do saldanha. diz pra ele responder porque é muito importante pra mim, mais do que a morte do ho chi minh. rita escreve sempre. é a única pessoa que dá alegrias semanais a minha mulher. essa história de vocês estarem namorando foi engraçada aqui, porque dona lita fez uma carta enorme e no meio escreveu assim: "parece que rita e helinho estão namorando. parece que dona iná ainda não sabe." aí eu quis escrever para vocês perguntando e cheguei até a fazer a carta, mas depois fiquei encabulado: e se fosse engano de dona lita? vocês iam nos gozar. fomos ficando na moita, até que a rita escreveu uma carta perguntando: "mandei dizer que estou namorando helinho e vocês não dizem nada. por quê?". acontece que a tal carta não chegou aqui. então saímos para o bar do monsieur jacques e festejamos. parabéns pra vocês. ronaldinho acaba de chegar pra contar as histórias do monde. mas eu já li... ana está pedindo a máquina de escrever também. mas só depois. (...)

um dia desses eu estava chateado e fui sozinho (de tarde) sentar lá no sena. fiquei sentado um bocado. aí o rapaz apareceu com duas garrafas de coca-cola família. me ofereceu uma, eu não aceitei, mas aceitei o papo, pra ir treinando o meu francês. aí ficamos conversando sobre tiers monde (não esquecer a nacionalidade do cara) até o

entardecer. foi lindo! nunca mais vi, nem sei o endereço. mas o cara era muito amigo.
você me fez uma carta enorme, genial, e eu respondo com essas besteiras curtas. me perdoe. escrevo de novo pra você dentro de uns dois dias. quero só me sentir um pouco melhor antes. vai ser difícil, mas vamos ver. ana quer escrever. lá vai ela. beijão,
torquato

No dia seguinte, véspera do Dia da Independência, ele criaria outro poema, dedicado a Ronaldo Bastos, fazendo uso de uma linguagem comportada também na métrica:

o poeta nasce feito
assim como dois mais dois;
se por aqui me deleito
é por questão de depois

a glória canta na cama
faz poemas, enche a cara
mas é com quem mais se ama
que a gente mais de depara

ou seja:

quarenta e sete quilates
sessenta e nove tragadas
vinte e sete sonhos, noites,
calmas, desperdiçadas.

saiba, ronaldo, acontece
uma vez em qualquer vida:
as teias que a gente tece
abrem sempre uma ferida

no canto esquerdo do riso?
no lado torto da gente?
talvez.
o que mais forte preciso
não sei sequer se é urgente

nem sei se eu sou o caso
que mais mereço entender
de qualquer forma, o a-caso
me deixa tonto. e querer

não é sentar, ter na mesa
uma questão de depois:
é, melhor, ver com certeza
quem imagina um mais dois.

Em carta escrita no mesmo dia, Torquato se mostrava espantado com as notícias publicadas em jornais brasileiros falando que ele fora "hóspede de John Lennon" ou que tinha composto uma canção para o grupo Swingle Singers. E concluía em tom de lamentação:

"Se eu tivesse feito música para os Swingle Singers não estaria, creia, na situação em que estou aqui. Só eu sei, até o padre me abandonou e minha bolsa está encrencada porque o desgraçado partiu de férias etc etc. Acho que vou roubar um gravador dele. (...)"

Três dias depois, ou seja, um mês antes de completar 25 anos, Torquato escreveria um texto (poema) enigmático*, para ser lido em um tempo futuro e onde, pela primeira vez, faria uma citação a Caetano Veloso:

---

* Publicado em *Os últimos dias de paupéria*, Torquato Neto, Max Limonad.

(...)
"quando eu estava
para completar 25
anos
eu estava em paris
e estava ouvindo o disco de caetano
e depois pensei: SIM
e sim e depois
quando eu estava   anos
e estava em paris
e depois eu pensei
quando eu estava ok,
ok.
(...)
eu tinha 25 anos em Paris
no dia de hoje."

Para complicar a situação, um acontecimento dramático provocaria grande repercussão na comunidade de exilados brasileiros em Paris: o embaixador americano Charles Burke Elbrick, de 61 anos, fora sequestrado no Rio de Janeiro em uma ação conjunta das organizações guerrilheiras MR–8 e ALN. A moeda de troca era a libertação de quinze presos políticos em operação que seria concluída com absoluto sucesso — do ponto de vista da guerrilha. A reação esperada ao audacioso gesto da esquerda seria, sem nenhuma dúvida, bem exacerbado por parte dos militares. Aquela noite, acompanhando a notícia do sequestro pela televisão, no saguão do Hotel Stella, um calafrio perpassou a medula de todos. Além de Torquato, Ana e Alzira, o hotel se encheu de brasileiros que procuravam notícias sobre o episódio. Entre eles, havia uma funcionária do Itamarati, chamada Neli, que tinha uma irmã, Norma, que para surpresa geral estava entre os presos relacionados para a troca. Era como se a esperança de uma trégua com o regime militar ficasse ainda mais remota.

No dia 25 de outubro, o Congresso Nacional seria reaberto para ratificar o nome do general Emílio Garrastazu Médici como Presidente da República. O cinema brasileiro descobria o herói *Macunaíma*, adaptação de Joaquim Pedro de Andrade para o romance de Mário de Andrade. Estava criada a Embrafilme. O último e melancólico festival de música da TV Record premiaria *Sinal fechado*, de Paulinho da Viola, como a melhor canção; *Cantiga para Luciana*, de Edmundo Souto e Paulinho Tapajós, na interpretação de Evinha, do Trio Esperança, ficava com o primeiro lugar no FIC carioca. Em São Paulo, a polícia, depois de engendrar uma tocaia eficiente e conclusiva, fuzilava — dentro de um fusca estacionado no centro — o líder guerrilheiro Carlos Marighella. Agora sim, dizia-se nos quartéis, a rapaziada vai ver o que é bom pra tosse.

A ideia de voltar ao Brasil, mesmo com as ameaças iminentes, parecia ser a única saída para Torquato e Ana; viver em Paris, onde a situação era igualmente incendiária, estava cada dia mais difícil. (Certa noite, Torquato apareceu nervoso e machucado na casa de Hugo Carvana, erguendo a camisa e mostrando marcas de pancadas nas costas. Teria sido a polícia, depois de pedir os documentos que ele, inadvertidamente, esquecera em casa: "Eu fui ao metrô acompanhar uma amiga que me visitava. Eu ia voltar em seguida. De repente, os homens chegaram e prenderam alguns cabeludos, nem quiseram saber", explicou ele.)

Para complicar o quadro, Ana, para todos os efeitos, curtindo uma gravidez não programada, procurou marcar uma consulta, oferecendo ao médico alguns sintomas. Mesmo assim, quando recebeu o diagnóstico de "gravidez psicológica", ou algo assim, ela ficaria surpresa e sem entender o que se passava... Afinal, seus seios estavam crescendo, a menstruação retardada e... tudo mais.

Pouco depois, com a gravidez de quatro meses confirmada, Torquato chegou a destacar o cunhado Hélio para, no Rio, levantar preços e informações nos escritórios de navegação da italiana Linea C, que mantinha duas viagens por mês para o Brasil. Ele sugeria comprar as passagens a prestação, apelando para que algum amigo generoso e prevenido se dispusesse a pagar a primeira parcela.

Enquanto a solução não chegava, eles aproveitavam todas as horas livres para incrementar ao máximo a programação cultural. Torquato fora cooptado por um casal de brasileiros (exilados do PCB), a comprar, ao preço de 10 francos, dois ingressos para uma grande festa da "juventude revolucionária", em Paris. Ele lamentou a sorte de suas economias, mas acabou aceitando "a facada". O mesmo casal lhe faria um convite para escrever uma nova letra para o hino da Internacional Socialista, em português, que pretendia apresentar em substituição à versão vigente. O poeta considerou o convite um "presente de grego", capaz de adicionar mais alguns anos de cadeia à sua sentença, caso caísse nas malhas da justiça brasileira. Era a paranoia instalada. A vida estava no limite, e qualquer movimento brusco poderia ser fatal.

Certa tarde, quando caminhava próximo aos Jardins de Luxemburgo, Torquato seria surpreendido com a visão inesperada e oportuna do velho amigo Péricles Cavalcanti, que conhecera em São Paulo através de Capinam (que, aliás, estava com Gal em Londres, visitando "os meninos"). Péricles estava em Paris vivendo como *hippie* em comunidades, tocando violão no metrô e rolando as tardes pelas ruas. Ele recorda:

— O Torquato parecia particularmente alegre. Acho que tinha acertado sua volta ao Brasil. Estava com uma cara ótima. Lembro bem que seu visual estava diferente, incorporando um cabelo tipo "black power", redondo e bem armado. Conversamos por um tempo e nos despedimos com a promessa de nos encontrarmos no Rio.

E foi assim que, exatamente um ano depois de ter desembarcado em Londres, o poeta começou o caminho de volta para casa. Um longo caminho, propositadamente programado como roteiro final para aproveitar o que ainda fosse possível da velha Europa. Em companhia da amiga Alzira, ele e Ana tomaram um trem para Madri, onde ficariam alguns dias "batendo pernas pela cidade". Aproveitaram para conhecer Toledo, a mística ex-capital da Espanha — conhecida como rota de Don Quixote de La Mancha e terra natal de El Greco — em uma viagem de apenas dois dias. De Madri, eles foram para Lisboa onde chegaram no início de novembro para as despedidas de Alzira, que embarcava em um navio de volta para casa. Antes, porém, eles puderam comemorar o aniversário de Torquato, dia 9 de novembro, em uma casa de fados do bairro boêmio.

Sem dinheiro para gastar, o casal passava as tardes lendo no quarto do pequeno hotel — propriedade de uma senhora belga. Finalmente, em 5 de dezembro, quase quarenta dias depois de terem chegado a Lisboa, Torquato e Ana embarcaram em um avião da Varig com destino ao Rio de Janeiro. Ana estava entrando no sexto mês de gravidez e, como era comum naqueles dias, desconhecia o sexo do bebê.

CAPÍTULO 9

NAS MALHAS DO ENGENHO

(cada louco é um exército)

No início de 1970, o Rio de Janeiro era uma cidade ligeiramente diferente daquela de um ano atrás — apesar do lapso transcorrido. A nova atração das noites brasileiras era o Jornal Nacional, noticiário da TV Globo que integrava o país em rede, enquanto que, nas bancas de jornais, o semanário O Pasquim era o mais vendido entre os tabloides nascidos da revolta social. Os rapazes da redação — entre eles, Jaguar, Millôr Fernandes, Paulo Francis e Ivan Lessa — diziam: "Intelectual não vai à praia, intelectual bebe." Os outros, aqueles que não se reconheciam tão intelectuais, os niilistas, estes iam à praia no pier de Ipanema, trecho conhecido como "as dunas da Gal" ou as "dunas do barato". Era a turma do desbunde. No lugar de Caetano e Gil, agora existiam os Novos Baianos. Sim, a cidade e o país estavam mudados. A propaganda oficial criara o slogan "Ame-o ou deixe-o", referindo-se a um lugar genuinamente tropical e bonito por natureza. O Correio da Manhã, principal jornal carioca de oposição, depois de sofrer uma asfixia em suas finanças, trocava de mãos, deixando de pertencer a Niomar Muniz, viúva de Paulo Muniz Sodré, o fundador, para ser arrendado pelo grupo dos irmãos Alencar (Marcelo), os mesmos do Última Hora, então dirigida por Ari de Carvalho.

Quando chegaram ao Rio, eles foram morar no apartamento da família de Ana, na Tijuca. É possível afirmar, sem cometer nenhum despropósito, que o curto porém intenso período em que viveu na Europa (exatamente um ano) funcionaria para Torquato como um divisor de águas. Seu estado de espírito havia se alterado, com a escala de "pesos e medidas", registrando uma sensível dissonância em relação ao resto do coral. Seu aspecto físico também era outro. Ele estava, digamos, mais "louco", cabeludo e atrevido — para não dizer agressivo e afetado. Suas crises de depressão eram agora mais frequentes e profundas. Apesar disso, poucos amigos poderiam ser testemunhas dessas idiossincrasias, pois Torquato — por mais contraditório que possa parecer — continuava bastante discreto e tímido, na opinião de outros amigos.

O antigo parceiro, Duda Machado, entretanto, recorda-se do reencontro com Torquato na Cinelândia e das impressões que ficaram:

— Seu abalo era visível. O jeito desajeitado e tímido parecia maior, com a defesa abaixada pelos golpes. Não que ele fosse, em esfera íntima, incapaz de agressão, mas isso acabava sempre em ofensiva maior a si mesmo. Torquato era da raça dos que são "a faca e a ferida".

O feliz reencontro com velhos amigos, como Waly e Jorge Salomão, Ivan Cardoso e Macalé, não impediria a chegada de novos, como Luiz Otávio Pimentel, Luiz Melodia, Nonato Buzar e, principalmente, o primo Paulo José, filho da tia-madrinha Yara, irmã de Saló. Paulo José, agora promovido à condição de rapazote, seguiria o caminho de Torquato, ingressando em uma faculdade de jornalismo em Brasília. A correspondência trocada entre eles, no futuro próximo, seria um legítimo documento sobre o cotidiano e o pensamento do poeta.

Entre as amigas pessoais de Torquato, a produtora Ivone Kassu era uma das mais próximas, podendo mesmo ser considerada confidente. Eles haviam se conhecido em São Paulo, quando Ivone trabalhava como assessora de imprensa, cuidando dos interesses de alguns astros da MPB. Eles agora se reencontravam no Rio por força das atividades no *show business*. Torquato eventualmente aparecia na casa da amiga, um endereço nobre a essa altura do mapa: Rua Visconde de Pirajá, 46, a poucos passos dos bares Jangadeiros e Zeppelin. Na avaliação de Ivone, "Torquato voltou da Europa sem energia, tentando se recuperar de um desamor".

Após o retorno, seu primeiro emprego foi como copidesque no Correio da Manhã, contratado por Fernando Lemos, na época ocupando a função de Secretário de Redação. O Correio era, então, um dos jornais mais importantes do país, uma escola de jornalismo por onde tinham passado intelectuais da estirpe de Graciliano Ramos, Antonio Callado e Otto Maria Carpeaux. Entre seus novos colegas, Torquato gozava de certa notoriedade, desde que a safra de músicas da Tropicália, inclusive a sua *Geleia geral*, na voz de Gil, ainda compunha a trilha sonora da rapaziada. Era um sucesso consolidado. Fernando Lemos, que tinha um apartamento no Leblon, onde Torquato costumava ficar algumas noites, eventualmente, lembra que o poeta tinha o sentido de "resistência" como uma arma política e ideológica:

— O Torquato nada tinha de calmo e tranquilo. Pelo contrário, estava sempre cobrando iniciativas, botando todos pra trabalhar. Muitas vezes, me parecia obsessivo e tenso. Era um *outsider* autêntico, um corpo estranho na redação. Certa vez, quando Jimi Hendrix ainda era vivo, ele me disse ter visto a morte no olho do guitarrista durante um encontro em Londres. O cara morreu logo depois.

Muito falado e pouco conhecido. Por ter sua imagem não muito divulgada pela imprensa, a curiosidade em torno de

Torquato era um fenômeno recorrente. Embora tudo tenha acontecido na velocidade de apenas quatro anos, seu nome se encaixava como uma grife na moderníssima música popular brasileira, ora confundida com uma história remota e clássica (*Pra dizer adeus* soava como uma música feita nos anos 1950, longe do ritmo louco da Tropicália), ora devidamente identificada com a marca audaciosa do tropicalismo inovador. Quando passava pelos corredores, as pessoas comentavam: "Este é Torquato Neto, o compositor. Todos pensam que ele é baiano, mas na verdade é piauiense."

(Foi nesta época e nessas circunstâncias que este autor encontrou Torquato pela primeira e única vez, no primeiro semestre de 1970. Eu ainda morava em Curitiba, mas estava no Rio fazendo reportagens e aproveitando para visitar alguns amigos que trabalhavam em jornais cariocas. Um deles, o poeta Paulo Leminski, tinha cruzado com Torquato [nas redações e nos botequins da Rua Gomes Freire], a quem considerava "uma referência na linguagem poética moderna, fazendo a poesia tocar no rádio". Durante um show de música no Teatro Tereza Rachel, repetindo um gesto emblemático, outro amigo me confidenciava em um cochicho, apontando com o queixo: "Aquele ali é Torquato Neto, o letrista. Ele está trabalhando lá no Correio." Do alto das galerias, junto ao balcão, pude ver a esguia figura de um rapaz cabeludo, vestindo uma camisa de mangas compridas bastante justa no tórax. As mangas estavam dobradas. Torquato estava com um grupo estridente de amigos, dos quais tenho lembrança apenas de Luiz Otávio Pimentel e Waly Salomão, a quem fui apresentado minutos depois, na saída do teatro. Waly estava de tamancos, calça listrada e os longos cabelos repartidos ao meio. Usava óculos quadrados, tipo fundo de

garrafa. Torquato não apareceu na roda de conversa, quando alguém disse que ele já tinha entrado em um táxi e partido. A partir desse dia e, mesmo sem saber que seria seu biógrafo, passei a me interessar por sua produção poética e textos jornalísticos. Todos eram, então — incluindo Leminski e Waly —, autores inéditos, cujas produções circulavam de acordo com os padrões da contracultura: à base de mimeógrafo ou, no máximo, suplementos literários.)

Dia 27 de março, sexta-feira da Paixão. Depois de uma gravidez saudável e tranquila, nascia de parto normal Thiago Silva de Araújo Nunes, signo Áries (Cão, no horóscopo chinês), filho único de Torquato Neto. Quando isso aconteceu, na Maternidade Escola de Laranjeiras, eles estavam morando em um apartamento alugado na Rua João Alfredo, 14, também na Tijuca. O menino se parecia fisicamente com o pai, com cabelos claros, quase louros. A amiga Alzira Cohen registra que Torquato recebeu a paternidade com certo desconforto:

— Ele não estava podendo com a vida dele, quanto mais criar um filho. Era impossível para ele, um iconoclasta, fazer o papel de chefe de família, com regras a cumprir. Certa vez, fui visitar Ana e o neném na Tijuca e encontrei Torquato saindo para o trabalho. Ele estava sujo de talco e irritado, resmungando contra as tarefas domésticas.

A governanta Maria das Graças, que Torquato chamava de Gal, uma menina piauiense considerada membro da família, seria destacada para as funções de babá do garoto, que desde cedo se mostrava avesso à claridade, preferindo dormir com um pano enrolado na cabeça, como o pai.

Enquanto isso, em Londres, Caetano e Gil (que trabalhavam com um novo parceiro, Jorge Mautner) faziam sucesso no

Festival Hall, cantando para uma plateia mista, que seria saudada com um aviso: "We don't apologise for our English. We just advice you it's a sort of a Brasilian English"* (na voz de Caetano). Gil abriria o espetáculo cantando *Volks-Volkswagen blues* e Caetano, *Asa branca*, com algum maneirismo na voz nordestina. Em carta a Hélio Oiticica, em 10 de março, Caetano reconhecia:

> "O show foi o que nós gostaríamos que fosse. Pra mim e pra Gil, foi muito mais do que esperaríamos. Foi muito bom de fazer. Eu queria tanto que você tivesse visto. Nós estávamos bonitos, calmos, esnobes. Sem vexame. Eu fiz tanto charme! E, na verdade, nunca cantei tão bem na minha vida. Gil como sempre, uma força da natureza." (...)

Esses eventos coincidem com o lançamento do LP *Let It Be*, o último dos Beatles, que se dissolveriam com a entrada em cena do fator Yoko. O revolucionário Lennon, um eterno apaixonado, já então dispensando o chicletes, anunciava a descoberta filosófica emergente: O SONHO ACABOU. Chegava ao fim a saga e a utopia da geração dos anos 1960, tendo como consagração final o festival de Woodstock, um fenômeno social que acabaria por tirar a juventude da marginalidade, transformando-a, finalmente, em mercado aberto de consumo. A liberdade, finalmente, era uma calça velha, azul e desbotada. Não que isso tenha sido determinado por Lennon ou pela força de seu aforismo, mas uma coisa explica a outra. Uma multidão calculada em 500 mil pessoas se reuniu na fazenda Woodstock, nos EUA, durante três dias, para tocar, cultuar o sexo, as drogas e o rock 'n' roll. O evento serviu para a explosão de músicos como Joe Cocker, Richie Havens

---

* Não nos desculpamos pelo nosso inglês. Apenas avisamos que este é um gênero de inglês brasileiro.

e grupos como The Who e Crosby, Stills, Nash & Young. Foi também o apocalipse de Jimi Hendrix! No Brasil, você pode não lembrar, mas as rádios tocavam *Eu te amo, meu Brasil*, com Os Incríveis, ou, na melhor das hipóteses, *Foi um rio que passou em minha vida*, de Paulinho da Viola. Com o governo Médici no auge, o país mergulhava na euforia do futebol, a grande mania nacional, com a conquista da Copa do Mundo do México, vencida com o brilho e o talento do rei Pelé. "Para frente, Brasil!", dizia-se no país do milagre econômico. No segundo semestre de setembro, com a morte de Jimi Hendrix e, em seguida, de Janis Joplin, ambas de overdose, as coisas começaram a ficar complicadas. Dias depois, Torquato escreveria na intimidade de seus pensamentos:

> "onde, em mim, a morte de jimi hendrix repercutiu com mais violência? há mais de um ano, em londres, eu havia dito com absoluta certeza: ele vai morrer. onde, em jimi hendrix, eu vi o espectro da morte? (...) a gente sabe que toda morte nos comunica um certa sensação de alívio, de descanso. não existe para mim a menor 'diferença' entre o hendrix que eu ouvia antes e o que posso ouvir depois."*

Em uma noite, enquanto perambulava pela cidade, já a altas horas, Torquato se envolveria em uma discussão com o síndico e o porteiro do edifício onde morava o cunhado, Hélio, no Largo do Machado. Por alguma razão (provavelmente porque estava bêbado), ele fora proibido de entrar e mesmo de fazer uso do elevador social. Houve uma discussão seguida de briga física, na qual Torquato levou a pior: quando Ana chegou, ele estava caído, machucado, sem condições de

---

* Publicado em *Os últimos dias de paupéria*, Torquato Neto, Editora Max Limonad.

se manter em pé (era como se, mesmo sem torcer-lhes o nariz, ele tivesse despertado a ira dos brutamontes). Hélio esclarece:

— Era tarde, eu estava recém-casado com a Maria Rita e decidi não atender. Eu não podia imaginar que era o Torquato tocando a campainha àquela hora da madrugada.

No dia 7 de outubro, depois de uma sequência de excessos cometidos e longas noites de depressão, Torquato decidiria se internar em uma clínica de repouso — ou sanatório para doentes psíquicos, como dizia o Serviço Nacional de Doenças Mentais. Escolheu o Hospital Odilon Galotti, no bairro Engenho de Dentro, que no futuro seria conhecido como Instituto Psiquiátrico Nise da Silveira, homenagem àquela que tirou os loucos das masmorras, afastando-os da humilhação e dos choques elétricos. Em sua ficha clínica, construída a partir da primeira entrevista com o médico Oswaldo dos Santos, diretor do hospital, está escrito em caligrafia que mais se assemelha a um pictograma:

"Idade: 24 anos. Faz uso de bebidas alcoólicas. Histórico de tentativas de suicídio. Começou a ficar doente a partir de 1968, morando em São Paulo, começando um trabalho de equipe com músicos (Caetano, Gil). Nessa época, era pouco compreendido. Em maio de 1968, tomou Valium em grande quantidade, sendo internado em hospital. Isso aconteceu com uma crise entre ele e a esposa. Entraram em um acordo. De lá para cá foi piorando. (...) Deu entrada com tristeza e estado de ânimo muito abalado. Estado psíquico: lúcido e coerente."

Por se tratar de uma internação voluntária, Torquato gozava do privilégio de poder andar livremente pelos jardins e outras dependências. Ele seria conduzido para a ala masculina, ao lado de outros 35 pacientes. A aplicação de glicose foi um remédio prescrito apenas no primeiro dia, mas as doses de calmantes Mutabon D eram diárias. Tinha à disposição uma máquina de escrever com a qual criaria os mais impressionantes relatos sobre a escravidão da loucura, por trás das paredes de um hospício. Uma análise dos textos produzidos nesse período remetem ao porte intelectual de Antonin Artaud, cujas cartas-testamentos Torquato considerava "geniais". Assim, no mesmo dia da internação, ele faria o primeiro — e dramático — relato de Engenho de Dentro:

"um recorte no meu bolso, escrito ontem cedo, ainda em casa: 'quando uma pessoa se decide a morrer, decide, necessariamente, assumir a responsabilidade de ser cruel: menos consigo mesmo, é claro. é difícil, pra não ficar teorizando feito um idiota, explicar tudo. é chato, e isso é que é mais duro: ser nojento com as pessoas a quem se quer mais bem no mundo'. o recorte acaba aí. hoje, agora, estou fazendo tempo enquanto os remédios que tomei fazem efeito e vou dormir. este sanatório é diferente dos outros por onde andei — talvez o melhor de todos, o único que talvez possa me dar condições de não procurar mais o fim da minha vida." (...)*

No dia seguinte à internação, ele continuava mergulhado em pensamentos atormentados. O diário registra a densidade de suas inquietações e, em outro plano, seu incontornável namoro com a morte:

"vim para a escola aprender a viver. isto aqui é uma escola. meu deus, eu preciso conseguir nesta escola os instrumentos que me preservarão e que me desviarão do

---

* Publicado em *Os últimos dias de paupéria*, Torquato Neto, Editora Max Limonad.

encontro marcado que é necessário adiar. tenho passado a vida à procura de deus mas agora não quero mais."

Seu grau de lucidez e saturação davam a tônica dos sentimentos explicitados no dia 9, dois dias depois da internação:

"aqui dentro — e é obvio — os piores dias são os sábados e os domingos. eu não sei como acreditar mais em tudo isso — hoje é sábado, amanhã é domingo, depois é segunda etc. aqui dentro é mais fácil. mas a volta ao lar, ao útero, o encontro com deus — esta pode ser a tentação do demônio. mas não é não. deus está solto e foi caetano quem gritou primeiro. posso reconhecê-lo em seus disfarces e vou ao seu encontro como — exatamente — sei que vou morrer. lá fora os piores dias são todos. principalmente quando me custam vinte e quatro horas de medo, de solidão e monólogos." (...)

No domingo, 10 de outubro, ele receberia a visita da família. Chegando de Teresina preocupados com a saúde do filho, o Dr. Heli e a Dona Saló se juntariam a Ana na visita ao sanatório. Eles estavam há anos sem se ver, como Torquato registrava no diário:

"reencontrar papai depois de três anos é como reencontrar um velho amigo que não via há três dias; e reencontrar mamãe depois de dois anos é como ser apresentado a alguém cujo nome, fama e aventuras eu já conhecia de sobra — e que, portanto, me pareceu estranha, distante, mítica."

Seu cotidiano no hospital era feito de silêncio, leituras e algumas visitas, como as de Jards Macalé, que aparecia para incentivar a parceria musical, "obrigando" o amigo a escrever novas letras. A namorada de Macalé, Giselda, trabalhava como estagiária de psicologia no hospital e recorda de uma conversa com o diretor, o médico Oswaldo:

— Quando soube que eu era amiga de Torquato, o médico alertou para a possibilidade de uma nova tentativa de suicídio. Ele disse: "Vocês, amigos dele, tomem cuidado porque a situação é delicada."

Torquato chegou a escrever algumas letras de música nesse período, deixando um registro bastante rico da experiência. Uma semana antes de fugir do sanatório (na ficha está a palavra evasão), ele demonstraria sua luta pela abstinência e pelo controle dos próprios nervos, fazendo este impressionante relato:

> "É preciso não beber mais. Não preciso sentir vontade de beber e não beber: é preciso não sentir vontade de beber. É preciso não dar de comer aos urubus. É preciso fechar para balanço e reabrir. (...) É preciso poder beber sem se oferecer em holocausto. É preciso não morrer por enquanto."

No dia 20, mergulhado em depressão e cada vez mais lúcido, ele escreveria os versos de *Cogito*, um poema com a grife definitiva de Torquato Neto:

> "eu sou como eu sou
> pronome
> pessoal intransferível
> do homem que iniciei
> na medida do impossível
>
> eu sou como eu sou
> agora
> sem grandes segredos dantes
> sem novos secretos dentes
> nesta hora

>   eu sou como eu sou
>   presente
>   desferrolhado indecente
>   feito um pedaço de mim
>
>   eu sou como eu sou
>   vidente
>   e vivo tranquilamente
>   todas as horas do fim"

No dia 27, finalmente, sentindo-se oprimido pela falta de liberdade, ele escaparia do hospital pela porta da frente, tomando o rumo de casa. Ana chegou para a visita diária (como um bom filho mimado, ele não comia o cardápio do sanatório) e não o encontrou, dando início a uma angustiante "caçada" pelas redondezas. Torquato seria encontrado mais tarde, longe dali, bêbado e sujo. Sua volta entre os "normais", portanto, não seria um bom remédio. Algumas vezes, esteve no apartamento onde morava o músico Geraldo Azevedo, na Glória, onde também estavam Macalé, Carlos Pinto e o percussionista Naná Vasconcelos. Com Geraldo, ele criaria uma música sem título que dizia:

>   "Eu poderia dizer
>   agora é tarde
>   Nosso amor é outro
>   Eu poderia esquecer
>   Agora é tarde
>   O nosso tempo mudou"
>   (...)

Na semana seguinte, ainda um tanto fragilizado para "viver o comezinho do cotidiano", Torquato decidiria procurar novamente o médico Oswaldo dos Santos para formular, em outros termos, os modos de internação que gostaria de se submeter. Isso implicava em liberdade de locomoção dentro e fora dos muros do hospital. Na noite de 2 de novembro, ele se encontraria com o médico na pizzaria Guanabara, no Leblon, para pegar o documento oficial solicitando internação no pronto-socorro psiquiátrico. O bilhete, em papel timbrado, era sucinto:

Favor reinternar o sr. Torquato Pereira de Araújo Neto

Na formulação do novo relatório médico, feito no dia seguinte pela estagiária Giselda, ficaria o registro: "Após alguma crise e quando se sente deprimido, o paciente bebe bastante chegando a um estado de descontrole em que se torna logorreico e agressivo, não se lembrando dos fatos que se passaram. Relata que na Europa, onde esteve em péssima situação financeira e moral, sentiu-se bastante deprimido tendo apelado para a bebida. Na madrugada de ontem, tomou comprimidos em excesso, não tendo sentido nenhum efeito (Mogadon, Amplictil ampôla e Diempose). Na entrevista, o paciente apresentou-se calmo, muito bem orientado e lúcido." Extraoficialmente, porém, em códigos secretos e restritos ao diagnóstico, os médicos falavam em esquizofrenia, além do alcoolismo.

Nesse novo período de dez dias no sanatório, Torquato faria apenas um registro textual, onde falava em contagem regressiva, em uma alusão ao suicídio programado:

"anoto que saí hoje do hospital, todo esse tempo depois. é tudo como é: aqui estar, de volta em volta como sempre, mais uma vez. não sei direito, hoje, o que pode surgir disso tudo. sei o que isso significa e quanto pesa a mais para a adição (paralela à contagem regressiva?) do chamado acúmulo de experiências. acontece que não se vive intensamente sem punição; não se experimenta o perigo sem algo mais do que o simples risco; nem se morre por isso de repente. não estou, portanto, em condições de explicar nada. por isso, certamente, todo esse tempo sem anotar nada." (...)

No final, uma lufada de otimismo para temperar as emoções: "daqui pra frente, podem crer, posso crer, tudo vai ser diferente. torquato rides again! upa, upa!"

Desde então, e sempre que ouvia a exclamação "que loucura!" associada a qualquer gesto performático ou mundano, Torquato se mostrava irritado:

— Você fala isso porque não sabe o que é loucura. Loucura é algo muito mais fantástico e terrível.

Chegou a polemizar com a escritora Maura Lopes Cançado, uma paciente como ele, que escrevera o livro-experiência *Loucura é Deus*, tratado como *cult* pela intelectualidade de esquerda. Torquato discordava diametralmente da premissa e afirmava:

— Loucura é o diabo.

Durante o tempo que ficou sem trabalhar em jornal, entrando e saindo de hospitais, Torquato manifestava-se em textos poéticos que não obedeciam nenhuma ordem de coerência estética, podendo ganhar a forma de prosa ou poesia, quando então estaria fazendo uso de audaciosos arranjos espaciais. Vem dessa safra pós-tropicalista os versos de *Andar andei* e *Um dia desses eu me caso com você*, aparentemente feitos para serem musicados. Versos que podem servir como fontes biográficas do descaminho e do calvário do poeta pelas ruas da cidade:

Andar andei

não é o meu país
é uma sombra que pende
concreta

do meu nariz
em linha reta
não é minha cidade
é um sistema que invento
me transforma
e que acrescento
à minha idade
nem é o nosso amor
é a memória que seja
a história
que enferruja
o que passou

não é você
nem sou mais eu
adeus, meu bem
(adeus, adeus)
você mudou
mudei também
adeus, amor
adeus e vem
quero dizer
nossa graça
(tenemos)
é porque não esquecemos
queremos cuidar da vida
já que a morte está parida
um dia depois do outro
numa casa enlouquecida
digo de novo
quero dizer
agora é na hora
agora é aqui
e ali e você
digo de novo

> quero dizer
> a morte não é vingança
> beija e balança
> e atrás dessa reticência
> queremos
> quero viver

No final de 1970, uma notícia nunca divulgada pelos jornais que continuavam sob forte esquema de censura: a Polícia Federal prendera a equipe do Pasquim, poupando apenas Millôr Fernandes e Henfil. Eles ocupavam algumas celas da Brigada Aéreo-Terrestre do Exército (onde Caetano e Gil estiveram presos) para, em seguida, serem transferidos para a unidade do Batalhão de Manutenção de Armamento, também na Vila Militar, em Deodoro. Juntos, em um cubículo, estavam Luiz Carlos Maciel, Ziraldo, o cartunista Fortuna e Sérgio Cabral. O tabloide estava mergulhado em crise interna, enquanto se configurava o racha que excluiria o fundador Tarso de Castro da equipe. Em seu lugar assumiam a direção da editora Codecri, Jaguar e Sérgio Cabral. O depoimento é de Maciel:

— Nas longas horas de reclusão, tivemos muito tempo sem ter o que fazer. Certo dia, Sérgio manifestou a disposição de, quando fôssemos soltos, permitir que a empresa Pasquim pudesse realizar os sonhos, quimeras, de alguns de nós. Eu disse: "Ô, Sérgio, eu quero lançar um jornal semanal com os meus temas da coluna Underground, da contracultura." O Sérgio garantiu que o compromisso seria assumido. Estava nascendo a experiência da Flor do Mal, de poucas edições, mas muita vitalidade.

(A turma do Pasquim passaria o Natal no xilindró, quando todos seriam autorizados a preparar a ceia do dia 24, incrementada com peru, farofa e vinho tinto. Mesmo em meio às agruras próprias de um cárcere, eles brindaram o Ano Novo na esperança de tempos melhores. A única ausência na mesa improvisada — montada com a ajuda de cavaletes — seria a de Paulo Francis, que preferiu resmungar alguns impropérios antes de se deitar no catre e dormir profundamente. A liberdade para a turma do Pasquim viria, então, no dia 31 de dezembro e seria comemorada em grande estilo na festa de réveillon de Albino Pinheiro e Jaguar, no Silvestre.)

Enquanto isso, Torquato decidiria passar o Ano Novo no Rio, com Ana e Thiago, mas se preparava para embarcar para Teresina na primeira semana de janeiro. Eles haviam combinado um período de descanso que serviria também para acalmar a ansiedade dos pais, preocupados com a saúde dele desde a visita ao sanatório do Engenho. Torquato chegaria na casa dos pais sábado à noite, por volta das 22h30. Havia um trauma na casa (particularmente com o Dr. Heli) e no país, com a morte súbita e prematura de José Pedro de Freitas, o espírita Zé Arigó, em um acidente de automóvel na BR 135, interior de Minas.

Segundo relato da madrinha Yara, em carta ao filho Paulo José, quando Torquato chegou, ele "não cheirava a bebida. Passou o domingo e a segunda bem". Na terça-feira, manifestou o desejo de comer um peixe e foi levado ao restaurante do Jesus, um conhecido da família, quando tomou apenas duas ou três cervejas. Quinta-feira, depois de conceder entrevista para a Rádio Pioneira, saiu com os amigos e desapareceu na noite, deixando a família preocupada. Reapareceria às 4 horas da manhã na casa de Aderbal, embriagado e sujo. Estava deflagrado o escândalo. Como diria a madrinha Yara: "Conseguimos que viesse para casa ao meio-dia. Veja que situação, em uma cidade pequena como a nossa. Saló está arrasada."

Sua chegada na cidade chamaria a atenção da imprensa local. No final de janeiro, durante uma longa entrevista ao jornal Opinião, falando sobre Caetano e Gil, que ainda estavam em Londres, ele diria:

"Eu soube da chegada de Caetano na Bahia, vendo TV aqui em casa. Estava sem saber direito. Há dois meses atrás eles haviam escrito dizendo que vinham passar o carnaval. Com o Caetano, nem tanto, mas com o Gil eu tenho mais contato."

No final da entrevista, a definição de uma nova postura diante da vida e do trabalho:

"Hoje tenho muito pouco a ver com música. Quase nada mesmo. Meu negócio agora é outro. Estou mais ligado em cinema."

No artigo *Salvo erros*, publicado no mesmo jornal, em 28 de fevereiro, em texto de estilo fragmentado, ele mantinha a sua marca:

"Anotar, por favor: ninguém pode mais do que Deus. Isto encerrou todos os assuntos, está encerrada a sessão, como dizia Gil na contracapa daquele disco que já acabou. E, no entanto, dizia eu outro dia por aqui, é preciso não morrer por enquanto. Era isso que eu estava querendo dizer, meninos. Vocês ainda lembram de Carlos Drumond de Andrade? Pois é: lutar com palavras é a luta mais vã, no entanto lutamos mal surge a manhã."

Em Teresina, onde aproveitou o carnaval (classificou *Brasa samba*, um samba-enredo em parceria com Silizinho, o amigo das serestas: "se o tempo deixar, meu amor/ se o povo quiser escutar/ eu vou para a rua, eu vou, eu vou/ e só quarta-feira eu vou voltar"...), Torquato reencontraria Aderbal e Antonio Noronha e conheceria Renato, irmão do seu antigo professor de inglês. Aos 17 anos, Renato queria ser músico e até estava aprendendo a tocar violão. Para ele, Torquato era a grande referência, não apenas musical, mas de vida. Ou seja, como acontece com nove em cada dez jovens piauienses, Renato pensava "loucamente" em cair na estrada, sair do Piauí. Seu encontro com Torquato seria fundamental para a evolução desse projeto:

— Eu estava na porta do antigo Theatro 4 de Setembro, agora transformado em cinema, quando o Torquato apareceu com os cabelos compridos e ares de quem tinha andado pelo sul do país. Ele me incentivou decisivamente e, no dia 28 de fevereiro, embarquei em um ônibus para o Rio, onde cheguei no dia 3 de março de 1971. Foi ele quem me apelidou de Piau.

No dia 17 de março, em carta ao primo Paulo José, Torquato avisava que tinha reserva em um voo do Electra da Varig, com conexão em Brasília, em cujo aeroporto eles poderiam se encontrar. Ele terminava a carta dizendo, com bom humor:

"tudo vai caminhando oráiti. se não ouviu, procure ouvir o último lp de bethânia, que está uma be-le-za. a gente se vê, se for possível, no aeroporto."

Para Torquato, a temporada de quase três meses na casa dos pais se estenderia até 24 de março, quando retornaria ao Rio com a intenção de conseguir um emprego e "dar a volta por cima". No mesmo dia, mandava um telegrama para casa avisando que estava tudo bem, que fizera boa viagem.

As portas do trabalho se abririam novamente no Correio da Manhã, onde ele seria contratado por sugestão de Reinaldo Jardim para participar, inicialmente, da criação do efêmero suplemento Plug, encartado no corpo do jornal. Torquato teria como editor Luiz Carlos Sá, também músico, um carioca com ares de mineiro. O subeditor do suplemento era Mariozinho Rocha, mais tarde produtor musical de novelas da Rede Globo. Da equipe do Plug, faziam parte Waly Salomão (levado por Torquato para escrever sobre cinema Super-8) e Scarlet Moon, repórter. Sua amizade com Sá, que em breve formaria um trio com Zé Rodrix e Guarabira, renderia pelo menos uma parceria musical em *Toada*, ainda inédita:

> nos campos da minha terra
> passei o tempo em remanso
> pelas ramas da alegria
> e eu te via clareando
> e eu te via clareando
> a manhã que já nascia
> rodeada pelo cheiro
> do alecrim que te vestia
>
> eh, minha terra
> eh, minha vida
> que é feito dessa morena
> que partiu sem despedida
>
> morena, faz tanto tempo
> que eu não te vejo passar
> rosa aberta pelo vento
> flor bonita, margarida
> ah, morena, aquele tempo
> não precisava acabar
>
> eh, minha terra
> eh, minha flor
> que é feito da minha vida
> que é feito do nosso amor

> por isso eu te canto agora
> essa toada mais triste
> pra te dizer que demora
> que mora dentro do peito
> uma saudade que insiste
> em te querer clareando
> em te querer clareando
> as manhãs de onde fugiste.

Nessa época, o grande sucesso nos palcos cariocas era o show Gal Fatal, com direção de Waly Salomão, também autor de *Vapor barato*, parceria com Jards Macalé, uma espécie de hino oficial da rapaziada:

> "oh, sim
> eu estou tão cansado
> mas não pra dizer
> que eu não acredito mais em você
> com minhas calças vermelhas
> meu casaco de general
> cheio de anéis..."

No centro dos refletores, uma mulher (mais do que isso, uma baiana!) sensual, voz poderosa e aveludada, se transformava na coqueluche da temporada carioca. O repertório, trazendo a marca dos tropicalistas, reunia Geraldo Pereira (*Falsa baiana*), Ismael Silva (*Antonico*) e Duda Machado e Macalé (*Hotel das estrelas*). A banda tinha Lanny Gordin, Noveli e Jorginho Gomes (irmão de Pepeu) na bateria. Para a turma do desbunde, o programa DIÁRIO era estar na plateia de Gal Fatal, no Teatro Tereza Rachel. Enquanto isso, os festivais de música agonizavam.

Duda Machado, aliás, era o diretor do espetáculo de Macalé em um pequeno teatro de Ipanema, em temporada marcadamente underground. Foi durante os ensaios que

Torquato seria apresentado a Luciano Figueiredo e Óscar Ramos, designers tarimbados na criação de capas de discos (*Barra 69*, de Caetano e Gil; o primeiro LP de Macalé) e responsáveis pela concepção cênica de Gal Fatal. Luciano recorda que depois das apresentações todos saíram para beber na noite:

— O Torquato tinha voltado da Europa e estava vivendo o impacto de uma nova condição. Se dois anos antes ele estava no auge de sua produção em música, no centro do movimento tropicalista, agora ele estava fora do quadro. Ficava claro que estava passando por um processo doloroso, fazendo um reinvestimento na sua pessoa, mas também como poeta. E parecia estar conseguindo bastante.

A amizade com Macalé ganharia a primeira parceria musical, a partir de uma encomenda de Naná Vasconcelos, que estava escolhendo repertório para um novo show. Torquato escreveria *Let's play that*, uma colagem de referências a Drummond e Sousândrade, cunhando uma autodefinição que seria para sempre usada como uma grife:

> quando eu nasci
> um anjo torto, muito louco
> veio ler a minha mão
> não era um anjo barroco
> era um anjo muito louco
> com asas de avião
> eis que esse anjo me disse
> com um sorriso entre dentes
> vai, bicho
> desafinar o coro dos contentes
>
> let's play that

A melodia de Macalé, quando pronta, mereceu de Torquato o comentário rasgado, em forma de ironia:

— Macau, você fez uma música clássica!

Ele podia estar fragilizado, mas nem por isso se mostrava menos combativo. Convidado pela revista Amiga a participar de uma reportagem coletiva, ao lado de Sérgio Ricardo, Marcus Vinicius (crítico da revista) e Renato Rocha, produtor musical, ele ajudaria a fomentar a ideia da criação da MAFIA, um movimento de artistas que se pretendia classe, justificando a iniciativa:

"Quero ratificar mais uma vez o problema do direito autoral aqui: é uma coisa muito indecente. Basta dizer que tenho vários mil dólares na BMI, dos EUA, que nunca receberei porque a sociedade arrecadadora daqui deve tanto à BMI, que ela jamais pagará o que nos deve!"

Nessa matéria, respondendo a uma pergunta da revista, que queria saber se ele já tinha passado pelo Piauí depois de voltar da Europa, Torquato sairia com esta:

"Fiquei lá três meses, balançando na rede, me esbaldando. Agora voltei pro Rio, estou compondo com Nonato Buzar, que sempre admirei."

Depois de dois meses na prisão, assim que foram libertados os rapazes do Pasquim, voltaram imediatamente à ativa. Maciel cobraria a promessa de Sérgio Cabral, que prontamente se dispôs a custear o novo jornal. Para ajudá-lo na montagem do projeto, desde a sua concepção gráfica e editorial, Maciel chamou seu "guru", Rogério Duarte, que por sua vez convidou Ana para trabalhar na diagramação e produção gráfica do "maldito". O poeta Tite de Lemos também fazia parte da equipe. Maciel recorda:

— O Torquato veio junto com a Ana. Ele estava trabalhando em outro jornal. Nunca escreveu para a Flor do Mal, mas apoiou, deu força. Talvez porque não quisesses entrar no espaço da Ana ou talvez porque estivesse em pé de guerra com o Cinema Novo e sabia que eu era muito amigo de Glauber e, em menor escala, do Gustavo Dahl.

Com o fechamento do Correio da Manhã e o fortalecimento do Última Hora (propriedade do mesmo grupo empresarial), Torquato continuaria trabalhando como colunista diário de um espaço que se chamaria Geleia Geral. Era uma referência explícita ao seu poema-manifesto, musicado por Gil anos antes. A "operação Última Hora" custaria o emprego de muitos jornalistas que seriam demitidos do Correio da Manhã, gerando polêmica e acusações recíprocas na redação. O editor Sá, recusando-se a afastar alguns colegas, se anteciparia pedindo demissão ao chefe Reynaldo Jardim. Antes, porém, discutiu-se muito na redação, e Sá quis saber a posição de Torquato: continuar ou demitir-se com o coletivo? A resposta gerou animosidade entre eles:

— Eu fiquei uma arara com o Torquato, que decidiu continuar trabalhando. Ele dizia não poder fazer nenhuma bravata porque tinha família e um filho novo para sustentar. Eu devia ter entendido isso na época, mas não entendi. Depois me arrependi dessa patrulha, porque me privei de ter aquelas conversas maravilhosas que tínhamos. A gente reformava o mundo.

Em suas memórias, Sá rebusca e encontra um emaranhado de sentimentos contraditórios a respeito de Torquato. O mais evidente é a admiração pela seriedade e pelo intelecto. Havia, contudo, momentos nada saudáveis na relação:

— O Torquato muitas vezes era agressivo e revoltado. Ele, quando estava em crise, não era uma pessoa fácil.

O primo Paulo José, eventualmente destacado para apaziguar essas crises, criava uma variedade de estratégias para impedi-lo de beber. Um dia, porém, quando estavam sozinhos na casa de tia Dulce, no Leblon, PJ (como era conhecido) dormiu no trabalho e Torquato escapuliu para a noite. Mais tarde, foi localizado e levado para casa em petição de miséria. O episódio seria suficiente para gerar uma grande crise familiar, levando tia Yara a pedir ao filho, Paulo José, que voltasse para Brasília e mantivesse certa distância de Torquato, "para seu próprio bem". Ele era, sem dúvida alguma, a ovelha negra da família.

Algumas semanas depois, em 8 de julho de 1971, Torquato escreveria novamente para o primo "Paulette", como que fazendo o papel de diabinho atiçador, para adverti-lo contra a caretice e convocá-lo para uma nova temporada carioca:

"desconfio que você está virando bom moço, bom rapaz, 'respeitador' e outras frescuras, de modo que eu gostaria muito de saber isso de perto, para confirmar minhas impressões ou, para minha alegria, desmenti-las. (...) fogo no bom mocismo nacional, comportadinho, correto e chato. a teoria da guerra: todo pacifista é um reacionário. venha, rapaz."

No final do mês, veio um elogio de Oiticica, em carta escrita no dia 18, em Nova York:

"Torquato, adorei seu artigo sobre Glauber, você é mesmo demais, para pegar tudo de dentro assim; sei disso porque conversei com Glauber e é tudo o que você escreveu."

A coluna Geleia Geral entraria para história do jornalismo brasileiro por vários motivos, sobretudo pela audácia e arrojo da linguagem. Com o afastamento de Luiz Carlos Sá, seu editor agora era João Rodolfo do Prado, que também assinava uma coluna sobre televisão. A estreia, em 19 de agosto, uma quinta-feira, coincidiria com a passagem relâmpago de Caetano pelo Rio, onde viera com a missão expressa de gravar um especial para a TV Globo ao lado de Gal e João Gilberto. No texto *Cordiais saudações*, Torquato tocava no assunto usando uma linguagem prosaica, carregada de dicção poética:

> "Eu li nos jornais, e alguns amigos me informaram, que Caetano 'está mudado'. Prefiro compreender que Caetano está novamente dançando no palco da televisão. E prefiro, para continuar compreendendo, lembrar que Caetano dança muito bem no palco da televisão. A mesma plateia que vaiava, aplaude agora, e isso é o que não tem mais tanta importância: Caetano é um ídolo do Brasil, hoje."

Ao pé da coluna, no espaço batizado de Pop-Pop, em notas curtas, ele colocava novas azeitonas nas empadas dos amigos, informando sobre suas produções, lançamentos e espetáculos. Falava do novo disco de Don Salvador, do show de Paulinho da Viola, em Belo Horizonte, e do Grupo Mercado, onde Diana e Stu se encarregavam de manter a integridade da música experimental. (Torquato tornou-se amigo de Diana e foi visto algumas vezes na casa da Rua Dr. Júlio Otoni, em Santa Teresa, onde o grupo ensaiava. Ele dizia que a rua era insuportavelmente tranquila: "não tem barulho de ônibus, gente, fumaça, nenhum movimento urbano...")

A segunda coluna na história da Geleia Geral seria dedicada a Glauber Rocha, então perambulando como exilado entre Roma, Paris, Lima, Nova York... Em pouco tempo, a coluna de Torquato era uma das mais lidas nos vespertinos cariocas, movimentando o mundo da música e do cinema com informações exclusivas e fidedignas. Era considerada uma trincheira oficial de resistência da cultura marginal, ou como queriam alguns, "o órgão oficial das dunas da Gal". Do ponto de vista estético, o texto seria o prenúncio do disc-jockey-estilo-Big Boy, algo para ser lido em voz alta, com algum ritmo. A audácia era estar publicado em jornal:

> "Ligue o rádio, ponha discos, veja a paisagem, sinta o drama: você pode chamar isso tudo como bem quiser. Há muitos nomes à disposição de quem queira dar nomes ao fogo, no meio do redemoinho, entre os becos da tristíssima cidade, nos sons de um apartamento apertado no meio de apartamentos."

Na coluna batizada Jornal de Amenidades, em 24 de agosto, ele alimentaria a polêmica nas redações ao comentar o lançamento da revista JA*, criada por Tarso de Castro, outro polemista:

> "Aproveito para dizer o que já disse antes aqui em UH: torço pelo JA, desde que o JA começou mal. Torço porque simpatizo, só. Agora a revista está melhorando, está se abrindo para poder dar pé. Vai dar pé quando mudar mais ainda, quase completamente. E se antes eu torcia muito mais calado, agora vou torcer daqui mesmo: muda, muda, muda."

Em outra nota, cutucava Augusto Marzagão com vara curta:

> "Um belo dia, Augusto Marzagão reuniu a imprensa para falar do seu negócio, digo do Festival Internacional da Canção. Entre as coisas de sempre, disse que James Taylor não viria ao Brasil porque não seria compreendido pelo grande público. Disse. Mas como Augusto

---

* Jornal de Amenidades, que tinha como editores Martha Alencar e Luiz Carlos Maciel.

Marzagão fala só por falar, esqueceu-se logo do papo e continuou transando, transando."

A coluna Geleia Geral passaria também a ser uma tribuna para os aficionados do cinema com bitola Super-8, o chamado cinema marginal. Este interesse o aproximaria cada vez mais de Ivan Cardoso e Luiz Otávio Pimentel, dois experimentadores dessas artes. A criação da Embrafilme e a nova política do cinema brasileiro, capitaneada pelos papas do Cinema Novo, tornavam o prato indigesto para Torquato enquanto "arte industrial" — nunca negada por ele, mas contemporizada sobretudo pelas conjunturas políticas. Em outras palavras: fazer cinema com dinheiro do governo, fingindo criticá-lo ou, pior, nem tentando, era o mesmo que trocar a postura ideológica por apartamentos na Avenida Vieira Souto.

A polêmica sobre cinema seria travada entre Geleia Geral, Pasquim e Domingo Ilustrado, semanário onde Martha Alencar dava voz ao pessoal do Cinema Novo. Ela coordenou uma grande matéria, chamada *Capitão Nosferato contra a cultura brasileira*, cujo propósito era denunciar a porra-louquice e a irresponsabilidade do pessoal udigrudi. As alfinetadas eram recíprocas e os personagens criados como paródia se multiplicavam: um era Toudequatro Neto, outro, Gustavo Dah. No dia 4 de setembro, Torquato escreveria, a propósito do lançamento de *Os deuses e os mortos*, de Ruy Guerra:

"Estou achando filmes históricos, todos, o fim da picada. Fico pensando o que significa exatamente fazer esses filmes no prezado momento do cinema, e muito principalmente aqui entre nós e apesar de todas as 'fantásticas' intenções de quem está nessa. Os Herdeiros, de Cacá Diegues, Pindorama, de Arnaldo Jabor, Como era Gostoso O meu Francês, de Nelson Pereira dos Santos, são exemplos desse tipo de 'equívoco', cujo tiro vai saindo tranquilamente pela culatra."

Um mês depois, em texto denominado *No barato dos milhões*, ele voltava a criticar a distribuição de verbas oficiais para cineastas "qualificados":

> "Os ideólogos do novo cineminha industrial brasileiro parecem acreditar firmemente no exibicionismo deslumbrado de riquezas como tábua de salvação e chamariz mais certo do público indiferente a essas transas. É o chamado reencontro com o povo, do qual nos fala Gustavo Dahl em memorável artigo, fantásticas entrevistas e depoimentos por aí."

No ano do "milagre econômico", euforia decretada pelo governo Médici, de brincadeira, mas falando sério, Torquato elegeria Dahl o cineasta "do desenvolvimento" por preparar documentário *à la* Jean Manzon, sobre o Projeto Rondon e suas vicissitudes:

> "É um festival patrocinado pela Embrafilme e pelo INC. Vai render muito, quero dizer, tempo. É fogo."

Outras vezes, os temas comportavam surpresas menos cáusticas, como a carta escrita para Ana, publicada em 21 de dezembro, onde saudava: "Salve, amor", para informar do show de Luiz Gonzaga, dirigido por Jorge Salomão, e do jornal Verbo Encantado, editado por Alvinho Guimarães. Em seguida, demonstrava agilidade na abordagem de pequenos assuntos, como a coluna Underground, de Maciel, no Pasquim, e o lançamento da versão brasileira da revista Rolling Stone; ou, ainda, a série de traduções de Augusto de Campos, a partir de Ezra Pound, para poemas de Li T'ai-Po (701–762) e Dante Alighieri (1265–1321), inseridas em ABC da Literatura, da editora Cultrix. Estes eram os tópicos de Geleia Geral.

O trabalho no jornal responderia por um novo dinamismo na sua vida. Ele circulava pela noite e pelos teatros da cidade com bastante desenvoltura; era uma pessoa importante no mundo do *show business*, identificado como crítico mordaz, implacável e, não raro, destemperado. Ana agora trabalhava ao seu lado como diagramadora. O editor João Rodolfo destaca as qualidades de Torquato enquanto jornalista:

— Ele mantinha um extremo cuidado profissional, sempre com alta produtividade. Jamais atrasava a coluna ou cometia erros de gramática. Era sério e gostava de demonstrar rigor naquilo que fazia. Por outro lado, lembro de ouvi-lo dizer que tinha "carteirinha de maluco" e que se considerava "um aparelho ambulante" prestes a ser atacado por forças reacionárias. Era a paranoia da época.

O primo Paulo José, quando estava no Rio, era companhia eventual nas andanças noturnas ou mundanas. PJ recorda de ter acompanhado Torquato à casa de Paulo Diniz, onde foram se encontrar com Belchior, que tinha uma música classificada no IV Festival Universitário. Torquato estava sendo convocado para ajudar com sugestões, palpites, que pudessem facilitar o trabalho da dupla Jorge Teles e Jorge Neri, que defenderiam a canção no palco. Torquato ouviu *Na hora do almoço*, tocada ao violão por Belchior, e deu o veredicto sem pestanejar:

— Você não precisa de ajuda alguma. Você vai ganhar o festival.

Dias depois a profecia se realizava, com Belchior vencendo o festival por seus próprios méritos.

Foi através de Ivan Cardoso que Torquato viveria sua primeira e grande experiência com o cinema marginal. Ele fora escolhido como ator para desempenhar o papel de vampiro na produção de 50 minutos (portanto, um longa-metragem) em Super-8, a cores, que tinha no elenco Scarlet Moon, o colunista Daniel Más e Helena Lustosa, a namorada de Ivan. Ana fazia uma aparição rápida interpretando, ao lado de outra garota, uma tentação provocativa ao famigerado vampiro. O filme — rodado integralmente na luminosa Guanabara — trazia uma advertência oportuna, desde que vampiros não sobrevivem à luz do sol: "Onde se vê dia, veja-se noite." Na opinião de Ivan Cardoso, Torquato (que Pignatari dizia desfilar uma "agônica melancolia") não chegava a ser um bom ator, mas a figura impressionava:

— Ele tinha muita identificação com os vampiros, não gostava de claridade e era elegante como um conde da nobreza. O Torquato era o próprio Nosferato, com sua capa preta e vermelha.

Nosferato seria rodado, em grande parte, nos calçadões de Copacabana, onde o famoso vampiro, nascido em Budapeste, encontraria graciosas vítimas com pequenos biquínis e pescoços delicados. Quando não, eles estavam aos pés da floresta da Tijuca, na Usina, aproveitando a mata e o isolamento para fazer cenas de nudez. Não havia diálogos, porém não era cinema mudo, já que fazia aproveitamento de uma sugestiva trilha sonora, com destaque para as músicas *Que dia tão feliz*, com Francisco Alves, e *Detalhes*, com Roberto Carlos. O trabalho precoce de Ivan, que era o mascote da turma, seria transformado em objeto *cult* pela intelectualidade paulistana, quer dizer, pelos poetas concretos. O professor Haroldo de Campos sustentaria em artigo publicado no Correio da Manhã:

"Nosferato no Brasil, ou mais exatamente Nós-Torquato no Brasil, surgiu quando muitos estavam pensando no monumental e no bolo de noiva, no pomposo e no demagógico ornamental, no festival e não no festim. De Super-8 na mão, Ivan partiu para a deglutição canibal do cinema. Não é um problema de ontologia, mas uma questão preliminar de odontologia, como diria Oswald de Andrade."

O filme pode ser considerado tecnicamente precário, mas tinha como mérito existir de forma independente: sem dinheiro, porém sem comprometimentos. Era como pensavam os jovens do cinema marginal: "Abaixo o INC, abaixo a Embrafilme."

A considerar os relatos de familiares, no final de 1971, a vida de Torquato estava mesmo uma grande confusão. Uma carta da madrinha Yara, escrita em Teresina para o filho Paulo José, oferece o registro de um momento aparentemente dramático para todos:

> "As notícias que vieram de Torquato são as piores possíveis. Bebendo demais, trabalhando quase nada. Eles vão sair do apartamento por falta de pagamento. Parece que vão passar pra casa dos pais da Ana. Veio um senhor de lá, amigo da Saló, que deu notícias dizendo para ela buscar a criança. Heli quer ir agora, mas eu não sei se vai dar certo, pois ele e Torquato já foram às vias de fatos várias vezes."

Como consequência dessas confusões, o Dr. Heli tomaria a drástica decisão de cancelar a remessa de mesada para o filho. Era uma maneira de atraí-lo de volta para casa, de negociar uma trégua com a família. Mas, antes que a medida pudesse provocar efeito positivo ou saneador, ela traria dificuldades cada vez mais agudas para o casal. Em certa medida, o momento representaria, do ponto de vista emocional, um rompimento familiar.

Sabe-se que essa era uma época de alto consumo de LSD entre a rapaziada — e que Torquato era um grande consumidor. O fotógrafo Pedro de Moraes, vivendo temporariamente na casa da irmã Suzana, em Ipanema, seria acordado certa manhã com alguém tocando a campainha insistentemente:

— Era o Torquato, muito agitado e nervoso, perguntando se alguém tinha ácido. Ele alegava uma viagem para o interior e a necessidade de um apoio lisérgico. Considerando a hora e o estado dele, eu nem cheguei a abrir a porta.

E foi assim, em clima de muitos ácidos, que eles rodaram o filme *Helô e Dirce*, uma paródia em referência à expressão "falou e disse", muito usada pela tribo do desbunde. Oficialmente, o filme tinha a direção de Luiz Otávio Pimentel, que reuniu no elenco, além de Torquato, o jovem Zé Português e Paulo Cesar Supli — mas todos davam palpites na hora de gravar. O argumento era simples, para não dizer primário. Torquato fazia o papel de Dirce, enquanto Zé Português interpretava Helô — ou vice-versa. Tudo muito escandaloso, todos muito cabeludos, pelas ruas da Lapa e Cinelândia. Na sequência final, Helô e Dirce proporcionam um grande e monótono espetáculo de "esfregação de sexo", sugerindo uma determinada orgia de travecos. O fotógrafo oficial da produção era Rubens Maia, responsável pelo flagrante de Torquato segurando um maço de cigarros General. Em carta ao amigo Oiticica, agora vivendo em Nova York (ele fora agraciado com uma bolsa Guggenheim), Torquato explicaria:

"Helô e Dirce, deux femmes, na Cinelândia e pela Lapa, num domingo de tarde. Aguarde. Estou a fim de passar o carnaval na Bahia, se conseguir algum dinheiro."

Na avaliação de Zé Português, que tinha chegado de Lisboa anos antes, essas produções em Super-8 tinham uma função bem definida naquele momento:

— Você encontrava valores estéticos que representariam uma vanguarda histórica. A androginia, a marginalidade da cultura e a radicalização política dos comportamentos estavam presentes nesses filmes. Muita gente do Cinema Novo, por exemplo, não aceitava Beatles e muito menos Rolling

Stones, que faziam parte do nosso cotidiano. Neste sentido, o pessoal das artes plásticas e da poesia, aqui lembrando Gershman e Vergara, eram muito mais avançados. Eles entenderam e apoiaram o cinema do Ivan e do Sganzerla.

Houve um dia memorável, quando foi programada uma projeção especial de Nosferato para Haroldo de Campos e Décio Pignatari, recém-chegados de São Paulo. A reunião estava marcada na casa de Júlio Bressane, no final do dia. Antes, eles almoçaram no Bar Brasil, reduto boêmio do Rio antigo, onde Torquato seria apresentado a Haroldo e o convidaria a participar do projeto Navilouca. Mais tarde, Pignatari lembraria a cena no botequim:

"Cotovelo à mesa, braço e mão davam justinho para guindar o cigarro à boca. Baforava para cima, magro, um pulso de menino de oito anos, falava baixo como quem quisesse dar a impressão de que não estava falando, ou não quisesse falar, ou de que tudo era redundante — e esse era seu humor."

Depois, todos seguiram para a sessão *privê*, na Gávea, na qual se registrou um alto consumo de biritas e drogas variadas. No momento que deveriam encerrar a conversa e se despedir com um "até mais" civilizado, eles resolveram — inadvertidamente — acompanhar os professores ao apartamento de José Lino Grünewald, onde, segundo Ivan, não foram bem recebidos:

— Lá estavam alguns amigos do Zé Lino, todos esperando por Haroldo e Décio. Era a turma dos caretas, os acadêmicos. Nós chegamos alterados e, como que para complicar as coisas, resolvemos fumar um baseado escondido atrás da cortina. Não deu para enganar ninguém.

Uma vez, diante da perspectiva de passar algumas semanas de férias no Rio, Aderbal decidira fazer a viagem de ônibus, com a previsão de durar quase uma semana, com escalas em Fortaleza e Salvador. Sabendo disso, Torquato lhe pediria para trazer uma encomenda, um embrulho em forma de caixa de sapato, contendo alguns quilos de maconha que deveriam ser bem acondicionados para evitar suspeitas durante os traslados. Foi uma aventura que ainda hoje Aderbal reluta em relembrar:

— Eu fiquei tenso o tempo inteiro, levando aquele pacote dentro de uma mala. Mas apesar da paranoia bastante justificada, ninguém me abordou. Eu nunca fumei baseados, mas Totó e seu amigo Luiz Otávio fizeram festa quando eu cheguei.

Enquanto isso, a coluna do Última Hora continuava cada vez mais marginal e imprevisível, como um sismógrafo registrando os abalos de sua alma e têmpera. No texto *Pessoal intransferível*, Torquato provocava e estabelecia:

"Escute, meu chapa: um poeta não se faz com versos. É o risco, é estar sempre a perigo sem medo, é inventar o perigo e estar sempre recriando dificuldades pelos menos maiores, é destruir a linguagem e explodir com ela."

No dia 12 de novembro, uma nova e surpreendente saudação para seus leitores: "Alô, idiotas", para dizer — com alguma arrogância — que "o rei Roberto Carlos acabou a seleção das músicas gravadas para seu próximo LP. Posso (porque sei) dizer o seguinte: a primeira faixa do lado 1 se chama mesmo *Como e dois e dois são cinco*, a cantiga de Caetano Veloso que Roberto pegou e gravou no duro, para vosso contentamento."

Na redação, os tempos difíceis de censura levariam Torquato a escrever cartas secretas para companheiros à poucos metros de distância — mas somente àqueles com os quais mantinha uma relação de confiança e amizade. Eram bilhetes escritos no delírio, invariavelmente advertindo na primeira linha: "rasgue em seguida, please, no documents. Não estou encontrando outro jeito de falar normalmente com você." Assim começava ele um bilhete para o jornalista Almir Muniz, companheiro de bares e redação, falando da crise na imprensa e da necessidade de resistir. As abordagens eram quase sempre graves, como nesta mensagem escrita em 29 de novembro:

"escute: não está na hora de transar derrotas, eu digo na porra da geleia:
ocupar espaço, amigo, estou sabendo, como você, que não está podendo haver jornalismo no brasil e que — já que não deixam — o jeito é tentar. e eu acredito sinceramente que não está na hora de desistir: ou a gente ocupa e mantém a porra do espaço, pra utilizá-lo, pra transar, ou a gente desiste. eu prefiro o sacrifício de resistir. (...) eu não quero mesmo parar porque eu acredito no duro que 'cada louco é um exército' (gomide, 57 anos, na contracapa da última flor do mal)."

Em texto titulado *Na segunda se volta ao trabalho*, de 13 de dezembro, Torquato contaria nas páginas, em forma de crônica, como foi descriminado por um policial que, depois de conferir que tudo estava legal com seus documentos, iluminou-se:
— Ora, bicho, esse teu cabelo está muito grande.
Outra vez, quando tentava alugar um apartamento, já na fase de assinatura de contrato, o rapaz da imobiliária (com quem ele até então mantivera contatos por telefone) acabou com a conversa, dizendo, simplesmente, "tem gente na frente".

Para finalizar, o caso da mulher gorda com os dois filhos pequenos andando em sentido oposto ao dele na Rua Gomes Freire, perto do jornal. Os três pararam na sua frente e o garoto menor perguntou:

— É homem ou mulher?

— Mulher — respondeu Torquato.

A reação partiu do segundo menino, que gritou:

— Cala a boca, cabeludo desgraçado.

A mulher deu uma gargalhada — e eles passaram.

Torquato terminava a crônica considerando:

> "Inteiramente malucos, doidos varridos, doidos de pedra e perigosos. Ou não?"

No dia 21 de dezembro, em nova carta a Oiticica, Torquato anunciava o fim da experiência da Flor do Mal ("obra dos cafajestes do Pasquim e não propriamente dos homens") e a disposição do editor José Álvaro de lançar uma coleção chamada *Na corda bamba*, que seria inaugurada com o livro *Me segura que vou dar um troço*, de Waly Salomão. Capinam também estava na lista. Torquato planejava participar com uma coleção de poemas (textos) que chamaria de Pezinho Pra Dentro, Pezinho Pra Fora. O projeto significava uma evolução com relação à produção de mimeógrafo, uma característica da geração. No final da carta, ele anunciava que Péricles Cavalcanti tinha retornado de Londres, estava no Rio e certamente seria presença garantida à noite na primeira exibição completa de Nosferato no Brasil, para convidados especiais. Como realmente foi.

Torquato passaria o réveillon de 1971 em família, no Rio, mas Ana viajaria com o filho Thiago no final de janeiro para Teresina. Ele agora idealizava fazer uma revista — melhor dizendo um almanaque — que pudesse oferecer um painel da poesia marginal e experimental que se produzia no Brasil. Teria que ser uma edição única. Idealizou, junto com Waly, os parâmetros editoriais da publicação e escolheu os convidados a participar da experiência. Ele queria unir o "academicismo" dos poetas concretos à poesia marginal de Duda Machado, Hélio Oiticica, Chacal e um punhado de artistas performáticos. Em ambas as "tendências" deveria haver o sentido da experimentação. O almanaque se chamaria Navilouca, como já havia sido anunciado. Ele discutia a ideia do projeto gráfico com os amigos Luciano Figueiredo e Óscar Ramos. Na memória de Luciano, a chave da revista estava nas mãos de Torquato:

— Ele tinha conseguido um patrocinador, o Lúcio de Abreu, que era o mais importante. Havia uma editora interessada. O difícil seria concretizar o financiamento, alguém assinar o cheque. O projeto iria se arrastar ainda por alguns meses.

Enquanto germinava a concepção do almanaque, Torquato desenvolveria trabalhos distintos, com teatro e música. No teatro, seria cooptado por Zé Celso, como ator, para a montagem carioca de *Gracias, señor* no Teatro Tereza Rachel, o Teresão. Como lembra Zé Celso, Torquato, efetivamente, fazia parte do grupo:

— Ele conviveu muito com o Oficina nessa época. Estava muito à vontade no palco, embora não estivesse desempenhando um papel de destaque na peça. Lembro de vê-lo circulando pelo Teresão, suando, empenhado em fazer o melhor.

No final de fevereiro, quando acontecia o Festival Pop de Ipanema, reunindo as bandas de rock Brasil (Liverpool Sound, de Porto Alegre, Equipe Mercado e Novos Baianos), aconteceria uma sessão matinal de *Nosferato no Brasil*, na casa de Capinam, que tinha como convidado especial Gilberto Gil. O diretor Ivan Cardoso, encarregado da projeção, testemunhou um clima, no mínimo, esquisito:

— O horário era impróprio e o lugar também. Estava evidente que Torquato e Capinam não tinham uma boa relação pessoal. Ninguém ficou à vontade no momento das críticas e das observações finais.

Dois dias depois, em Geleia Geral, Torquato escreveria uma nota curta onde registrava:

> "Antes de viajar para a Bahia, sábado, Gilberto Gil viu Amor & Tara, Nosferato no Brasil e Piratas do Sexo Voltam a Matar, três superoito de Ivan Cardoso. Foi na casa de Capinam e Gil deu pulos com as transações de Ivan."

Ele assinava a coluna como Capitão Nosferato, aceitando a provocação e alimentando a polêmica.

O carnaval de 1972, que ele planejava passar na Bahia, seria anunciado na Geleia Geral de 9 de fevereiro, com o título *Partindo pra lá*:

> "Carnaval já começa depois de amanhã, e de noite, no Baile dos Artistas da Bahia, Teatro Vila Velha, Passeio Público, Salvador. (...) Pois eu digo: é na Bahia: quem perder perderá."

Torquato e Ana fizeram as malas e embarcaram no carro de Ivan Cardoso, que estava com a namorada Helena Lustosa. Foi uma caravana divertida a bordo do fusquinha branco, de teto solar, com direito a pernoite em Governador Valadares, na divisa com Minas. Os dois casais se separaram quando chegaram ao destino: Ivan e Helena foram para um hotel; Torquato e Ana para a casa de um primo dela.

Nesses dias, em Salvador, o conciliamento baiano chegou a ser histórico, reunindo a fina flor da juventude bronzeada. Eles se encontrariam também com Chacal, na praia Porto da Barra, quando Torquato o convidaria a participar de Navilouca, pedindo também notícias para a Geleia Geral. Chacal registrou a imagem do poeta descendo a ladeira, atrás do trio elétrico:

— Torquato de olhos e boca vermelha, cabelos em chama pela Avenida Sete — sendo que sempre o considerei pela bola 7. Torquato vertiginoso, volátil, dando pérolas aos porcos, em sua geleia geral lisérgica.

Sabe-se que esse carnaval em Salvador foi de arrepiar. Foi o carnaval do pó, da cocaína, que passaria a fazer parte da angústia e do cotidiano da rapaziada que preferia as trevas ao serviço militar. Vamos dizer que, no auge da ditadura, a válvula de escape estava no desbunde do comportamento, onde se tentava quebrar todas as regras de convivência, já que as regras políticas exerciam um rígido controle sobre todos. A revista Bondinho circularia com uma edição temática: transbunde, do verbo transbundar, lançado por Caetano que, junto com Gil, apareceria em Salvador para a folia carnavalesca no melhor espírito "de volta pra casa". A longa reportagem, coberta de lantejoulas, lembraria de Caetano, Gil, Capinam e Macalé, mas esquecia de Torquato, que seria destaque no Verbo Encantado, o jornal de Alvinho Guimarães.

Os grupos se dividiam durante as noites pelas barracas armadas nas praias — em Itapoã estava a turma do cinema, Sganzerla, Helena Ignes, Ivan Cardoso, Helena Lustosa etc, e no farol da barra, a *entourage* dos baianos, novos e velhos, incluindo os irmãos Salomão, José Simão e Zé Português, todos hospedados na pensão da mãe de Luciano, na Rua do Cabeça, antiga moradia de Pedro Kilkerry (o simbolista redescoberto pelos concretos). Antes mesmo da quarta-feira de cinzas, todos foram expulsos da pensão, também por merecimento.

Luiz Melodia e a turma do Morro do Estácio radicalizava dormindo na areia. Era como se eles estivessem inaugurando uma nova vida *heavy metal* que, efetivamente, fazia parte da nova realidade. Os Beatles saiam de cena com suas baladas e os Stones entravam zunindo, como uma tempestade de neve no Himalaia... Rebeldia pouca — isto sim — era bobagem.

Depois da folia, a caravana do fusquinha volta para o Rio com um novo tripulante: Zé Português tornara-se o quinto passageiro, todos bronzeados e com fitinhas do Bonfim amarradas no pulso. Ivan lembra de ter ouvido Torquato comentar durante a viagem que estava pensando seriamente em cancelar a publicação de Geleia Geral nas páginas do Última Hora. Ele até já tinha tomado algumas providências nesse sentido, deixando algumas colunas escritas na mão do editor para serem usadas ao longo da semana. Como em quase todas as decisões de Torquato, nesta também as causas eram insondáveis, quase filosóficas, reconhece Ivan:

— Eu fiquei um pouco indignado por estarmos perdendo um espaço valioso como a Geleia Geral, a melhor coluna naquele momento. Mas ele argumentava que tinha chegado ao fim — e que, de um ponto de vista pessoal, nada mais tinha a tirar dali. Ele falava como se fosse o fim de um ciclo histórico.

Tal coluna, mesmo com morte anunciada, ainda existiria por alguns dias. Na primeira oportunidade, em 24 de fevereiro, Torquato repercutiria o "maravilhoso" carnaval de Salvador, exultando nas páginas:

"E quem não brincou esse carnaval desenfreado, quem não pulou atrás, na frente, ao lado dos trios elétricos, quem não confraternizou no meio da rua da Bahia, quem não viu Caetano na Caetanave pelas três da madrugada — quem não foi pra tomar parte no que pintasse, no que pintou, quem não foi perdeu."

Dias depois, mergulhado em cinema, Torquato estava novamente filmando com Ivan, em Super-8, a tumultuada produção *A múmia volta a atacar*, onde ele contracenava com Helena Lustosa. As locações aconteciam na mansão do eminente Dr. Afonso Pena Jr., filho do ex-presidente Afonso Pena, em Laranjeiras, onde havia uma monumental biblioteca. Diz-se que a produção foi tumultuada porque no clímax das filmagens, quando o personagem de Torquato, um padre, estava sendo assassinado pela múmia, o celuloide rodou na máquina, mas não imprimiu a sequência. Ou seja, a cena não foi registrada e nem seria regravada, ficando para sempre o filme inacabado. Outro sinistro durante as filmagens (que duraram dois dias) foi o desmantelamento das bandagens da múmia (interpretada por Zé Português), montadas como uma armadura de peça única, que desabaram logo no início. Ivan reconhece que a sorte não acompanhou a equipe no set de filmagem:

— Além dos acidentes de trabalho, havia um grande componente perturbador que era o próprio grupo. Todos bebiam e se drogavam demais, as filmagens viravam uma festa. Dessa vez, o Torquato não estava tão à vontade como nas filmagens de Nosferato. Alguém me falou que ele estava muito deprimido no dia anterior e quase desistiu de filmar. Quando apareceu, estava caído, desanimado.

Helena, a namorada de Ivan, destaca de sua convivência com Torquato a imagem de um homem sério e silencioso:

— Talvez por tê-lo visto muito com a batina e a capa do Nosferato, eu tenho o Torquato na conta de uma pessoa enigmática. Ele me parece um padre, silencioso e denso. Jamais externava a sua dor, que a gente quase podia tocar. Ao mesmo tempo era profundamente afetuoso, até com uma certa cerimônia. Quando falava comigo era sempre "Pois não, querida", "Oi, querida"...

De volta ao Rio, e afastado de qualquer dicção tropicalista, ele desenvolveria novas parcerias musicais com Roberto Menescal, Nonato Buzar e Carlos Pinto, um baiano com fama de bom violonista que morava na casa de Pepeu e Baby, da falange dos Novos Baianos.

A parceria com Roberto Menescal, em *Tudo muito azul*, tinha sido uma encomenda para a trilha sonora da telenovela *Minha doce namorada*.

Com Buzar, Torquato compôs *Que película!*:

>Foi no tempo de um tempo
>de um tremendo temporal
>ninguém via o dia
>querer clarear
>nem eu via o dia
>de você chegar
>
>Pelo mar maravilhas
>ilhas, trilha musical
>canções de vitrola
>para te esperar
>eu não via a hora
>de você voltar
>
>Sapateando passos de bongô
>indiferente às ondas tropicais
>autofalante fala quem chegou
>sob as colunas dos jornais
>
>Plastificado desfolhando azul
>e nunca mais diga adeus pra mim
>vendo você iluminando a luz
>e o temporal chegando ao fim

(Linda, linda, linda)

Mas que película!

A segunda parceria da dupla seria *Quase adeus*:

Quase adeus
como quem vai voltar
Quase adeus
quase ficar

Volto a ver
a luz do amanhecer
como se o amanhecer
fosse acabar

Volto a ouvir
a voz de quem não fala mais
num tempo que passou
mas não valeu

Sim, tudo como está
quase terminar
quase adeus

Volto a ver
a luz do amanhecer
como se o amanhecer
fosse acabar

Volto, volto a ouvir
a voz de quem não fala mais
num tempo que passou
e não valeu

Sim, tudo como está
quase terminar
quase adeus

Adeus, adeus

Na safra de parcerias com Buzar, havia também a trilha sonora da novela O *homem que deve morrer*, que tinha Tarcísio Meira no papel-título:

Veio do céu
veio do mar
veio do além
sem saber por quê
veio do meio do azul
pra se encontrar, do céu, do mar, do além, do sol, do azul, por quê?

Mais dia, menos dia
a vida tem pressa
mais noite, menos noite
a morte te alcança
num clarão, mais que o sol
num clarão, no mistério da luz
a promessa é viver

Glória, glória, glória, aleluia
glória, gloria, glória, aleleuia
glória ao homem que deve morrer

Mais tempo, menos tempo
o dia amanhece
mais tarde
menos tarde
um homem aparece
num clarão, outro sol
num clarão, na promessa de luz
um olhar salvador

Ie-a ie-a ie-a
ie-a ie-a ie-a

E, por fim, escreveu para Carlos Pinto, *Todo dia é dia D* e *Três da madrugada*, que seriam gravadas, anos depois, por Gil e Gal. Durante a convivência com Buzar — o padrinho de Thiago, caso houvesse uma cerimônia de batismo —, Torquato sempre se revelaria uma pessoa discreta:

— Ele parecia sofrer muito com o afastamento dos baianos, mas não falava uma palavra. Eu, em respeito à sua privacidade, jamais toquei no assunto. Era evidente que havia algo, pois ele não falava nada, nem como lembrança. Certa vez, brigamos porque eu lhe encomendei uma letra de música, por volta de meio-dia, e quando cheguei em casa, depois de meia-noite, ele tinha escrito apenas uma palavra: "manhã". Fiquei desesperado, pois era o tema de uma novela, oportunidade de ganhar uma grana.

Grana, aliás, que para Torquato passaria a ser considerado artigo de luxo a partir do momento em que a coluna Geleia Geral deixava de existir, em março de 1972. Uma análise comparativa dos textos da fase final com os do início, meses antes, evidencia uma diferença significativa nas abordagens. Em sua penúltima coluna, dia 10 de março, com o título *Na corda bamba*, Torquato falava de um sujeito que encontrara na rua "próximo da morte, que sabe tudo a respeito, sabe que morre sozinho e bem odiado, conforme planejou e vai tentar.

Está na pior. Pode jogar praga que não pega mais." Era como se ele estivesse levando para as páginas o drama pessoal que estava vivendo, um retrato do seu próprio sofrimento — mesmo que estivesse falando de outra pessoa. Na voz do anônimo andarilho: "estou cansado de saber e esse cansaço é que me mata, estou sabendo, vou vivendo assim por aí..."

Para contrabalançar tal acidez, em notinhas curtas ao pé da página, ele anunciava o lançamento do livro de Waly, com planejamento gráfico de Luciano e Óscar, e da revista Bondinho, "transa paulista da pesadíssima. Se liguem." Ilustrava a coluna com uma foto do *black* Paulo Cesar Supli, o ator coadjuvante de *Helô e Dirce* e *A múmia volta a atacar*.

O produtor musical e poeta Tavinho Paes, alguns anos mais jovem, lembra de Torquato almoçando algumas vezes no restaurante Natural, em Ipanema, quase sempre no final da tarde. Torquato, com roupas escuras, comendo arroz integral e fazendo anotações em um caderno escolar. Não era antipático, era soturno:

— Ele parecia que sempre estava com sono. Lia textos em voz alta e depois olhava com o rabo de olho pra ver se alguém tinha prestado atenção. Sua solidão era evidente.

Houve uma época em que a comunidade piauiense se reunia em uma casa de vila, na Rua Arnaldo Quintela, em Botafogo, onde morava a cantora Lena Rios, uma das estrelinhas do *cast* de Carlos Imperial. Lena, cujo apelido na intimidade era Barradinha (batizada de Socorro Barradas, ela foi aconselhada a procurar um nome "artístico"), recorda que foi apresentada a Torquato por Nonato Buzar em um estúdio de som em Botafogo, o Havaí. Sendo ela recém-chegada de Teresina, já conhecia Torquato de fama e, na verdade, o momento de conhecê-lo pessoalmente já era esperado:

— O Nonato falou: "Lena, vou lhe apresentar um conterrâneo seu, que pode lhe ajudar." Quando olhei estava um cara todo de branco, bata branca, bem abaianado, gatérrimo, bonito, cheirando a exterior, a Europa. Era o Torquato.*

Ele apareceu algumas vezes nas reuniões na casa de Lena Rios (afinal, o nome artístico seria uma sugestão dele), atendendo aos convites de Renato Piau, e chegou a esboçar certo entusiasmo em criar algo parecido com o Pessoal do Ceará (Fagner, Belchior, Ednardo, Roger), quem sabe o Pessoal do Piauí. Ele chegou a produzir um show com Lena, em parceria com o jornalista Tarso de Castro, na boate Flag, de José Hugo Celidônio. O próprio Piau seria aproveitado como guitarrista no show de Luiz Gonzaga, com direção de Jorge Salomão, em cartaz no Teatro Tereza Rachel. Na opinião de Piau, mesmo não emplacando, o movimento piauiense daria seus frutos:

— Eu consegui me firmar no Rio graças a essas reuniões, onde conheci Waly e Jorge Salomão. O Carlos Pinto aparecia pra tocar violão. O José Simão ainda não era o Macaco Simão... O Sérgio Natureza ficou meu amigo. Um belo dia, eu toquei alguma coisa de Jimi Hendrix e, resultado: trabalho até hoje com o Luiz Melodia.

O disco *Pérola negra*, de Melodia, aliás, seria o tema da última Geleia Geral, no dia 11 de março. Lá estava ele, mais uma vez, dando uma força valorosa para os amigos. Enaltecendo as virtudes do compositor do Estácio como letrista, Torquato transcrevia três letras do disco, *Farrapo humano*, *Feras que viram* e *Estácio, eu e você*, que começa assim:

Vamos passear na praça
enquanto o lobo não vem
enquanto sou de ninguém
enquanto quero te ver
(...)

---

* Entrevista a Kennard Kruel em *Cantiga piauiense para Lena Rios*, 2001. Edição do autor.

Vamos dizer que, fazendo parte da turma de Melodia, Torquato estava "tão feliz quanto pinto no lixo". Eles formavam um grupo animado a circular pelos bares da cidade, coloridos e banderosos, muito musicais, sempre fazendo questão de apertar e acender agora. Oiticica fazia parte da turma. Era a turma do fumacê, como diziam os reacionários. Rúbia, Baby Rose, Tineca, Renô, Pretinha, o incomensurável Paulinho da Outra (também conhecido como Pica Doce), Hugo (o vaporzão) e Zequinha, o passista do Largo do Estácio, surpreendentemente um sujeito branco e alto. Waly e Jorge Salomão estavam sempre juntos. Para Renato Piau, "era tudo muito criativo e dinâmico".

O mascote dessa turma era o garoto Grilo, um pivete arquétipo de todos os brasileirinhos de rua que circulava também entre os Novos Baianos, devidamente identificado como um "aviãozinho". O Grilo aparecia quando você menos esperava. A diferença entre a turma do Estácio e os Novos Baianos — tirando a base carioca — era nenhuma. Todos eram graduados em música, boteco, praia e futebol. Anos depois, Melodia reconheceria a importância de Torquato em sua carreira:

— Ele falava muito do meu trabalho na coluna Geleia Geral. Foi uma das primeiras pessoas a falar sobre mim. Formou-se uma grande amizade entre a gente.

Um dia, por casualidade, Torquato e Melodia encontraram-se na Adega Pérola que, naquele momento, estava deserta de amigos. Eles comentaram algo como "onde estarão todos?" e decidiram ir para a casa de Torquato, na Tijuca, preparar um repasto. Eles abriram uma cerveja e foram para a cozinha. Na parede da sala, o mapa urbano de Paris, lembrança de um passado recente. Melodia acompanhava todos os passos:

— O Torquato estava preparando uma farofa de ovo usando leite na mistura com farinha. Eu perguntei se era comida típica do Piauí, mas ele desconversou, dizendo que, quando tinha pressa, fazia farofa de leite.

Uma semana depois, tomando a iniciativa da parceria, Torquato chegou com duas letras e disse, sucintamente:

— Melodia, essas são para você.

Uma das letras, ainda inéditas, era *Que tal*:

> Quero morrer no carnaval
> curtindo a sensacional desgraça
> dessa praça completamente igual
> ao resto que conheço em beira de estrada
>
> Quero morrer no carnaval
> encalhado na monumental bagunça tropical
> que por obra e graça dessa mesma praça
> Danço, danço feito um mais
> que se salva
>
> Uma corrente é uma corrente
> assim como uma rosa é uma certa rosa
> Quente, superquente
> distante diante da frente
> desta praça completamente igual
> que eu conheço
>
> Trivial variado
> é o lado de dentro
> trancado, trancado
> Que tal?

Dessa convivência surgiria a ideia de fazer um show com Melodia, no Teatro Opinião, que seria dirigido por Torquato e Luiz Otávio Pimentel. Eles cuidaram também de todos os detalhes da produção. O episódio resultaria em um desentendimento sério entre eles. Na noite da estreia, movidos por Deus-sabe-lá que sentimentos, Melodia, Piau e o resto da banda foram "aquecer" a garganta com vinho e cervejas na Adega Pérola, no outro lado da rua. Quem explica é Piau:

— Nós realmente bebemos além da conta e, quando levantamos da mesa, a coisa girou. Um dos nossos acabou desmaiando no palco. Os que conseguiram continuar em pé não estavam firmes, incluindo o próprio Melodia. O Torquato ficou puto e me jurou de morte: "Você pode tocar com a Joan Baez e com o Bob Dylan, mas comigo você não trabalha mais." Logo depois, eu pedi desculpas e morri de vergonha. Acho que, por isso, hoje sou um profissional rigoroso.

Para Melodia, a inexperiência do grupo foi um fator decisivo para o distúrbio:

— A gente era muito jovem, um pouco anarquista. Eu estava descendo do morro naqueles dias, conhecendo a Zona Sul. O show era uma forma que o Torquato encontrou de me apresentar ao público, já que ele gostava do meu trabalho. Mas ninguém tinha experiência, era tudo feito nas coxas, pois a gente tomava porres em qualquer circunstância.

Esse teria sido um dos últimos atos de Torquato antes de embarcar pela última vez para Teresina. Ele estava exausto. O casamento com Ana finalmente dava sinais de desgaste. Seus desentendimentos com os rapazes do Cinema Novo (dos quais Waly Salomão e Caetano, por exemplo, eram amigos) contribuíam para o seu isolamento. Ele era um radical, no sentido pleno da palavra, na fidelidade às raízes. Seus excessos com drogas e álcool, que garantiam a "ligação" noturna, eram combatidos com soníferos e calmantes, obedecendo um ciclo vicioso infernal, caminho aberto e pavimentado para as crises de depressão. Como um Don Quixote urbano, fino e delgado, ele perambulava pela cidade acompanhado do fiel escudeiro Luiz Otávio. Foi a partir de uma visita de tia Dulce, preocupada com sua saúde, que ele decidiria aceitar a sugestão de embarcar para Teresina no primeiro voo do dia seguinte. Ele chegaria à casa dos pais no dia 25 de maio de 1972, com o cabelo cortado rente, "pipinado" mesmo, e muito magro. Estava de bigode e com uma barbicha rala, quase cavanhaque.

CAPÍTULO 10

O DIA D

(a morte por merecimento)

Em Teresina, Torquato encontraria os velhos amigos de infância editando um jornal alternativo, o Gramma, que nenhuma cumplicidade concreta tinha com seu homônimo cubano (corruptela de Grand Mother), porta-voz da revolução de Fidel Castro. O primo Paulo José era o editor-chefe da versão piauiense, rodada em mimeógrafo. Quando a polícia quis saber a razão do nome do jornal, Noronha explicou:

— É a turma que senta na grama da praça, onde nos reunimos para bater papo. O segundo m é apenas uma bossa. Qualquer semelhança com outro jornal é mera coincidência.

Torquato escreveria alguns textos para o Gramma; um deles, *Vir ver ou vir*, era uma abordagem, digamos, filosófica e poética de *O terror da vermelha**, o filme Super-8 que planejava realizar:

"Tristeresina
   uma porta aberta semiaberta penumbra retratos e retoques,
   eis tudo. Observei longamente, entrei saí e novamente eu volto

---

* Referência ao bairro Vermelha, em Teresina.

enquanto saio, uma vez ferido de morte e me salvei
o primeiro filme — todos cantam sua terra
também vou cantar a minha"

Nesses dias, ele conheceria Carlos Galvão, alguns anos mais jovem, que estava envolvido em experiências de jornais com Noronha, Durvalino e Edmar de Oliveira. Em um curto espaço de tempo, eles criaram, além do Gramma, os suplementos culturais dos jornais A Hora (suplemento A Hora Fatal) e O Estado (suplemento O Estado Interessante). O Estado Interessante chegaria ao fim, três semanas depois, após uma conversa de Torquato com os gráficos a respeito dos diversos erros verificados por ele na montagem dos textos, durante o trabalho com linotipo. Galvão lembra da cena:

— Os gráficos argumentaram que estavam trabalhando além do horário normal, mas sem ganhar hora extra. O suplemento, enquanto trabalho extra, era uma imposição dos patrões. O argumento foi definitivo. O Torquato saiu de lá dizendo: "Não pode haver trégua na luta de classes."

Com Galvão, que tocava bem um violão, Torquato criaria algumas parcerias, entre elas *Sem essa, aranha*, gravada por Lena Rios:

não acredito
que você tenha dito
que não vai embora (embora)
mas não duvido
que você tenha me enchido
muito logo agora (agora)

não acredito
não duvido
não importa
qualquer hora é hora
não quero nem saber
vou dar o fora

eu não me ligo
nem me toco
com esta coisa
com este papo à toa (à toa)
acho engraçado
que você tenha falado
que esta bad é boa

você não tá com nada
eu ando sem nenhum
que conversa fiada
já tou com fiador

sem essa, aranha
sem essa, aranha
sem essa, aranha
sem essa
aranha

No dia 30 de maio, Torquato finalmente procuraria o pronto-socorro do Sanatório Meduna para mais uma internação voluntária. No prontuário, o resultado da entrevista com o médico de plantão, uma mentira fugaz: perguntado se faz uso de bebidas alcoólicas, o paciente negou. De outros tóxicos? "Sim, o fumo." Síntese das condições somato-psíquicas por ocasião da entrada: orientação no tempo e no espaço, dipsomania, crises depressivas, labilidade emocional, ideias de suicídio (aliás, tentativas). Diagnóstico provável: 303.1 (Síndrome de Dependência Alcoólica). Assinado, Dra. Miriam Fonseca do Rêgo.

Ele permaneceria dez dias internado no Meduna, preparando o material que pretendia publicar na Navilouca. No quarto individual, ligeiramente destacado dos demais, à esquerda do pavilhão, ele conseguira instalar uma rede, onde passava boa parte do tempo lendo. Em outros momentos, usava os escritórios do hospital como redação. Escreveu, finalmente, o roteiro de *O terror da vermelha*, sobre um serial killer, que pretendia rodar imediatamente. O amigo Noronha fez algumas fotos de Torquato nos corredores do manicômio, com metade do rosto pintado de vermelho, com as quais pretendia ilustrar o trabalho na revista. Deixou-se fotografar ao lado dos internos, todos com olhares fixos para o olho da câmera em um "silêncio mais que profundo". No dia 8 de junho, em carta da madrinha Yara ao filho Paulo José, mandava as notícias do afilhado:

"Torquato está no Meduna, mas sai nos fins de semana. O trabalho pra Saló aumentou, pois tem que levar o almoço e não dispõe de transporte. Mas, por outro lado, está mais sossegada, pois lá ele está longe, realmente descansando e sem possibilidade de beber. Ele está pelo INPS, feliz da vida, mas sempre sem um tostão."

O amigo Noronha — que algumas vezes foi visitá-lo no Meduna — observa que, apesar da situação delicada em que se encontrava, Torquato não despertava compaixão:

— Ele não costumava revelar fraqueza de espírito e nem posso dizer que o vi deprimido muitas vezes. Ele era um combatente, um guerrilheiro, não se acovardava.

Torquato deixaria o Meduna no dia 9 de junho (no mesmo dia em que Elvis entrava no palco, em Nova York, vestindo pela primeira vez o traje-mortalha, o macacão branco de gola alta, cinturão e botões dourados, símbolo de sua decadência) para dar início às filmagens de *O terror da vermelha*, que tinha a seguinte peculiaridade: era a história de um homem, vivido pelo cabeludo Edmar de Oliveira, que matava pessoas em série, sendo que todas as vítimas são vividas por parentes de Torquato, inclusive a Dona Saló e o Dr. Heli. Assim ele imaginou o roteiro. No final, como se fosse um alter ego, o assassino enforcava o próprio Torquato, que aparecia sentado em um banco de praça lendo um jornal (Caderno B, do Jornal do Brasil) com a manchete: "Gilberto Gil está de volta".

Ele ainda encontraria tempo para participar, como ator, de outra produção marginal em Super-8, chamada *Adão e Eva, do paraíso ao consumo**. Torquato fazia o papel de Adão, com camisolão de beato e corpo ensanguentado pela retirada da costela que daria origem a Eva, cambaleando na coroa do Parnaíba. Ele contracenava com Claudete Dias, uma bela morena, universitária, transformada em atriz de cinema nessas circunstâncias. A direção era dividida entre os amigos Noronha e Arnaldo Albuquerque, um aficionado por gibis e talentoso cartunista — também câmera em *O terror da vermelha*. Quando falava de cinema, como no artigo do Gramma, Torquato gostava de formatar a ideia em "planos, já que um filme é feito de planos: a, b, c, um plano depois do outro, não de cenas, rapaziada cineclube". Ele se manifestava em forma de roteiro na voz do personagem principal, diante da última morte: "e deu-se que um dia eu o matei, por merecimento. sou um homem desesperado andando à margem do parnaíba".

Torquato provaria ambos — o doce e o amargo da convivência com os conterrâneos. Seria barrado em uma festa no Jockey Club (não adiantaram os protestos do amigo Noronha, junto à diretoria), mas concederia uma nova (e longa) entrevista para um jornal local, O Dia, publicada com o título escandaloso: *O poeta do tropicalismo afirma: Juca Chaves é bobo da corte* — em uma provocação ao Menestrel Maldito, que tinha gravado a sátira *Take me back to Piauí*.

---

* Os originais do filme, com oito minutos de duração, foram extraviados anos depois, quando remetidos aos EUA para remasterização em laboratório.

Respondendo ao repórter sobre "quem é bom na música de hoje", Torquato seria objetivo:

"Considero Gil o maior compositor e cantor brasileiro. Gosto do Caetano, mas o Gil possui mais recursos. *Domingo no parque* é demais! Gosto muito de Gal, Elis, Bethânia, Tim Maia..."

Quando alguém quis saber se ele já tinha experimentado alguma droga, a resposta foi sucinta:

"Não me drogo. Não consigo fazer nada drogado. Sempre se tem dito que o Caetano faz suas composições drogado. Não é verdade."

No final da entrevista, houve a divulgação da agenda futura, com a intenção de que pudesse também ser próxima:

"A coleção Na Corda Bamba vai editar o primeiro livro, *Me segura que eu vou dar um troço*, do Waly. Em seguida, o de Jorge Mautner, *Fragmentos de sabonete*; depois, o do Antonio Bivar, que eu não sei o nome. O meu é o seguinte e vai se chamar *Pezinho pra dentro, pezinho pra fora*."

O jornal O Estado, no dia 14 de junho, publicava no suplemento cultural O Estado Interessante, outra extensa entrevista com Torquato, tratado como celebridade na apresentação. A propósito de suas novas atividades, ele dizia:

"O Super-8, sendo uma coisa totalmente inexplorada pelo cinema tradicional, como linguagem, está dando à gente a oportunidade de criar uma forma nova de filmar. Esse filme que eu vim fazer aqui, eu queria que fosse ao mesmo tempo um documentário sobre Teresina, no seu estágio atual de desenvolvimento, e as contradições próprias da cidade."

No dia 14 de julho, uma notícia traumática para os amantes da beleza e da sinceridade: morria na França a moça que dizia: "Você pode muito bem amar uma pessoa e ir pra cama com outra. Já aconteceu comigo." Torquato conhecera Leila Diniz em 1967, no Rio, durante as gravações da telenovela *O Sheik de Agadir*, mas continuaram se encontrando em São Paulo, onde ela namorava o violonista Toquinho. Leila representava, em grande estilo, a mulher brasileira liberada, moderna, sensual, dona do seu nariz e ativista do amor livre — uma das posturas mais procedentes nessa época de poucas liberdades. (Até onde se sabe, o único general que Leila Diniz respeitava era o da Banda de Ipanema — onde ela era Rainha —, o magistral Blackout.) Em Teresina, onde tinha acabado de deixar o Meduna, Torquato receberia a inesperada informação da morte da amiga — em um acidente de avião em Paris — e, segundo Ana, "ficou arrasado durante dias". Ele, um amante da autenticidade, sabia muito bem o que estava perdendo.

De volta ao Rio, Torquato não iria para a casa da Tijuca para se encontrar com Ana. A separação finalmente se configurava em termos físicos: eles não moravam mais juntos. O amigo Luis Carlos Bertarelo, o Simona, agora sextanista de medicina, ofereceria um dos quartos do apartamento que ocupava em um edifício no Humaitá. Torquato chegou com malas, discos e se acomodou. Ele e Bertarelo teriam uma convivência amistosa, apesar dos desequilíbrios que mais se assemelham a um calvário do poeta em torno do seu próprio veneno — para citar Artaud. Bertarelo seria testemunha desses percalços:

— O Torquato tomava muitos ácidos, ficava dois, três dias sem dormir e, depois, não tinha como desligar. Ele entrava em pânico, passava mal. Certa vez, tive que improvisar um ambulatório em casa para uma aplicação de soro. Ele ficou o tempo todo com uma camiseta nos olhos. Assim que recuperou as energias, levantou-se e saiu pra tomar uma cachaça.

No final de julho, enfim, teve a oportunidade de retribuir a hospitalidade do amigo Noronha, que estava com viagem marcada para o Rio — quando então aconteceria o último encontro entre eles. Noronha recorda:

— Foi quando conheci Luiz Otávio Pimentel, Carlos Pinto e Luciano Figueiredo, que estavam muito próximos de Torquato. Ele ainda se mostrava bronqueado com o Melodia e o Piau, que tomaram um porre antes de um show produzido por ele. Na cabeça, carregava o projeto da Navilouca, falava muito nisso.

Em agosto, quando o suplemento Anexo, do Correio da Manhã se ocuparia em fazer uma abordagem dos filmes de Ivan Cardoso, publicando análise crítica* de Haroldo de Campos, Torquato colaborava com um box (o outro texto era assinado por Oiticica) para avisar que alguns filmes de Ivan poderiam ser vistos na exposição de Carlos Vergara, no MAM. Seriam projetados *Amor e tara*, *Nosferato no Brasil*, *Piratas do sexo voltam a matar* e *Sentença de Deus*. Na mesma nota, ele mandava uma espetada na turma do Cinema Novo: "Os filmes de Ivan são feitos em Super 8 e violentamente combatidos por cineastas profissionais como Glauber Rocha e Gustavo Dahl, mas despertam a atenção de críticos, poetas e artistas como Haroldo de Campos, Décio Pignatari, Hélio Oiticica etc..."

---

* *Ivampirismo — o cinema em pânico*, 14/08/1972.

Dia 28, com o título *Midani conhece o sucesso*, Torquato publicava uma longa entrevista com o todo-poderoso André, diretor da Phonogram, que contabilizava os campeões de venda pela gravadora:

— Assim, de cabeça, sem ordem e sem números, posso citar Caetano, Elis, Tim Maia, Chico Buarque e Jair Rodrigues.

Infelizmente os excessos começaram a abalar sua saúde física, psíquica e moral. Ele já não tinha mais uma casa para chamar de sua, podia dormir no apartamento de Nonato Buzar, em uma pensão, em Copacabana — onde moravam Waly, Jorge e Zé Simão —, ou em qualquer outro lugar. Ou até mesmo ficar sem dormir. A residência oficial era o apartamento de Bertarelo, que estava junto durante uma apresentação de *Nosferato no Brasil* (com direito a *Helô e Dirce*, na abertura) para os alunos da PUC carioca:

— Depois da projeção, houve um debate onde ficou claro que ninguém entendeu o filme. O Torquato se divertia com isso. Era meio patético porque ninguém percebia que o vampiro estava em Budapeste e que depois veio ao Brasil, em Copacabana. Não havia diálogos e nem texto, ou seja, a linguagem era em código, como era tudo na época.

O VII Festival da Canção, no Maracanãzinho, em setembro, premiaria e consolidaria o talento de Jorge Ben, com a música *Fio maravilha*, interpretada por Maria Alcina. O capixaba Sérgio Sampaio se tornaria "autor de uma música só" com o sucesso de *Eu quero é botar meu bloco na rua*, interpretada pelo autor. Era o último dos festivais. Na mesma época, saía o aguardado LP de Jards Macalé, com a gravação de *Let's play that*:

quando eu nasci
um anjo louco muito louco
veio ler a minha mão...

O último encontro com Duda Machado, seu amigo das antigas, aconteceria também em setembro, em Ipanema, quando Torquato confidenciaria que estava começando a trabalhar em um livro de poemas, o primeiro de sua lavra. No dia 30, ele fazia anotações em uma folha de papel pardo (um bloco), que sobreviveu ao tempo, rabiscando a lápis uma mensagem com letras minúsculas:

"fico por aqui. deus me livre de ter medo agora. leia: roberto carlos."

Em outubro, ele se deixaria fotografar para o ensaio Tristeresina (Triste sina), de Maurício Cirne, onde aparece com camisa de gola rolê preta, contracenando com a frase "Reflexões de um cineasta", sobrepondo-se a um painel de desenhos feitos por ele: o sol, uma estrada, uma garrafa de cachaça Pitú, uma mão com as iniciais L. O. (provavelmente de Luiz Otávio), dois pênis (um ejaculando), um par de seios, um ânus, um passarinho cantando, um gato e uma bota. Talvez como um sintoma de suas intenções, ele queimaria papéis com anotações, poemas e textos desconhecidos. Também se desfazia da coleção de literatura de cordel e de alguns livros. Ana ainda conseguiria salvar algumas coisas, mas muito desse material seria destruído nesses dias. Em seu depoimento, Alzira Cohen registra um momento especialmente difícil na vida dele:

— O Torquato estava muito transtornado, balançando a cabeça como que atacado por um tique nervoso, com aquela cabeleira... Ficamos passeando na lagoa durante horas. Dois dias depois, ele não lembrava que estivemos juntos.

O poeta vagava pela cidade abandonada quando escreveu a letra de *Três da madrugada*, que ganharia melodia de Carlos Pinto. Na avaliação de Ana, assim como *A rua* significa sua infância, imagens do passado, memórias de Teresina, estes versos melancólicos representam uma despedida do poeta, imagens do presente, Rio de Janeiro, Tijuca:

>três da madrugada
>quase nada
>na cidade abandonada
>nessa rua que não tem mais fim
>três da madrugada
>tudo e nada
>a cidade abandonada
>e essa rua não tem mais
>nada de mim...
>nada
>noite alta madrugada
>na cidade que me guarda
>e esta cidade me mata
>de saudade
>é sempre assim...
>triste madrugada
>tudo é nada
>minha alegria cansada
>e a mão fria, mão gelada
>toca bem de leve em mim.
>saiba:
>meu pobre coração não vale nada
>pelas três da madrugada
>toda palavra calada
>nesta rua da cidade
>que não tem mais fim...
>que não tem mais fim...

Ivan Cardoso lembra-se de ter encontrado Torquato e Luís Otávio no Bar do Mero, no Morro do Vidigal, longe da praia. A conversa giraria em torno das montagens de *Helô e Dirce* e *O terror da vermelha* — eles queriam a ajuda de Ivan para concluir os trabalhos. A partir desse dia, dando sequência ao que fora combinado, Ivan se concentraria em preparar material para Navilouca (54 fotos da revista são dele) e agitar as exibições da safra de filmes bandidos, entre eles *Copacabana, mon amour*, de Rogério Sganzerla, que estava saindo da moviola.

No dia 1º de novembro, a morte anunciada (pela velhice) de Ezra Pound seria pranteada pelos poetas que o tinham na condição de bússola sensorial, ou seja, a antena da raça a serviço da literatura e da poesia. Torquato era um leitor de primeira hora de Pound, com quem aprendera a radicalizar nas escolhas. Assim, quando o critério era rigor e austeridade na análise das vanguardas, por exemplo, ele citava a matriz: "O Pound falava da poesia-onça, que traz na própria pele as suas pegadas. Nela se reconhece o processo heurístico (para usar a expressão de Abraham Moles) e fenomenológico da poesia-descoberta, da poesia-invenção, que vai dizendo sua descoberta à medida mesmo em que a faz."

Na primeira semana de novembro, Torquato estava em plena atividade poética, envolvido até o pescoço com a produção de Navilouca, que acontecia na casa de Óscar Ramos, no Cosme Velho. O trabalho estava em fase final, com as 94 páginas passando pelo processo de montagem dos fotolitos. Eles criavam e andavam em bando (Zé Simão, Luciano, Waly, Jorge, Stephen Berg), todos coloridos e cabeludos. Houve uma briga bastante séria entre Torquato e Waly em um bar da Zona Sul, a qual abalaria a amizade deles. A avaliação é de Óscar Ramos:

— Posso garantir que o Torquato — e, de resto, todo o grupo — era muito subversivo no cotidiano. Vestiam-se escandalosamente e circulavam em qualquer lugar. Quando eu os conheci, através do Luciano, foi um impacto na minha vida — pois eu vivia com minha mãe e irmã e tinha hábitos civilizados. Eles eram o pensamento vivo, na prática, de tudo que lhes passava pela cabeça, sem restrições.

Torquato escreveria duas letras de música que considerava importantes: *Sim e não* e *Destino*. E foi com a disposição de concluir a obra que ele bateu na porta do parceiro Macalé, que recorda-se do episódio:

— O Torquato estava muito amargurado, apesar das tiradas de humor. Ele me entregou os papéis e batemos um papo rápido. Os poemas eram positivos, sem vestígio de baixo astral. Ele chupou algumas balinhas que estavam em cima da mesa e saiu... Não dava para imaginar. Três dias depois veio a trágica notícia.

Dois dias depois, 9 de novembro, estava programada a pré-estreia do filme de Sganzerla, *Copacabana, mon amour*, na cinemateca do MAM. Vamos dizer que, no auge da polêmica com o Cinema Novo, Torquato era figura obrigatória no evento — que ajudava a consolidar o papel do cinema marginal como foco de resistência cultural. Até porque ele tinha sido, ao longo dos últimos anos, um frequentador assíduo do bar do MAM, em bate-papos com Ivan Serpa e o crítico Alex Viany. Agora, lá estava ele batendo ponto com Luiz Otávio Pimentel, Bressane e Ivan Cardoso, a brigada de frente do movimento. O filme, um longa-metragem colorido, cinemascope, não chegou a empolgar. Décio Pignatari, que estava na cidade, havia marcado presença na projeção, mas recusara o convite de Torquato para comemorar seu aniversário:

— Por alguma razão careta, eu estava de saco cheio e não quis ir à festa. Combinei com Luiz Otávio para ver, no dia seguinte, às 10h da manhã, no Cine Zero Hora, da Avenida Rio Branco, o seu curta sobre Oswald.

Ivan Cardoso lembra-se da conversa que teve com Torquato nessa noite, quando insistiu para que ele e Ana os acompanhassem ao casamento de Graça Motta, irmã de Nelson. Estava programada uma grande festa na Gávea, e eles estavam de carro etc... Torquato agradeceu a carona, mas lembrou que era seu aniversário e que pretendia encontrar-se com amigos em um bar na Usina, para comemorar. Os dois se despediram, e cada um seguiu seu rumo. Essa seria a última vez que o cineasta encontraria seu ator favorito na cena da vida.

Ao chegar para mais um dia de trabalho, na redação do Última Hora, o editor João Rodolfo do Prado encontraria um recado de Torquato, pedindo para conversar "hoje, sem falta". Os dois não se encontravam há alguns meses, desde o fim da coluna Geleia Geral. Depois do, digamos, expediente, João entrou no carro e, sem ter uma ideia clara do paradeiro do amigo, seguiu para a Editora Gernasa, na Rua Leandro Martins, no centro, onde deveria ser rodada Navilouca — mas não encontrou ninguém. Lembrou do evento no MAM, a pré-estreia do filme de Sganzerla, e seguiu para lá — onde lhe disseram que Torquato partira minutos antes. Obstinado, João tocou para o apartamento da Mariz de Barros, onde seria avisado pela babá Gal que todos estavam em um bar, na Usina, comemorando os 28 anos de Torquato.

O Bar das Pombas era um recanto aprazível, com um grande quintal cortado por um córrego de águas cristalinas (assim era), que descia do Alto da Boa Vista e atravessava as mesas espalhadas sob as árvores antes de seguir seu rumo e desaguar no rio Maracanã. A Usina era um bairro distante do centro e da Zona Sul, pelas bandas da Tijuca. João Rodolfo, o amigo careta, lembra que, quando encontrou o pessoal (Torquato, Ana, Luiz Otávio, Ângela, irmã de Ana, e seu namorado José Carlos), a noite já estava avançada:

— Torquato estava messiânico, dando conselhos e distribuindo tarefas. Falava do que deveria ser feito, quais os pontos de resistência política e ideológica que deveriam ser observados e do nosso papel diante disso. Conversei muito com ele. Se estava drogado? Eu diria que ele tinha ingerido algo além de álcool, sim, pelo tom e aceleração da voz. Ele estava fazendo uso de um lógica própria, como se estivesse mergulhado num mundo inatingível.

É provável que Torquato estivesse fazendo uso de cocaína nessa noite. A considerar a opinião de alguns amigos que estavam no MAM, horas antes, "todos tinham pó naquele dia. Dificilmente o Luiz Otávio ficaria num bar, na Usina, se não tivesse com algo em cima". É claro que não faz nenhuma diferença, do ponto de vista histórico, qual a substância química que o poeta usou na sua despedida. (A outra tese — de Luiz Carlos Maciel — por exemplo, baseia-se na crença — ou na informação? — de que Torquato estava "viajando" de ácido nessa noite. Ou, pior, que teria colocado para dentro um LSD quando já estava bastante alcoolizado, tornando-se uma vítima de *bad trip* clássica, com direito a overdose espiritual e não orgânica.) Agora, porém, nada disso tinha importância.

No momento em que deixaram o Bar das Pombas, por volta de 4h30, eles foram os últimos a sair — Ângela e Zé Carlos, que dormiriam no sofá da sala, já tinham partido. João Rodolfo ofereceu carona e eles aceitaram. Até então, não havia nenhum indício da tragédia que estava para acontecer:

— É claro que o Torquato não era "normal" como qualquer ser humano "equilibrado". Mas, para ele, era uma rotina questionar tudo muito profundamente. Portanto, aparentemente, não havia nada de excepcional no que tinha acontecido.

Quando Torquato e Ana entraram em casa, no quarto andar do edifício, a babá Gal estava dormindo — e dormindo continuou. Ângela e Zé Carlos ocupavam o sofá-cama da sala. Ana, o pequeno Thiago — que estava no berço — e Torquato ficaram no quarto que um dia tinha sido do casal. Essa é a última imagem na memória de Ana: ela se acomodando na cama, preparando-se para dormir, e Torquato em pé, saindo do quarto.

O primeiro a acordar naquela manhã foi Zé Carlos, com vontade premente de ir ao banheiro. Ele chegou a caminhar até o corredor, mas desistiu ao ouvir o barulho de água caindo do chuveiro. Voltou para a cama com a intenção de esperar por um tempo, mas acabou dormindo, acordando talvez uns vinte ou trinta minutos depois. E a água continuava caindo... Ele bateu na porta, mas ninguém respondeu. Intrigado, deu a volta para olhar pela janela basculante, mas a encontrou vedada com panos e jornais. Voltou a bater na porta, que também estava vedada, e... nada! Foi quando pressentiu a tragédia e acionou a luz vermelha, acordando a namorada Ângela, a babá Gal e, por último, Ana. Em meio ao tumulto que se instalara, o pequeno Thiago seria levado por Ângela para fora do apartamento.

Quando a porta do banheiro foi aberta (na verdade, arrombada por Zé Carlos), Torquato estava caído muito próximo, dificultando a abertura. Tinha uma cueca vermelha na mão, enfiada no rosto. O gás estava aberto, mas não havia uma chama-piloto. Sendo o gás doméstico hiperbárico, ou seja, pesado, sua tendência foi concentrar-se em níveis inferiores, justamente onde ele estava deitado. Zé Carlos — depois de fechar o registro — ainda tentou reanimá-lo com massagens no tórax e respiração artificial, mas estava claro que naquele corpo não havia mais vida.

Foi Gal quem ligou para o pronto-socorro do Hospital Souza Aguiar e para o Prontocor, que mandaram duas ambulâncias. O cunhado Helinho não demorou a chegar, assumindo a tarefa de cuidar do pequeno Thiago. Alguém ligou para a 18ª DP comunicando o ocorrido. Ao lado do corpo foi encontrado um caderno espiral, tipo colegial, onde Torquato escrevera seus últimos textos. Havia uma frase isolada ("o amor é imperdoável", atribuída a Caetano Veloso — o nome estava embaixo da frase) e uma colagem de emoções que pode também ser interpretada como um bilhete de amor e despedida:

"atesto q
FICO
Não consigo acompanhar o progresso de minha mulher ou sou uma grande múmia que só pensa em múmias mesmo vivas e lindas feito a minha mulher em sua louca disparada para o progresso. Tenho saudades como os cariocas do tempo em que me sentia e achava que era um guia de cegos. Depois começaram a ver e enquanto me contorcia de dores o cacho de banana caia.
De modo
q
FICO
sossegado por aqui mesmo enquanto dure.
Ana é uma
SANTA
de véu e grinalda com um palhaço empacotado ao lado.
Não acredito em amor de múmias e é por isso que eu
FICO
E vou ficando por causa deste
AMOR
Pra mim, chega.
Vocês aí, peço o favor de não sacudirem demais o Thiago. Ele pode acordar."

Torquato Pereira de Araújo, neto, foi considerado morto, oficialmente, às 9h da manhã, conforme atestado de óbito assinado pelo médico Hygino de Carvalho Hércules. Às 11h, o corpo dava entrada no Instituto Médico Legal — IML — para o exame toxicológico, a autópsia, necessária nesses casos. À tarde, por volta de 16h30, seria embalsamado pelo perito Nilton Mendonça, que, no seu trabalho, usou as substâncias Formalina e Bicloreto de Mercúrio. Os amigos Hermínio Bello de Carvalho, Nonato Buzar, Renato Piau e Lena Rios foram os primeiros a aparecer, surpreendidos com a notícia. Hermínio, em seguida, escreveria um poema detalhando suas emoções nesse dia, fazendo referências ao suicídio e à cueca vermelha.

Sabe-se que o animador Carlos Imperial, através da Cipal Produções (onde algumas vezes Torquato prestara serviços) ajudou em algumas despesas, mas foi o Dr. Heli quem pagou os Cr$ 1.328 pelo frete do corpo, em avião da Vasp, que deixaria o Aeroporto do Galeão na manhã do dia seguinte, às 9h30. O tio Vital, o professor de judô, chegava de Teresina para cuidar dos trâmites, a pedido do Dr. Heli.

Em Brasília, o primo Paulo José encontraria, nos corredores da UNB, o amigo Durvalino (um dos editores do Gramma), que foi logo anunciando: "O Torca. Ele se foi. Abriu o gás e se foi." Atarantado, PJ embarcaria para Teresina no primeiro voo do dia seguinte, sem saber que o corpo de Torquato também estava a bordo. Ele faria a viagem ao lado de Ana e tio Vital, que se encarregaria de relatar os acontecimentos.

Com o atraso do voo, devido às diversas escalas, o enterro no Cemitério Municipal de Teresina, no bairro da Matinha, aconteceria apenas no início da noite, com autorização especial das autoridades. Ana não apareceu na missa celebrada na casa dos pais e nem no enterro — estava refugiada na casa de uma tia de Torquato, exausta. (Ela decidira que não veria Torquato morto.) Os jornais do dia traziam o assunto na primeira página, em letras garrafais, atraindo a curiosidade popular.

O cortejo fúnebre, desde a Rua Coelho de Resende até o cemitério, seria acompanhado por uma verdadeira multidão, onde se destacava um grupo de jovens em suas motocicletas — a juventude transviada de Teresina que, nos anos seguintes e depois, sobretudo através da tradição oral, transformaria Torquato em mito da cultura brasileira. Apesar do trágico desfecho — ou até mesmo por causa dele —, a legião de inconformados agora tinha em quem acreditar. Desde então, e todos os anos, o nascimento e a morte do poeta são festejados no mesmo dia, na virada da meia-noite. Como um personagem da literatura de cordel: a extraordinária e breve vida de TN.

CAPÍTULO 11

MARCAS NO ASFALTO

(rasgue isso depois)

Na mesma noite da morte, dia 10, alguns amigos, abalados com a trágica notícia, promoveram uma festiva reunião no apartamento de Stephen Berg, em Botafogo. Foi uma maneira original e sincera de prantear aquele que havia reunido todos os poetas marginais no projeto Navilouca. Os relatos dessa noite são impressionantes, com demonstrações de choro, riso e leituras de poemas. A palavra de ordem era festejar com muita maconha e Rolling Stones na radiola. Participaram do rito de passagem o guitarrista Renato Piau, Waly e Jorge Salomão, José Simão, Luciano Figueiredo, Óscar Ramos, o anfitrião e outros mais.

•

No dia seguinte, a imprensa revelaria sua perplexidade em manchetes desconcertantes. O Globo chamaria para o título "Torquato Neto parecia feliz, mas se matou de madrugada", reunindo a notícia factual, o perfil de "Um baiano do Piauí" e um box comentando o bilhete de suicídio, aqui chamado de A Última Mensagem — além de mostrar a cópia exata do caderno espiral. O Correio da Manhã daria a notícia na primeira página:

Teresina recebe corpo de Torquato

O texto apresentava Torquato como "redator do Correio da Manhã", que ultimamente estava ligado à editoração de uma nova revista literária, "Navilouca, anunciada para breve".
O jornal O Estado, de Teresina, na edição do dia 11, abriria manchete na primeira página em letras garrafais:

Torquato foi pra não voltar

Logo abaixo do título, havia a letra de *Pra dizer adeus* reproduzida. Na página 2, apareciam três textos abordando aspectos do poeta, assinados por Antonio Noronha, Edmar Oliveira e Claudete Dias, a atriz de *Adão e Eva, do paraíso ao consumo*. Uma das fotos ilustrativas da matéria mostra Torquato fumando um baseado ao lado de uma amiga piauiense. (A legenda não revela, mas quem conhece percebe as evidências.)
A revista Veja publicaria uma grande nota na seção Datas, com uma foto do poeta e a legenda: "Torquato: suicídio no aniversário".
O Dia, também de Teresina, destacaria na primeira página:

Torquato Neto: Mamãe, não Chore

O jornal registrava que "a notícia da morte de Torquato Neto chegou ao Piauí às primeiras horas da manhã de ontem e em poucos instantes todos os teresinenses comentavam o fato e discutiam sobre o autor de *Procissão*". No final, depois de destacar trechos de *Mamãe, não chore*, uma pergunta do próprio jornal: "Mas como, Torquato, como não chorar por você?"
Em sua coluna Hora H, no Última Hora, o jornalista Hélio Werneck, sob o título "Torquato foi — sozinho", registrava:

"Ele voltou para sua terra pobre e digna, devolvido e íntegro. Era um poeta do seu tempo, com a complicação dos iluminados."

•

Os acontecimentos importantes — ou meramente significativos — registrados após a morte de Torquato Neto não foram poucos:

1972

Ainda sobre o impacto da morte, os irmãos Marcos e Paulo Sérgio Valle compõem *Samba fatal*:

>Ele acordou entre o mágico e o místico
>o prático e o político
>o profético e o poético
>o trágico e o tétrico
>(...)
>
>Ele pensou entre morrer de medo
>ou salvar o pelo
>(...)
>
>Ele saiu dizendo adeus
>rezando a Deus
>pensando nos seus
>e o fez pelos teus
>(...)
>
>Seu ato de morte foi um fato da vida

A música seria gravada no ano seguinte no LP *Previsão do tempo*, gravadora EMI.

1973

Menos de um ano depois, a Editora Eldorado lançava a primeira edição de *Os últimos dias de paupéria*, organizada por Waly Salomão e Ana Maria. Reunindo o diário de Engenho de Dentro, poesias avulsas e a coluna Geleia Geral, o livro trazia encartado um disco (compacto simples) com *Todo dia é dia D* e *Três da madrugada*, as parcerias com Carlos Pinto — cantadas por Gil e Gal, respectivamente. Na foto da capa, *by* Ivan Cardoso, Torquato aparece na versão Nosfetaro, de cabelos compridos e capa preta, com sobreposição do verso "eu sou como sou vidente e vivo tranquilamente todas as horas do fim". À guisa de prefácio, Augusto de Campos escreveria "Como é, Torquato", lembrando que, poucos dias depois da morte de Pound, Torquato "deu as costas ao lugar e ao sol". A edição de 5 mil exemplares e 116 páginas se esgotaria rapidamente.

Por iniciativa do vereador Totó Barbosa, estava criada a Rua Torquato Neto, no bairro Boa Esperança, Teresina.

1974

A edição primeira e única de Navilouca é publicada conforme planejado por Torquato, como um Almanaque dos Almanaques. Nos créditos, a organização e coordenação editorial consta de Torquato Neto e Waly Salomão; diagramação de Ana Maria. No mosaico de fotos na capa, entre tantos poetas e artistas (dezesseis no total), Torquato aparece sem camisa e de cavanhaque, com a metade esquerda do rosto pintada de vermelho, em foto feita por Antonio Noronha no manicômio Meduna. O lançamento da revista aconteceria em 7 de junho, no Teatro Casa Grande, Rio de Janeiro.

A revista Pólem, editada no Rio por Helinho, Ana, Duda Machado e Suzana de Moraes, publica uma montagem de textos de Torquato, a partir de trechos de cartas e poemas.

1976

Torquato aparece na antologia 26 Poetas Hoje, organizada por Heloísa Buarque de Hollanda para a Editora Labor. Na seleção dos textos, foram privilegiados trechos do diário de Engenho de Dentro e poemas avulsos.

O Almanaque Biotônico Vitalidade, editado pelo grupo Nuvem Cigana, no Rio, publica, em primeira mão, o poema feito em Paris e dedicado a Ronaldo Bastos.

1977

No livro *Música popular: De olho na fresta*, Editora Graal, Gilberto Vasconcelos dedica abordagem ao tropicalismo, de um modo geral, e, em particular, aos versos de *Geleia geral*. O crítico encontra no poema elementos textuais bem definidos, denominados "universo tropical e universo urbano-industrial".

A revista I (a nona letra do alfabeto), editada em Belo Horizonte por Carlos Ávila, publica em primeira mão o poema-homenagem de Paulo Leminski (1944–1989):

COROAS PARA TORQUATO

    um dia as fórmulas fracassam
    a atração dos corpos cessou
    as almas não combinam
    esferas se rebelam contra a lei das superfícies
    quadrados se abrem
    dos eixos
    sai a perfeição das coisas
    feitas nas coxas
    abaixo o senso das proporções
    pertenço ao número
    dos que viveram uma época excessiva

1978

A vida e obra de Torquato são tratados no curta-metragem *Todo dia é dia D*, de Henrique Faulhaber e Sérgio Pantoja, que assinam argumento e direção.

1979

A Editora Kaiarós publica *Tropicália: alegoria, alegria*, dissertação de mestrado de Celso Favaretto, para a Faculdade de Filosofia da USP. Em sua abordagem do movimento tropicalista, o autor destaca o trabalho de Torquato, analisando detalhadamente a letra de *Mamãe, coragem*, por considerar que "a tônica da música é a afirmação de uma coragem de postular uma vida de rupturas, oposta à estabilidade da vida familiar". O livro de Favaretto seria reeditado em 1996 e 2000 pela Ateliê Editorial.

Caetano compõe e grava *Cajuína*, escrita depois de uma visita ao Dr. Heli, em Teresina, que lhe deu a rosa pequenina colhida no jardim da casa, na Rua Coelho de Resende. Sobre esse encontro, o Dr. Heli diria: "O rapaz chorou muito aquele dia."

1982

Os últimos dias de paupéria ganha uma reedição revista e ampliada com quase quatrocentas páginas, pela Editora Max Limonad. Alterações gráficas na capa traziam as assinaturas de Óscar Ramos e Ana Maria. Na contracapa, estava a foto de Torquato na Galeria Whitechapel, em Londres, durante a exposição de Oiticica, com a frase emblemática: "A Pureza é um Mito". A edição mantinha o texto de Augusto de Campos e apresentava como novidade *Saudade do saudável: Uma saudação*, de Décio Pignatari, que também era entrevistado por Régis Bonvicino:

— Como você situaria Torquato? Um poeta letrista ou um poeta que fazia poesia escrita?
DP — Torquato era um criador representante da nova sensibilidade dos não especializados. Um poeta da palavra escrita que se converteu à palavra falada, não só a palavra falada idioletal brasileira, mas à palavra falada internacional.
(...)
Eu prefiro dizer que Torquato foi o Mário Faustino do tropicalismo, o Mário tragicamente morto dez anos antes. Ambos, mortos vocacionais.

Dois outros textos completam as apresentações da nova edição: *Trânsito para Torquato Neto*, assinado por Luiz Otávio Pimentel, e um texto-carta de Hélio Oiticica, de Nova York, que começava assim:

"porisso
quando penso q devo e quero dizer algo sobre Torquato penso em quanto como e/ou não dizer nada importa:
citar Artaud: cura = veneno:
mais amei e disse e fiz quando com ele fui para Londres e quando brigamos negamo-nos e escrevi algo em Brighton."
(...)

Poetas cariocas homenageiam Torquato no Teatro da CEU, em 26 de novembro, com participação de Waly Salomão, Salgado Maranhão, Chacal e Xico Chaves.
Ainda pelos dez anos de morte do poeta, Paulo Leminski escreveria na Folha de São Paulo, no dia 7 de novembro, o artigo intitulado *Os últimos dias de um romântico*, onde situava: "Torquato é, talvez, o único mito poético dessa geração que aí está, 'mito', aqui, no sentido originário de figura-síntese de uma Ideia com força e valor coletivos. Arquétipo.

Modelo. Forma-cristal. Para esta geração (como delimitá-la?), Torquato encarna um dos mitos mais caros da nossa gente: o mito do poeta morto jovem. Esse mito de extração romântica, tem uma linhagem que começa no Werther de Goethe, passa por Musset, Nerval, e, entre nós, por Álvares de Azevedo, Casemiro de Abreu, Castro Alves, Augusto dos Anjos, Cruz e Souza, os 'prematuramente desaparecidos'."

Também em 7 de novembro, um domingo, o Correio Braziliense publicava uma matéria de página inteira para lembrar: Dez anos sem Torquato. O primo Paulo José escrevia *Fogo no bom-mocismo nacional* (com base na carta de Torquato, de 1971) enquanto Fernando Lemos, o ex-colega do Correio da Manhã, ficava com o tema *É preciso não dar de comer aos urubus*.

O Jornal do Brasil, também em página inteira, na capa do Caderno B, apresentava um artigo assinado por Tárik de Souza, *A volta do anjo torto*. Uma questão colocada em evidência pelo articulista:

> "Ele viveu o sufocante claustro cultural do regime e, apesar do humor em sua criação, foi derrotado pelo pessimismo."

1984

A RioArte cria o Prêmio Torquato Neto para o 2º Concurso Nacional de Monografia. O tema do ano: O Poder da Imprensa Alternativa Pós-1964 — Histórico e Desdobramentos.

1985

O Projeto Torquato Neto, da RioArte, produz o álbum (ainda em vinil) *Um poeta desfolha a bandeira*, com doze faixas trazendo novas e velhas criações, como os clássicos *Pra dizer adeus*, *Geleia geral* e *Mamãe, coragem*, e as recentes *Let's play that* e *Três da madrugada*. A foto da capa, de Maurício Cirne, fora retirada do ensaio feito em outubro de 1972, onde ele aparecia originalmente ao lado de Luiz Otávio Pimentel (que ficou de fora da foto na montagem final). Como complementos informativos, textos de Tárik de Souza e Gilberto Gil, que reconheciam:

> "Eu realmente tenho a sensação que Torquato não deu tempo pra gente. Com um pouquinho mais de tempo, acho que o circunstancial afetivo teria de uma certa forma se mobilizado beneficamente pra ele. Desenrolaria o nó. Uma coisa que eu gostaria muito era ter conseguido amadurecer a seu lado. Muitas coisas que eram problemáticas e torturantes para ele, hoje já teriam ficado mais simples. Mas ele tinha pressa, abriu o gás."

1986

Em depoimento ao evento Tropicália, 20 anos, realizado pelo SESC Pompeia, São Paulo, em novembro, Rogério Duarte, o parceiro igualmente marginalizado, diria:

> "Fundamentalmente, o que faltou a Torquato no momento mais crítico, num momento de grande dificuldade no país, foram exatamente as referências e os apoios mais sólidos. Ele se sentia sozinho. (...) Se Torquato tivesse sido entendido, amado e reconhecido, se as circunstâncias fossem outras aquilo não aconteceria. É a história do homem, o 'eu' e as circunstâncias. Eu não queria que a obra de Torquato fosse reduzida a poemas de um suicida. (...) Torquato era um Dom Quixote, ele era um magrelinho que se lançava contra os moinhos de vento com uma coragem total."

1988

O músico Sérgio Brito, do grupo paulista Titãs, compõe a melodia para os versos de *Go back*, gravada no primeiro CD ao vivo da banda, na Suíça, transformando-se em grande sucesso.

1990

Com destaque para a produção de *Nosferato no Brasil*, a editora Ebal lança *Ivampirismo: O cinema em pânico*, de Ivan Cardoso e R. F. Lucchetti, de 376 páginas.

1992

O cineasta Ivan Cardoso produz e dirige o documentário *Torquato Neto, o anjo torto da Tropicália*, para a TV Manchete. O programa apresenta trechos de Nosferato e diversos depoimentos, alguns audaciosos, como o de Carlos Imperial, que acabou ficando fora da edição final: "Os baianos não gostavam do Torquato. Se gostassem não teriam deixado o rapaz morrer assim. Gilberto Gil e Caetano Veloso abandonaram Torquato." O especial apresenta ainda depoimentos de Caetano (falando da visita ao Dr. Heli e da música *Cajuína*), Gil, Augusto, Haroldo de Campos, Tom Zé, Décio Pignatari e Arnaldo Antunes. O programa foi ao ar no dia 14 de fevereiro, às 22h30.

Em novembro, durante o 25º Festival do Cinema Brasileiro, em Brasília, a publicação Fogo Serrado sai com edição especial sobre Torquato, aproveitando a exibição de dois filmes de Ivan Cardoso: *Nosferato no Brasil* e o especial para a televisão *Torquato Neto, o anjo torto da Tropicália*. O texto de Rogério Duarte, fazendo parte da edição, alertava:

"É preciso acabar de vez com o clichê de que Torquato Neto era um maníaco depressivo, ignorando-se a obra do compositor e, pior ainda, escamoteando dados sobre a sua pessoa. Por exemplo: ignora-se a militância de quem foi o primeiro a contestar sem medo e incomoda até hoje. Ele teve a coragem até de brigar com as esquerdas, com o pessoal do Cinema Novo. Ele não era um homem de rebanho, ele só era fiel à revolução."

A revista Exu, editada na Bahia, publica *Documento: Torquato Neto*, com seis páginas, falando de "um dos mais importantes ideólogos do movimento tropicalista".

O suplemento Mais!, da Folha de São Paulo, em 8 de novembro, dedica três páginas para a reportagem *TORQUATO — Há 20 anos o anjo torto da Tropicália se suicidava no Rio e se tornava o mito mais representativo de uma época convulsiva*. Em entrevista a Marcos Augusto Gonçalves, Caetano Veloso rebatia versões sobre um rompimento:

"O que aconteceu foi o seguinte: pouco antes de eu ser preso, houve um embrião de afastamento, mas nenhuma remota ideia de discórdia, nem discordância estética ou de posição. Aliás, você pode ler o que ele escreveu quando eu estava em Londres: ao contrário, ele afirmava o que eu fazia, se sentia identificado conosco. Eu estou sendo o mais sincero possível."

1997

Torquato é um dos poetas da antologia *Nothing the sun could not explain*, editada em Los Angeles pela Sun and Moon Press, com organização dos brasileiros Régis Bonvicino e Nelson Ascher e do americano Michael Palmer.

Os versos de *Começar pelo recomeço*, que Torquato deixara para Luiz Melodia, ganham harmonia e são gravados no álbum *14 quilates*:

"não vou lamentar
lamento muito mas agora não dá
não me lembro mais do tal momento
que você me deu"
(...)

Em *Tropicália: A história de uma revolução musical*, Editora 34, Carlos Calado sintetiza: "Numa época de muita censura, Torquato passou a atual como um ferrenho militante da implantação da contracultura no Brasil. Seu veículo mais efetivo foi a coluna Geleia Geral, que assinou entre agosto de 1971 e março 1972, na edição carioca do Última Hora. (...) Provocativo, Torquato comprou várias brigas. Denunciou as máfias dos direitos autorais no país. Desafiou o compositor Ataulfo Alves, que acabou se defendendo com o samba *Não cole cartaz em mim*. Enfrentou Glauber Rocha, Cacá Diegues e outros adeptos do Cinema Novo, ao se perfilar ao lado do cinema *underground* de Bressane, Sganzerla e Cardoso."

1998

Jards Macalé grava duas parcerias póstumas com Torquato: *Destino* e *Dente no dente*, no disco *Q faço é música*. Nana Caymmi grava *Cantiga*, parceria esquecida com Gilberto Gil, no CD *Resposta ao tempo*.

O jornal Folha de São Paulo, em reportagem de Sérgio Torres, edição de 27 de novembro, revela três novas letras inéditas, trabalhadas por Melodia (*Que tal*), João Bosco (*Fique sabendo*) e Geraldo Azevedo (sem título).

2000

Outra dissertação de mestrado, *A ruptura do escorpião: Ensaio sobre Torquato Neto e o mito da marginalidade*, de

André Monteiro, para a PUC-Rio, seria editada em forma de livro pela Cone Sul, com 110 páginas. O trabalho conquistaria, na categoria ensaio, o 3º Festival Universitário de Literatura. A mesma editora lançava uma edição especial da revista Livro Aberto, com um dossiê Torquato Neto, referindo-se a "um dos grande agitadores da cultura brasileira nos anos 1960 e início dos 1970, aquele que disparava torpedos contra a pieguice de um país mergulhado na escura noite da ditadura". Na mesma edição, havia um ensaio reunindo comparações entre Torquato e Paulo Leminski, de autoria de Tida Carvalho, professora de literatura da PUC-MG.

No mesmo ano, um novo estudo acadêmico, de Laura Beatriz Fonseca de Almeida, seria publicado pela UNESP — Araraquara — com o título *Um poeta na medida do impossível, trajetória de Torquato Neto*, 118 páginas.

Em nova parceria póstuma com Sérgio Brito, dos Titãs, nasce a música O *bem, o mal*, gravada no disco solo *A minha cara*.

O livro *100 fatos do Piauí no século XX*, Editora Halley, 122 páginas, de Zózimo Tavares, dedica verbete a Torquato Neto, apresentado como a maior expressão das artes.

Publicado pela Companhia das Letras, *Cartas ao mundo*, de Glauber Rocha, registra o seguinte comentário sobre a morte de Torquato, em carta de fevereiro de 1973 ao produtor Fabiano Canosa: "o suicídio do Torquato Neto foi o clímax da babaquice ripista anarcovisionária, subproduto imperialista nos trópicos. Espero que agora, depois da vitória de Nixon, as pessoas aprendam que sem método não se destrói o diabo".

Ainda no ano 2000, o músico cearense Felipe Cordeiro compôs uma música a partir de poema de Torquato, devidamente autorizado pela viúva. Mel e sal foi incluída no CD Outra esquina, que teve participação do guitarrista mineiro Toninho Horta.

2001

O poema *Cogito* aparece na antologia *Os cem melhores poemas brasileiros do século*, seleção de Ítalo Moriconi para a Editora Objetiva.

Nos EUA, o cantor Freddy Cole, irmão do lendário Nat King Cole grava *To say goodbye (Pra dizer adeus)*, no CD *Rio de Janeiro Blues*, repetindo o equívoco de Sérgio Mendes ao omitir o nome de Torquato como um dos autores. Por ter criado a versão em inglês, Lani Hall, cantora do conjunto Brasil 66, também aparece aqui como autora da letra.

Torquato faz parte da antologia *100 anos de poesia: Um panorama da poesia brasileira no século XX*, organizada por Claufe Rodrigues e Alexandra Maia, de O Verso Edições. O poema escolhido foi *Andar andei*.

O jornalista piauiense Kenard Kruel lança, em Teresina, o livreto *Torquato Neto ou a carne seca é servida*, um "roteiro biográfico" com 42 páginas.

2001

O mesmo Kenard Kruel divulga, em Teresina, o ensaio *Cantiga Piauiense para Lena Rios*, onde, entre tantos outros assuntos, a cantora abordava publicamente a separação de Torquato do grupo baiano:

> "Quando o Torquato me disse que eu passaria a gravar as músicas dele, que a Gal e a Bethânia foram proibidas de cantar, ele estava um trapo. Eu assumo o que digo aqui: o Torquato Neto me confessou que quem proibiu a turma de cantar, gravar, andar com ele foi Caetano Veloso, movido pelo ciúme doentio da mulher, Dedé Gadelha."

Em dezembro, o filme *O terror da vermelha* foi exibido pela primeira vez com cópia restaurada na mostra Marginália 70 — O Experimentalismo no Super-8 Brasileiro, parte do projeto Anos 70: Trajetórias, do Itaú Cultural.

2002

Uma tese para graduação em Estudos Literários da Unesp, Araraquara, apresenta o ensaio *Torquato Neto: Uma poética de estilhaços*, de Paulo Andrade. A edição, com 112 páginas, apresentada por Celso Favareto "reconstrói histórica e analiticamente, com rigor, sensibilidade e paixão, o sentido da produção e a saga heroica de um dos personagens mais marcantes do período 1960/1970".

O disco *Todo dia é dia D*, produzido pelo velho amigo Ronaldo Bastos, agora à frente do selo Dubas, apresenta catorze músicas, incluindo as três parcerias com Edu Lobo. No rico encarte, além das letras transcritas, um painel fotográfico de grande importância biográfica mostra o poeta em várias situações, inclusive em uma sequência de cabine fotográfica em Londres.

Em homenagem aos trinta anos de morte, a Câmara Municipal de São Paulo realiza sessão solene no dia 6 de novembro, com a presença de Waly Salomão, Rogério Duarte, o crítico Carlos Renó e o cantor Jorge Mello, que apresentou algumas composições de Torquato.

2003

O guitarrista Renato Piau compõe melodia para o poema *Andar andei*, gravado por ele no CD *Blues do Piauí*.

POSFÁCIO
ATOS PLENOS EM VÁRIOS PLANOS

Plano A

Era 1972, vocês sabem, o ano da morte de Leila Diniz e apogeu do governo Médici. É preciso dizer mais? Então, aqui vai: em julho, Torquato deixa a Clínica Meduna, em Teresina, volta para o Rio de Janeiro (como prova do amor que sente pela Guanabara) e se prepara para dizer adeus. Nessa época, ainda não existiam grades de ferro nos edifícios em Copacabana (como capelinhas de cemitério) e a Adega Pérola era reconhecida como o quartel-general da rapaziada criativa do teatro e do cinema *underground*. Mas Torquato morava na Tijuca e bebia em qualquer botequim, de preferência nos ordinários Frango Esperto e Mau Cheiro.

Plano B

Encontrei Torquato Neto pela primeira e única vez em uma noite agitada no Teatro Tereza Rachel, o Teresão, durante um espetáculo de música. Alguém disse: "Aquele é o Torquato Neto." Ele estava na segunda fileira da plateia, cercado de amigos, vestindo uma camisa de mangas compridas justa que lhe acentuava o aspecto raquítico do tórax. (Lembrei de Noel Rosa, que também veio ao mundo a fórceps, depois de uma batalha exaustiva e sangrenta pela vida. Qualquer juiz de boxe suspenderia a luta ao vê-lo despir-se do roupão.) Não trocamos uma única palavra — e nem havia motivo para isso, pois sequer tive a premonição de que um dia seria seu biógrafo. Não me restam outras lembranças dessa noite além das figuras exacerbadas de Waly Salomão e do fiel escudeiro Luiz Otávio Pimentel, poeta e cineasta *underground*, devorando um sanduíche estufado de maionese e queijo que lhe escorriam pelos dedos.

Plano C

A decisão de fazer esta biografia — por mais paradoxal que seja — veio ao mundo no dia em que, surpreso, constatei que Torquato não tinha exatamente uma "obra" literária ou poética. Quer dizer, todos os seus textos reunidos davam o volume único *Os últimos dias de paupéria*, editado pela primeira vez em 1973 — e que mereceu edições enriquecidas nos anos seguintes. Por obras completas, então, entende-se alguns poemas, letras de música, o diário do sanatório de Engenho de Dentro e, sobretudo, em termos quantitativos, os textos da coluna Geleia Geral, publicados no Última Hora. Havia também o que ele considerava "estudos", frases soltas, pensamentos. Mesmo considerando seus exíguos 28 anos (em tese, quando morreu, Torquato estava entrando na maturidade intelectual), ainda assim, intrigado, me perguntei:

Plano D

Por que, então, raios, fui tão influenciado por ele? Em 1976, em Curitiba, quando escrevia uma coluna chamada Pamonha, no caderno Anexo, do Diário do Paraná, por várias vezes me pronunciei em referência: "Bom dia, otários, como diria Torquato Neto, tudo bem por aí? O carnaval já passou e tudo melhorou, não é mesmo? Depois da folia, os problemas desapareceram como num passe de mágica..." etc. A ironia a serviço da revolta e do inconformismo.

Plano E

O poeta dos fragmentos. É certo que este livro vai falar livremente dos caminhos que Torquato percorreu nesta terra em transe enquanto encarnação do divino e do Nosferato. Afinal, como explicar que um rapaz inteligente, articulado e bem sucedido — em muitas ocasiões chamado de "o anjo torto" — tenha colocado fim à própria vida, justamente quando começava a escrever a SUA história? Uma história que começa em Teresina, passa por Salvador e deságua no Rio de Janeiro, cidade aqui identificada como Praça da Apoteose, onde o poeta vai desabrochar o embrião tropicalista, reencarnação da Semana de 22.

Plano F

Vida e obra como antítese. Dificuldade para nascer, impossibilidade de viver, contradição na sexualidade, idem na estética, na religião (a mãe era beata e o pai espírita estudioso) e, é claro, nenhuma realização política, apenas luta e angústia — antítese também de Maiakovski, que, afinal, fez uma revolução. Sem acordo com o infortúnio. Só se pode salvar quem quer ser salvo.

Plano G

O poeta da ruptura. Há controvérsias. Ele vai romper com os códigos vigentes da sexualidade, da bossa nova, do cinema novo (vai propor o cinema marginal, em Super 8 e 16 mm), da poesia e, plano final, com os próprios laços. Torquato caminha solene compondo a comissão de frente da Tropicália — sempre descartando o "ismo" — ao lado de Caetano Veloso, Gil, Capinam, Rogério Duarte, Duprat, Tom Zé, Nara Leão, José Celso, Mutantes, Hélio Oiticica etc... Na arquibancada, a turma da Mangueira sacode os parangolés... De repente, tudo desmorona.

Plano Universal

Então, seu bobão, a importância de Torquato Neto vai aparecer naquilo que ele fez e disse — e não exatamente no que escreveu e/ou publicou. Trinta anos após a sua morte sobrevivem a coerência, a integridade e a coragem de um contestador nato, um transgressor cultural inscrito no plano mais elevado das inventivas nacionais. Um mito*. Outro poeta da mesma geração, o curitibano Paulo Leminski, escreveu: "Como Buda, Confúcio, Sócrates ou Jesus, Torquato não deixou livros." E basta!

Plano local

As dificuldades que encontrei para realizar este trabalho se resumem à recusa de alguns amigos e familiares em esclarecer fatos ligados à vida do poeta. Nesse sentido, não foi pequeno o meu fracasso. O leitor pode ressentir-se, com justa razão, pela ausência dos depoimentos de Gilberto Gil, Gal Costa, Maria Bethânia, Waly Salomão e Dedé Gadelha, que, durante anos, privaram da intimidade de Torquato. Convidados, eles

---

* O mito é uma narrativa. É um discurso, uma fala. É uma forma de as sociedades espelharem suas contradições, exprimirem seus paradoxos, dúvidas e inquietações. Pode ser visto como uma possibilidade de se refletir sobre a existência, o cosmos, as situações de "estar no mundo" ou as relações sociais. (*O que é mito*, Everardo Rocha, Editora Brasiliense)

se recusaram a conceder entrevistas, criando o silêncio mais eloquente da pesquisa. Talvez a atitude mais conveniente para eles seja esquecer o assunto, "deixar quieto" a polêmica. Mas a obra de Torquato guarda estreita relação com aspectos históricos e biográficos, estabelecendo um vínculo imprescindível com seu processo vital. Daí a impertinência deste autor.

Depois de 2 anos de pesquisas e 73 entrevistas realizadas em Teresina, Salvador, São Paulo e Rio de Janeiro, foi possível encontrar poemas, fotos e textos inéditos, cartas de Londres, Paris e Teresina, além de, sobretudo, histórias exemplares que talvez justifiquem, em última análise, a publicação deste livro, que eu dedico agora a vocês.*

Toninho Vaz
Rio, julho de 2003

---

* "Eu sei o que significa um mito, mas se alguém me perguntar vou entrar em pânico e não vou conseguir responder." (*Confissões*, Santo Agostinho, Editora Vozes)

AGRADECIMENTOS

Agradecimentos especiais ao jovem Thiago, filho do poeta, pelo apoio às pesquisas.

Ao poeta Carlos Ávila, de Belo Horizonte, pelo arquivo *Torquato e outros palpites*; Caco Kaki, pelo disco e livro; Paulo José Cunha, pelo arquivo, cartas e memórias; Antonio Noronha, bengala branca para este autor em Teresina. Para Renato Piau, pela cumplicidade.

Especiais ao Dr. Heli, cuja solicitude foi fundamental ao longo de vários meses.

Aos jornalistas Paulo Roberto Pires e Nacif Elias, pela camaradagem.

Para Mônica Maia, da editora Record, pelas sugestões oportunas.

A Hélio Silva, pelas histórias e cartas.

Ao jornalista Gonçalo Júnior, da Gazeta Mercantil, pelo "seu" arquivo Torquato, desde os tempos da Folha de São Paulo.

A Ivan Cardoso, pelas fotos e histórias.

A César Oiticica Filho, pelas cartas de tio Hélio.

À Elenira Arakilian pelo valioso exemplar de *Os últimos dias de paupéria*.

Para David Butter, Tatiana Sacramento e Daniel Albuquerque, assistentes na produção de entrevistas no Rio, Salvador e Teresina, respectivamente.

A todos que colaboraram com este trabalho e estas histórias, direta ou indiretamente,
com sinceridade

Toninho Martins Vaz

BIBLIOGRAFIA
(Publicações consultadas)

1968, a paixão de uma utopia — Daniel Aarão Reis e Pedro de Moraes
A carne seca é servida — Kenard Kruel
A ditadura envergonhada — Elio Gaspari
A ditadura escancarada — Elio Gaspari
A divina comédia dos Mutantes — Carlos Calado
Brutality Garden — Christopher Dunn
Folha de São Paulo
Geração em transe — Luiz Carlos Maciel
Grande dicionário internacional do piauiês — Paulo José Cunha
Jornal do Brasil
Jornal dos Sports
Navilouca
O balanço da bossa — Augusto de Campos
O Globo
Os últimos dias de paupéria — Torquato Neto
Revista da Bahia
Revista Realidade
Tropicália: A história de uma revolução cultural — Carlos Calado
Tropicalismo, decadência bonita do samba — Pedro Alexandre Sanches
Tropicaos — Rogério Duarte
Torquato Neto, uma poética de estilhaços — Paulo Andrade
Última Hora
Verdade tropical — Caetano Veloso

Com Scarlet Moon e a capa protetora de Nosferato.
Foto: Ivan Cardoso.

Torquato, pensador de alta intensidade.
Foto: Ivan Cardoso.

O Terror de Nosferato, com a atriz Marta Flacksman.
Foto: Ivan Cardoso.

Torquato, ator do filme *Super 8*.
Foto: Ivan Cardoso.

Este livro foi impresso nas oficinas gráficas da Editora Vozes Ltda.,
Rua Frei Luís, 100 – Petrópolis, RJ.